★ **经典战史回眸 二战系列**

帝国精锐

二战德国特殊部队

马文俊 王 懿 著

Wuhan University Press
武汉大学出版社

图书在版编目(CIP)数据

帝国精锐:二战德国特殊部队/马文俊,王懿著.—武汉:武汉大学出版社,2008.11(2015.6重印)
经典战史回眸·二战系列
ISBN 978-7-307-06594-9

Ⅰ.帝… Ⅱ.①马… ②王… Ⅲ.军事史—德国—1939～1945
Ⅳ.E516.9

中国版本图书馆 CIP 数据核字(2008)第 160381 号

本书原由知兵堂文化传媒有限公司以繁体字出版。经由知兵堂文化传媒有限公司授权本社在中国大陆地区出版并发行简体字版。

责任编辑:王军风　　　责任校对:黄添生　　　版式设计:马　佳

出版发行:武汉大学出版社　(430072　武昌　珞珈山)
　　　　　(电子邮件:cbs22@whu.edu.cn　网址:www.wdp.com.cn)
印刷:武汉中科兴业印务有限公司
开本:720×1000　1/16　印张:18.75　字数:316 千字
版次:2008 年 11 月第 1 版　2015 年 6 月第 4 次印刷
ISBN 978-7-307-06594-9/E·18　定价:38.00 元

目录CONTENTS

二战德国山地步兵专辑
——德国山地步兵战史

山地战的历史

人们在欧洲中部的阿尔卑斯山能够发掘到的最早的战争工具只能上溯到青铜器时代。陡峭荒凉的峭壁悬崖和恶劣的天气，限制了人类在那里的生存，所以那里的战争活动也就没有气候更宜人的地区那么丰富多彩。而远古人类在这里进行的战争，如果发生过的话，无疑也更艰难得多。在阿尔卑斯地区可以考证得到的最早的大规模战争行动，就是

公元前218年迦太基统帅汉尼拔和他的大象们那次有名的远征。阿尔卑斯山还未来得及发泄其小小不快，汉尼拔便已经翻越了它，出现在毫无提防的罗马军团面前。之后这座大山又沉寂了1800多年，直到一个叫拿破仑·波拿巴的小个子再次将它唤醒。这一次，阿尔卑斯山亘古万年的寂静被彻底打破了。它成了拿破仑战争之后欧洲各个大国之间的天然疆界。在阿尔卑斯山的四周，有继承神圣罗马帝国衣钵的奥地利，仍然强大的法兰西，

■ 高山上的狐狸

德军年轻的埃尔温·隆美尔中尉在1917年随第14集团军来到伊松索河前线。因为夺取蒙特山和隆格诺恩的突击行动，他荣获第二帝国最高的荣誉——"蓝色马克斯"勋章 (Pour le merite)。二战中，在利比亚前线，一位好奇的意大利军官问起这枚勋章的来历，性子率直的隆美尔照实回答，引起了一阵尴尬。

以及新兴统一的意大利。登山技术和军事技术在19世纪下半叶的发展，意味着崇山峻岭不再是可靠的天然屏障。为了保卫自己的安全，瑞士联邦在19世纪末建立了世界上第一支专门用于山地作战的部队，随后法国、奥匈帝国、意大利纷纷仿效。到一战开始的1914年，意大利已经组建了著名的阿尔卑斯山地部队（Alpine Corps），包括16个山地营。奥匈帝国则组建了两个山地军。

此时的山地战技术还处于雏形阶段。当时还没有可靠的攀岩技术，所以山地战只能在地形相对容易到达的山区进行，这只不过意味着比平原地区崎岖一些的道路和高一点的海拔而已。双方各自在山上挖掘战壕，设置堡垒，当时的山地战只是平原地区阵地战的变种。不过由于山地战需要消耗极大的体力，所以山地部队通常都是选拔能吃苦耐劳的山地青年组成，其要求和训练也比普通的野战部队更加严格。山地步兵"精英部队"的形象也肇始于兹。

第一次世界大战中的德国山地步兵

德意志第二帝国是欧洲第一流的军事大国。不过它的山地部队成立较晚，因为除了南

■一战中阿尔卑斯山前线的德国山地部队。

■ 一战时期的伊松索河前线。

■ 奥匈帝国山地部队的炮兵。在伊松索河前线对峙的意奥双方在冬天经常用大炮互相轰击白雪皑皑的山峰，企图制造雪崩消灭对方。

■ 1915年，奥匈帝国的山地部队。

■ 皇家巴伐利亚第1滑雪营2连。

■ 1936年第4届冬奥会的盛况。

　　加米施和帕滕基兴位于巴伐利亚州的最南端，本是两个坐落在阿尔卑斯山中的小村庄和高山疗养地。这里的滑雪条件得天独厚，因此1936年的第4届冬季奥运会在这里举行。作为该年夏季柏林奥运会宣传活动的预演，希特勒和戈培尔也将冬奥会作为纳粹帝国对外宣传的一个窗口。奥运会结束后，该地许多优良的滑雪设施和旅馆被军方接收，作为陆军山地部队和滑雪部队的训练基地。1938年4月，加米施－帕滕基兴成为德国陆军新组建的第1山地步兵师的驻地。

■ 新部队入驻营地。

■ 雪地中的射击训练。使用的是MG34型机枪。

■ 山地部队的年轻士兵。

■ 山地步兵的训练是严格而苛刻的。训练的内容除了步兵的常规科目如射击、越野等之外，还包括登山、滑雪、山地救护、雪地救护等特殊训练，以及大量的体力锻炼。由于这样的要求，山地师的驻地一般都选在阿尔卑斯山区，或者德意志侏罗山、巴伐利亚林山等相对比较陡峭的山脉附近。

方的巴伐利亚和符滕堡地区以外，德国的边境地区基本上是平原地形。险峻的阿尔卑斯山脉远远地从中立的瑞士和友好的奥匈帝国境内穿过。所以，直到1915年，德皇威廉二世才下令在巴伐利亚组建了德国的第一支山地部队，其成员都是来自巴伐利亚和符滕堡

■ 山地部队的入伍宣誓仪式。图中的旗帜是步兵战旗。

南部山区作战经验丰富的老兵。该部队组成后，本计划投入到多山的巴尔干前线使用，但是却调到了法国和俄国。

到1917年夏天，意大利和奥地利在伊松

索河地区的拉锯战已经持续了三年之久。双方隔着高耸入云的山峰和无底的深谷对峙。但是谁都无法继续前进一步。直到1917年8月，意大利在筹集了40个步兵师和几千门大炮之后，向该地的奥地利军队发起了进攻。奥皇卡尔写信向德皇求援。正在法国前线作战的德国山地部队被紧急抽调到意大利战线，组成了第14集团军，协助奥军作战。

抵达前线的第14集团军发现自己面临着意大利人构筑精良的混凝土阵地，威力强大的大炮和十几万的士兵。第14军团的目标是夺取意大利防线后面的蒙特山、库克山、科罗弗拉山脊和1114号高地。那些来自巴伐利亚、西里西亚和士瓦本的精良部队每人平均背负着几十公斤重的山炮、机枪、弹药和其他装备，登上动辄高达3000多米的山峰，穿插渗透于意军的后方和侧翼，出现在意大利士兵面前。奥地利军队在这里已经同意军进行了11次激烈的会战，最后还是靠德国山地部队的协助，才取得了第12次伊松索会战的胜利。

但是，一条战线上的胜利并不能挽救同盟国在整个世界战场上的颓势。一年之后，奥匈帝国和德国先后宣布战败投降。德皇旗帜下的山地部队也随之解散复员。

山地部队的重组

一战结束后，德国陆军的员额被限制在

■ 1937年在加米施－帕滕基兴的德国陆军竞技大会上接见第1山地师滑雪队代表的陆军总司令冯·弗立契将军。次年他便被希特勒炮制的图谋控制军队的丑闻赶下台。

德奥合并后原奥地利陆军山地部队收编情况

奥地利陆军部队番号	德国陆军部队番号
第5师	
施蒂里亚州第9阿尔卑斯山地步兵团	第3山地步兵师第138山地步兵团2营
施蒂里亚州第10阿尔卑斯山地步兵团	第3山地步兵师第138山地步兵团3营
施蒂里亚州第11步兵团	第3山地步兵师第138山地步兵团1营
第5步兵炮营	第3山地步兵师第48反坦克营
第5工兵营	第2山地步兵师第82山地工兵营
第5通信营	第3山地步兵师第68山地通信营
师直属第5运输营	第18山地运输营
第6师	
蒂罗尔州山地步兵团	第2山地步兵师第136/140山地步兵团
第6通信营	第2山地步兵师第67山地通信营
师直属第6运输营	第18山地运输营
第7师	
克恩滕州第7步兵团	第3山地步兵师第139山地步兵团1、2营
克恩滕州第1阿尔卑斯山地步兵营	第2山地步兵师第137山地步兵团2营
东蒂罗尔州第3阿尔卑斯山地步兵营	第2山地步兵师第137山地步兵团3营
克恩滕州第5阿尔卑斯山地步兵营	第3山地步兵师第139山地步兵团2营
第7工兵营	第3山地步兵师第83山地工兵营
第7通信营	第70山地通信营
第8旅	
萨尔茨堡州第12步兵团	第2山地步兵师第137山地步兵团1营
第8工兵营	第85山地工兵营

10万人。由于德国山地部队在第一次世界大战中的良好表现，魏玛共和国保留了一小部分山地部队的骨干力量，而他们将成为未来山地部队的核心。1935年，希特勒撕毁凡尔

■ 在利沃夫前线的第1山地师师长路德维希·库伯勒少将（Ludwig Kuebler，俯身者）。

■ 正在波兰前线执行架桥任务的山地工兵，限于师属工兵的装备，在需要架设大型结构桥时，必须由集团军提供支援。

■ 最猛烈的战斗发生在利沃夫市郊外的壕堑阵地中。

■ 战前的利沃夫市。该城原属奥匈帝国，德文名为伦贝格（Lemberg）。

赛条约，开始重整军备。就在这一年，德国陆军以保留下来的山地步兵骨干人员为基础，组建了山地步兵旅，辖有第98、99、100三个山地步兵团和第79山地炮兵团。

1938年，德国吞并奥地利，奥地利陆军所属的部队有一部分被解散，其余被编入德国国防军序列，一共有超过5万的奥地利军人加入德军。由于奥地利军队中有山地部队编制，训练和装备也不错，出于成本考虑，希特勒决定，以原有的德军山地旅和奥地利山地部队为基础，组建2个山地师：第1山地师和第2山地师。

第1山地师于1938年4月9日成立，属于慕尼黑的第7军区，其驻地位于巴伐利亚南部，靠近原奥地利国境的著名高山滑雪胜地加米施－帕滕基兴（Garmisch-Partenkirchen）。该师所属部队包括第98山地步兵团、第99山地步兵团、第100山地步兵团（该团1940年转隶第5山地师）、第79山地炮兵团、第54反坦克营、第54山地通信营。该师的骨干是原先山地步兵旅的3个团。

第2山地师于1938年4月1日成立，驻地在奥地利的因斯布鲁克（Innsbruck），属于新组建的第18军区（萨尔茨堡军区），成员以奥地利人为主，所属部队包括：第136山地步兵团、第137山地步兵团、第111山地炮兵团、第67自行车营、第47山地反坦克营、第82山地工兵营、第67山地通信营。

此时，德军对于山地步兵的成型编制尚未确定，因此这两个师一个采用3团制，一个采用2团制（均指步兵团而言），工兵部队和侦察部队的配属也不同，经过一年左右的试

验。德军基本确定了山地师的2团编制，并从原奥地利陆军中的第5师和第7师中抽调人员，于1939年4月1日在奥地利的格拉茨（Graz）组建了第3山地师。该师下属第138山地步兵团、第139山地步兵团、第112山地炮兵团、第68自行车营、第48山地反坦克营、第83山地工兵营、第68山地通信营。

初战波兰

1939年9月1日，德国入侵波兰。战争爆发后，第1、2、3山地师均隶属于李斯特上将指挥的第14集团军，属于龙德施泰特的南方集团军群的一部。这三个山地师都在8月26日完成了动员。按照德军的作战计划，第1山地师从斯洛伐克向北进攻，第2山地师从喀尔巴阡山脉向东进攻，第3山地师则负责填补两师间的空隙地带。但是第3山地师在开战后不久就被调离波兰，投入到西线，以提防英法可能发动的进攻。其余的两个师则从布拉迪斯拉发进入斯洛伐克境内，沿着保养不良的铁路和公路向东移动，在斯洛伐克领土的最东端穿过原波兰－捷克斯洛伐克边境，并向波兰内地推进。

第1山地师位于第2山地师的右翼，目标是东喀尔巴阡山的杜克拉山口（Dukla Pass）。经过快速战斗，第1山地师歼灭了守卫在那里的两个波兰轻步兵团，攻占了杜克拉山口和

白色方案

对波兰的进攻预定于1939年8月26日进行。包括山地部队在内的两个集团军群都在这一天之前完成了动员。但是8月25日，波兰同英法签署了正式条约，使得希特勒的进攻行动向后推迟了几天，试图用一些新的保证来收买张伯伦。但是这种企图失败了。9月1日凌晨，德国武装人员袭击但泽市邮局，4时17分，对但泽进行"友好访问"的石勒苏益格－荷尔斯泰因号老式战列舰对威斯特普拉特要塞开火，张

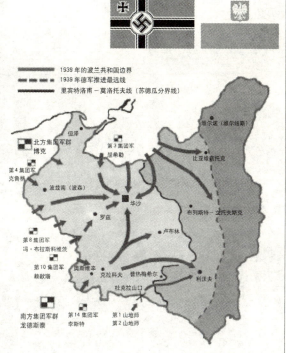

1939年的波兰共和国边界
1939年德军推进最远线
里宾特洛甫－莫洛托夫线（苏德瓜分界线）

伯伦一年之前向国人吹嘘的"我们时代的和平"结束了。

从作为军事盟友的价值来说，捷克斯洛伐克对英法的价值要高于波兰：它有一支精良的军队，庞大的军工企业，易于防守的地形，一个团结的民主政府，苏联也是它的盟友。英法之所以牺牲捷克，是因为当时还没有看清这一点："……无法再相信希特勒的目标与野心是以（德意志）种族为界限的。德国想统治欧洲大陆或世界的野心（在1939年）已经明显地暴露出来"（哈利法克斯勋爵回忆录）。这也是英法不惜对德宣战也要同波兰结盟的原因。虽然之后西线的"静坐战争"让英法成了言的巨人、行的矮子。

对波兰的军事行动参见上图。第1、第2山地师入侵的位置差不多是在德国战线的最东端。这也是在考虑了那里的地形之后做出的安排。

附近的小镇萨诺克（Sanok）。此后，这两个师沿着平坦而多沼泽的维斯杜拉河流域向东北方向快速前进，在没有公路和铁路的情况下，绕过波军重兵把守的普热梅希尔城（Przemsl），行军200多公里，以占领加里西亚地区首府、波兰第二大工业城市利沃夫（Lwow，今属乌克兰），进而配合第14集团军完成与博克的北方集团军群的会合，完成德

■ 在风景如画的东喀尔巴阡山中行军的第1山地师。

■ 在波兰的森林中作战的第1山地师某机枪连。

军对波兰军队的纵深合围。

　　闪击该市的先头突击部队是第1山地步兵师的一个战斗群，由4个山地连组成，并得到了炮兵、工兵和反坦克部队的支援。而第1师的主力则在短暂休整后随战斗群开进，沿着一条简陋的小路杀向利沃夫。德军战斗群于9月14日到达利沃夫附近，并立即构筑阵地，建立对利沃夫市的包围圈。第1和第2山地步兵师的其他主力也于9月15至20日陆续抵达该市郊外。

　　利沃夫的战斗异常激烈。由于行进快速，这两个山地师实际上已经突出于其他德军部队之前，在利沃夫市的外围阵地上，战局一度处于胶着状态。在战斗中，第1山地步兵师付出相当大的损失：243人阵亡，400人负伤。考虑到波兰并不是一个强大的对手，这的确是一个惊人的数字。但是，在德、苏的分赃协议中，利沃夫在两国分界线以东，所以第14集团军不得不将这座波兰东部最大的城市让给了参加分赃宴席的苏军。最后，一部分波兰军队撤到了匈牙利和罗马尼亚，一部分波军向苏军放下了武器，而英勇战斗到最后一刻的利沃夫守军也于9月21日向第1山地师投降。这些波兰战俘得到了德军的尊敬，而且不久便被遣散回家，从而免于落入苏联人之手，在卡廷森林或者白海集中营中挨上一枪的命运。

　　波兰战役后，第1、2山地师在1939年11月之前被送到了西线，准备参加即将开始的法国战役。德国对西线的进攻本计划在1939年11月25日开始，后来又提前到11月12日，但是由于勃劳希契为首的陆军总司令部的抗命而没有完成准备工作。西线此时虽

■ 登船前往挪威的第3山地师第137山地步兵团士兵。

然还是"静坐战争"阶段，但英德双方为了争夺北海和北大西洋的出入权，在挪威方向已经是大战在即。鉴于一战期间德国公海舰队被英国封锁在波罗的海之内的教训，德国海军一直把在下一次大战中控制北海和大西洋的海岸线作为最优先考虑的战略目标。在德国海军司令雷德尔的建议下，希特勒批准了入侵北欧国家的行动。德国人的目标是中立的挪威，同时路过丹麦。考虑到挪威的地形多为山地和峡湾，最高统帅部决定将第2和第3山地师投入挪威战线。

挪威的山地

1940年4月9日早餐时分，哥本哈根和奥斯陆市民惊讶地看到了天空中的德国飞机。

德国入侵北欧的"威悉演习"开始。第3山地师第139山地步兵团的2000名士兵分乘10艘驱逐舰，在挪威北部的纳尔维克登陆。第138山地步兵团的1700人则分乘"希佩尔"号等4艘巡洋舰来到特隆赫姆港。德军登陆行动本身是顺利的，但随之而来的便是英军的反击。4月10日，张伯伦首相向挪威内阁发去电报，声称"我们立刻就来"。当天天黑之前，在以厌战号战列舰（HMS Warspite）为首的英国舰队的攻击下，纳尔维克港内的10艘德国驱逐舰全部被击沉，使第3山地师与本土的联系被彻底切断。

4月14日，英法联军在纳尔维克登陆。德军不仅在兵力和装备上居于双重劣势，还缺乏冬季需要的补给，撤到中立国瑞典的道路

■ 停靠在奥斯陆码头的德国运输舰。

■ Die Gebirgsmarine，"山地海军部队"——在纳尔维克战役中，从被击沉的驱逐舰上登陆作战的海军士兵。右侧和他谈话的是迪特尔将军。从这个士兵的装束来看，拍摄的时间可能是在5月底或6月初。有趣的是，迪特尔的山地帽上所别的帽徽是海军的标志——两个交叉的铁锚。4月13日，停泊在纳尔维克附近的U-64号潜艇被英国箭鱼飞机投掷的炸弹炸沉。U-64的幸存官兵也参加了陆上战斗，并将雪绒花作为他们的下一艘潜艇U-124的标志。

也被挪威陆军"北极"师切断。虽然德军后来通过空降的方式，将第1空降团的1个营以及一些补给投送至纳尔维克，但对于前线来说只是杯水车薪。此时，德国式的坚韧精神和英法军队对战争的生疏开始共同发挥作用。德军将被打沉的驱逐舰上的2500名水兵也集合起来参加战斗。德国的山地步兵对挪威的冰雪和崎岖地貌并不陌生，他们在阿尔卑斯山的老家到处都是这种景色，所以打起仗来也很能适应。而不列颠的部队对于在冰天雪

地的环境中的作战技术却一无所知——这是英军战术操典里完全没有提到过的陌生东西。在丘吉尔的回忆录中，对这一段历史有如下感慨："德国人在计划、执行和力量方面显然占有优势……他们某些方面，尤其是小队组织方面，表现出显著的优势。在纳尔维克，一个混合的、临时凑集的德国部队，为数仅6000人，竟能抵抗盟国部队20000人达6个星期之久；后来虽被我们从该城中逐出，但他们最后仍坚持到我们的部队被迫撤出。"

到了5月，英法联军和挪威军队在制空权上的劣势使得他们无力招架德国人的空中打击，士气一落千丈。一些挪威部队在同德军签订休战协定后复员回家了，挪威南部和中部的英法联军被迫从挪威中部的昂达耳斯内斯和纳姆索斯两地撤退。德军主力部队得以从陆路北援纳尔维克。第2山地师和第3山地师的其余部队于当月5日从纳姆索斯出发援救纳尔维克德军。他们向北挺进了200多公里，突破了英军在莫绍恩(Mosjoen)的防御，逐步接近纳尔维克。与此同时，英、法、波兰联军也在做最后的努力，向纳尔维克投送三个旅。此外两个仍在战斗的挪威旅也通过沿着瑞典边界的高山荒地打出一条通路。完全靠数量上的优势，盟国军队终于在5月28日傍晚攻占了纳尔维克，将第3山地师部队赶到了山上。这是开战以来德国人在欧洲吃的第一场败仗。

■ 峡湾中的山地步兵。德国将自己山地部队的2/3投入到挪威战役，但担任主要作战任务的是第3山地师。第2山地师主要从事支援任务。

■ （左）绕道瑞典边境前往纳尔维克的第137山地步兵团。（右）准备空降支援纳尔维克守军的第1伞兵团。

但是，自从5月10日德军在西线对法国、荷兰、比利时和卢森堡发动总攻以来，挪威北部的战役就只是一种意义不大的军事行动了。法国和低地国家的战争更为重要，一切盟国的物资都优先供应那里。纳尔维克的英军缺乏船只，法军则缺乏士兵，挪威军队则面临说不出的苦楚——德国人已经被赶到瑞典边境，然而形势却不允许他们接受德国人

的投降。纳尔维克的英法联军原定于6月8日进行总攻，一举歼灭德军部队，但此时荷兰已经沦陷，比利时已经投降，德军已经越过索姆河，快要抵达巴黎城下了。后院起火的联军被迫于7日至9日从纳尔维克撤回英国。6月10日，德军占领挪威全境。

挪威战役后，第2、第3山地师组成了"挪威"山地军（Gebirgskorps Norwegen）。而

■ 第3山地师第138山地步兵团在纳尔维克战役中担任主力的角色。他们在城市作战中也发挥出了山地猎手们勇猛凶狠的特点，将英法联军阻击于纳尔维克城外。不过他们自己也被重兵包围，人员补充和物资支援不得不用空降的形势（左图、上图）

纳尔维克战役时的主要指挥官、希特勒在"啤酒馆暴动"时代的老朋友迪特尔将军（Eduard Ditel，他也是始终深受希特勒信任的少数国防军将领之一）则被授予德国陆海空三军中的第一枚橡叶骑士十字勋章，并被任命为该军司令，直至苏德战争爆发。而在战争初期大出风头的第2山地师此后也一直驻守在挪威和芬兰北部的拉普兰地区，直至1945年。

在西线战场，未参加挪威战役的第1山地师作为预备部队，被编入龙德施泰特的A集团军群。但是在曼施坦因制订的西线作战计划中，西线方向的主攻兵力是A集团军群，尤其是可以在比利时的阿登地区快速穿插的

■ 山地步兵之墓，纳尔维克。

■ （左）历任第3山地师师长、挪威山地军司令和第20山地集团军司令。1944年6月23日觐见希特勒途中死于飞机失事。死后被追授宝剑橡叶骑士十字勋章。（右）爱德华·迪特尔（1890－1944）。

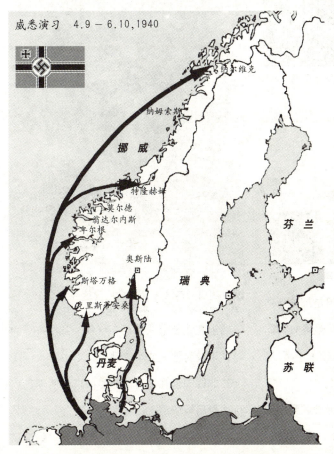

威悉演习 4.9－6.10,1940

装甲兵以及伞兵部队，山地部队只是辅助兵力。所以在德军发动西线战役后，第1山地师改为隶属于博克的B集团军群，参加了西线右翼的进攻。该师越过马斯河进入了法国本土。虽然第1山地师在法国战斗未遇到太大的抵抗，但在试图突破埃纳河（Aisine）运河时遭到了法军的猛烈阻击，被迫停滞了1周有余，后在己方炮火支援下强渡成功。此时法国战役已经接近结束，第1山地师被调至里昂以南，以便随时支援意大利这个"纸糊的盟友"。喜好趁火打劫的意大利

■ 法国军队虽然一败涂地,但是偶尔也有一些部队非常英勇地抵抗,给德军造成了一定的损失。

■ 山地步兵自己的食物——看上去似乎是洋葱碎肉馅的士瓦本饺子 (Maultaschen)

■ 第1山地师士兵在向法国难民分发食物。

■ 泅渡塞纳河,1940年6月12日。

军队神气活现地入侵了法国,但是却被那些德军的手下败将打得焦头烂额,最终只得同维希政权签订和约,占领几小片领土了事。第1山地师在法国的战斗至此结束。

　　法国战役之后,第1山地师被调到瑞士边境,准备参加可能发动的对瑞士的进攻。由

■在法国的两名士兵在一间被遗弃的农舍里发现了两顶帽子,于是淘气地将其戴上。

于瑞士在武装部队总司令亨利·吉桑将军的领导下及时地完成了总动员,更由于入侵瑞士并非德国迫在眉睫的战略需求,所以进攻行动最后被取消。后来该师又被"海狮计划"和"费利克斯计划"所关注,预备投入到进攻

英国本土和直布罗陀的行动中。直布罗陀半岛差不多是一整块大岩石，这样的地形最适合山地师大展身手，但是这些计划后来都因种种变幻莫测的原因被取消了。第2和第3山地师则继续留在挪威。

巴尔干消防队

欧洲的战争在进行中，新的山地师也在不断组建。1940年10月23日，第4山地师在巴登南部的黑森林地区成立，驻地在休贝格（Schwatzwald-Baar-Heuberg），隶属于斯图加特的第5军区，所属部队包括第13山地步兵团、第91山地步兵团、第94山地炮兵、第94自行车营、第94山地反坦克营、第94山地工兵营、第94山地通信营。人员以德国人为主，也有一部分奥地利人，大多是从正在改编的德军第25步兵师和第27步兵师转来的。该师在德国内地进行山地战训练，一直到1941年春才形成战斗力。

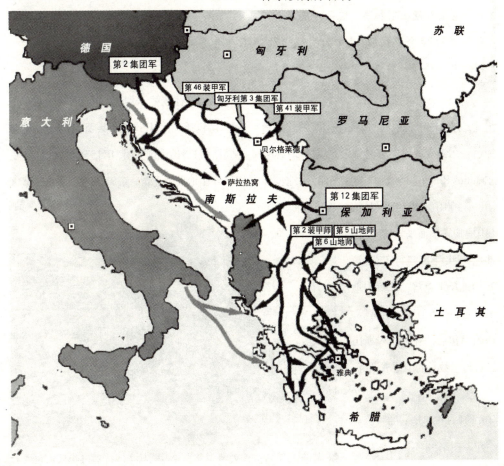

■ 1941年德国和意大利在巴尔干的军事行动。

入侵巴尔干

保加利亚沙皇和罗马尼亚国王都是德国王族后裔，匈牙利的霍尔蒂摄政王又是奥匈帝国最后一任海军司令，说服这三国加入轴心集团并没有费什么力气（虽然德国强迫罗马尼亚接受了向匈牙利割让北特兰西瓦尼亚的第二号维也纳仲裁书）。但是当希特勒游说南斯拉夫允许德国借道攻打希腊，并加入反共产国际公约时，贝尔格莱德在3月27日发生了被《纽约时报》称为"划破沉沉夜空的闪电"的军事政变。摄政的保罗亲王下台，年轻的彼得国王亲政。虽然新政府愿意维持南斯拉夫加入轴心的条约，对德国表示效忠，但是希特勒不能容忍自己的面子受损，于是下令入侵南斯拉夫。意大利、匈牙利和罗马尼亚也应邀来满足他们的领土野心。1941年4月6日，德国入侵南斯拉夫。这是一场三心二意的战争：德国战死疆场的不足160人，南斯拉夫的28个步兵师、3个骑兵师的25万人却进了战俘营。意大利、匈牙利和保加利亚也分得了一杯羹，分别吞并了自己中意的一些地区。

第5山地步兵师于1940年11月1日正式组建。驻地位于奥地利的萨尔茨堡，师长是参加过纳尔维克战役的著名将领尤里乌斯·林格尔(Julius Ringe)，所属部队包括第85山地步兵团、第100山地步兵团（从第1山地师转隶而来）、第95山地炮兵团、第95自行车营、第95山地反坦克营、第95山地工兵营、第95山地通信营等。该师组建后，在阿尔卑斯山区进行了数月的山地战训练。

第6山地步兵师于1940年6月1日在奥地利的兰德克组建，属第18军区。该师成立后先前往法国执行占领任务，后被派往波兰，隶属第12集团军。该师下属部队包括：第141山地步兵团、第143山地步兵团、第118山地炮兵团、第157山地摩托车营、第157山地反坦克营、第91山地工兵营、第96

■ 梅塔克萨斯防线的典型筑垒地段：地堡、铁丝网和砍光树木的地雷区。

■ 使用火焰喷射器消灭战壕里的希腊士兵。

■ 对希军阵地展开炮轰和轰炸。

■ 被炸开之后的地堡入口。

山地通信营。

　　就在德国人精心策划对苏联的进攻时，墨索里尼再次表现出了他"作为一个盟友的充分价值"：这位先生未同德国协商，又擅自进攻了希腊，企图挣回在法国丢尽了的面子，结果招来巴尔干形势的巨变——虽然匈牙利和罗马尼亚加入柏林－罗马轴心，保加利亚也同意了德军的进驻，但在南斯拉夫却发生

了反德的军人政变。此时正值"战无不胜"的意大利部队接连败于希腊军队手下，被迫退入阿尔巴尼亚境内（战败的法国人嘲笑意军的无能，在法意边界竖立了牌子："希腊人，止步，这里已经是法国。"）。希特勒本想让希腊同墨索里尼停火议和，但是英军作为受邀请的盟友进入了希腊，对德国的侧翼造成了威胁。无奈之下，希特勒下令东线部队先行入侵希腊，解决巴尔干问题。由于巴尔干国家地形崎岖多山，所以正适合山地部队作战。第1山地师从奥地利、第4山地师从保加利亚进攻南斯拉夫，这两个师隶属第2集团军；第5、第6山地师则编入第12集团军，从保加利亚进攻希腊。

　　1941年4月6日，德军入侵南斯拉夫。由于塞尔维亚人的民族沙文主义政策，南军中的克罗地亚和其他民族士兵反戈一击，随第49军团进入南斯拉夫的第1山地师基本上没有进行战斗，反而受到了斯洛文尼亚、克罗地亚和德意志少数民族手持鲜花的狂热欢迎。编入第11军团的第4山地师则为从保加利亚的索菲亚到贝尔格莱德之间的道路扫清了障碍，使德军坦克部队于4月12日攻占了贝尔格莱德。希特勒对山地部队在此役的表现颇加赞扬，此后，第4山地师又在南斯拉夫执行了很长时间的占领任务，后来东线吃紧时，被送往苏德战场南线的高加索山区。

　　与散漫的南斯拉夫战线不同，希腊战线

进行的是一场真正的残酷战斗。在希腊战场，第5、第6山地师隶属于弗朗茨·伯梅将军（Franz Boehme）的第18山地军。他们受命从正面攻打马其顿地区的梅塔克萨斯防线（Metaxas Line）。而德军装甲部队则避开防线，从南斯拉夫境内快速地绕过去。这条以三四十年代希腊的独裁总理梅塔克萨斯将军命名的防线，被称为"世界上最雄伟的防御工事之一"，坐落在马其顿的高山之上，将许多险峰要隘连接在一起，是希腊军队在其老对头——保加利亚国境以南构筑的一道坚固屏障。该防线有几个重要的筑垒地域，其中伊斯特比山（Istibi）一段最为坚固。该山扼守着斯特鲁马河谷（Struma River），而这条河是从东马其顿地区前往希腊最大海港萨洛尼卡的必经之路。希腊的工程师将山体挖开，构筑了25个大型混凝土地堡，周围环绕着地雷、铁丝网以及壕沟，地堡间则由迷宫般的交通壕和地下通道相连接，

■ 德国工兵使用炸药包炸开希腊地堡的入口。

■ 被攻克之后的地堡：撕破的伪装网和被堵死的射击孔。

一个地堡被攻克后，里面的士兵可以很快地转移到另外的地堡继续作战。在地堡的后方，是旋转炮台和炮兵阵地。山坡上的树木也都被砍光。希腊驻军物资充足。对于保加利亚人来说，要穿过这条防线而吞并觊觎已久的整个马其顿地区，其难度不亚于骆驼穿过针

■ 克里特战役中参加空降行动的第5山地师士兵。有500多架被称为"容大姆"的容克－52运输机被搜罗来实施这次德军最大的空降作战。每架飞机可以搭载12到16名全副武装的士兵。左上图为山地步兵在希腊本土登机的场面。虽然在起飞之前进行了如何跳伞的应急训练，但是这些习惯在踏实的地面上作战的士兵还是有些忐忑不安。为了防备在海上被击落，他们都穿着救生衣，飞到陆地上空时再将其脱掉。有的时候飞机降落的地点不是那么合适，一跳出飞机便要立即寻找地形掩蔽。

眼。即使对最精锐的德国山地步兵来说，这也不是一桩轻松的任务。4月4日，林格尔的第5山地师从保加利亚靠近南斯拉夫的边境小镇佩特里希出发，赶着装运弹药和物资的马车，沿着盛开苹果花和杏花的乡间道路前进，直到他们抵达梅塔克萨斯防线的脚下。

4月6日凌晨，第5山地师向希腊阵地发起了猛烈进攻。早上5时许，德军的山炮和反坦克炮向上方的希军堡垒开火。德国空军的俯冲轰炸机随即出现在淡紫色的天际，向希军阵地狂轰滥炸。但是钢筋混凝土的希腊堡垒不是那么容易就能被俯冲轰炸机炸坏的。

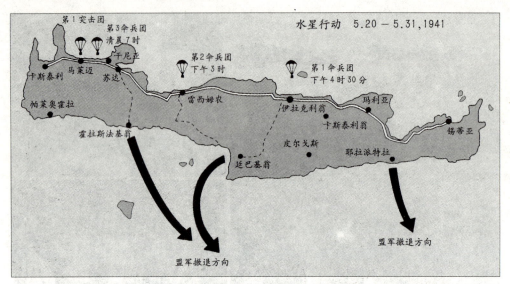

第5山地师的士兵们用克丝钳剪断围绕着这一片军事禁区的铁丝网，开始向山上攀登，绕到希腊人地堡的侧方和上方，用炸药包和火焰喷射器来消灭地堡里的希腊士兵。不少士兵在攀登的过程中被地雷炸死。到中午时分，希军堡垒中的大炮发动了反攻，又炸死炸伤了不少德国兵。一些希军地堡的炮火极其猛烈。山地士兵不得不匍匐着潜行到交通壕旁，用手榴弹消灭里面的士兵，然后跳进去，抵达地堡的入口，同时还要提防被上方地堡的人发现。到达地堡的铁甲门之后，工兵将炸药包集中起来将其炸开，然后向地堡内投入炸药包和手榴弹。还有一些士兵发挥了爬山的特长，借助坚固的登山靴，背负着沉重的作战背包，绕到希军没有布防的地段。这样的地段通常是最险要的且常人无法接近的。他们从这里绕回希腊人地堡的上方，趴在射击孔的上面，向里丢入炸药包。有些炸药包

被地堡中的希腊士兵及时推了出来，但是山地师的士兵发现用石头和泥土堵住射击孔也是一个很好的办法。他们以此封锁了数座地堡的火力。

傍晚时分，增援部队赶到了伊斯特比山。工兵部队用整整一晚的时间，一个一个地炸开残存的地堡。第二天黎明，伊斯特比山顶最大的一个观察和指挥用的炮台被工兵部队炸毁，伊斯特比山的希腊守军失去了指挥和联络的手段。4月7日临近中午时分，希军指挥官投降。大批德军从这个缺口汹涌而入，向南方的平原地带前进。

但是，伊斯特比山周围其他筑垒地域的战斗还在持续着。顽强的希腊士兵同进入战壕德军展开了肉搏战，双方往往揪斗在一起，一同滚下山坡，用拳头或者匕首结束对方的生命。直到4月9日，德军才攻克了鲁佩莱斯科山（Rupelesco）上的最后一个堡垒。第5山

■ 尤里乌斯·林格尔（1889 — 1967）

德国山地部队最著名的将领之一。出生在奥地利的克恩滕州，历任第3山地师参谋长、第5山地师师长、第69山地军军长、第17山地集团军司令。1945年向盟军投降。1967年在巴伐利亚州去世。

地师用了4天的时间，采用包括火焰喷射器到刺刀的一切方法，终于突破了这段最艰苦的防线。德军沿着斯特鲁马河前往萨洛尼卡的道路打开了。在这场残酷的战斗中，第5山地师阵亡160人，比整个南斯拉夫战役的德军损失还多出9人。

第5师陷入山地白刃战的时候，位于其右翼的第6山地师发现了一条轻松得多的路线。他们爬过一座7000英尺高的雪山，只用了1天的时间便绕过了这条防线。从南马其顿地区进入希腊本土后，该师与同属第18山地军的第2装甲师协同作战，轻松地向南驱逐希英联军。4月9日，第2装甲师和第6山地师占领了萨洛尼卡港，希腊第2集团军投降。第6山地师随后于4月16日抵达卡泰里尼（Katerini），同防守那里掩护大部队撤退的英军和新西兰部队进行了最后一场激战。第2装甲师从正面进攻关隘，第6山地师则沿着陡峭崎岖的山路绕到守军的侧翼和后面，歼灭了固守在那里的一个新西兰团。随后他们又占领了希腊中部重镇拉里萨（Larissa），缴获了大批的燃料和粮食。4月23日，第2装甲师和第6山地师采用同样的战术攻克了著名的温泉关（Thermopylae）。与此同时，第5山地师越过了科林斯地峡，俘虏了没来得及通过那里的几千名盟军士兵。最后于4月26日占领了雅典。希腊的英军和新西兰部队从伯罗奔尼萨

■ 林格尔和斯图登特（右）正在讨论空降细节。

■ 第5山地师的步兵（两侧）和投降的新西兰官兵。

半岛南端的几个港口逃往克里特，希腊本土的战斗结束。

血战克里特

1941年5月3日，李斯特在雅典举行了

■ 克里特战役后，林格尔向其士兵颁发二级铁十字勋章。

■希腊战役中以克里特岛的抵抗最为顽强。除了遭到英国、新西兰部队和希腊正规军的猛烈抵抗外，德国伞兵和山地步兵还遭到了当地武装村民的袭击。克里特人对外来势力有着天生的怨恨。被村民们抓获的德国士兵往往被开膛剖腹，割去生殖器，挖去眼鼻耳朵。德军则枪决大量武装村民和人质作为报复。每一个德国士兵遇害，就枪毙10个克里特人。斯图登特在战后曾因此受审，但按照海牙公约，对袭击正规军的平民（非游击队员）的报复行动并不违反战争法，斯图登特被希腊和英国法庭无罪释放。

占领克里特后，山地步兵得以享受奢侈的新鲜水果和乌佐酒（Ouzo，希腊特产的洋茴芹香料酒）。当地的气温高达38℃，原有的毛料山地军服很快变得又闷又热，浸透了汗水，许多士兵干脆光着膀子。钢盔也成了挂在身上的摆设。为壮军容观瞻，德军军需部门不得不赶运了一批热带军服到克里特。

盛大的阅兵游行。游行之后，正在悠然自得地游览雅典的林格尔将军从偶然在街头碰到的第7伞兵师师长苏斯曼那里第一次惊讶地获悉，自己的部队要与伞兵部队一道参加攻占克里特岛的"水星行动"，被空投到那个荒凉的岩石岛屿上去。

克里特岛的位置扼守东地中海的要冲，岛上得到增强的盟国守军对希特勒的下腹部构成了严重的威胁。从意大利到黑海的海运通道也被它拦腰截断。德国第11航空军团司令斯图登特（Kurt Student）的计划很简单：用伞兵和滑翔机夺占机场，用大批运输机运来增援部队，最后用船只运来大部队和重型装备。本来这个任务应当完全由伞兵部队来完成，但是斯图登特手下的第22空降师正在守卫至关重要的罗马尼亚油田，而且如果将这个师向南调动的话，巴尔干半岛的铁路和公路状况可怜，空运又没有足够的飞机，所

■ 千山鸟飞绝，万径人踪灭。在亘古万年不化的高加索冰雪中跋涉的山地步兵（右图、上图）。图片摘自《斯图加特画报》（"Stuttgarter Illustrierte"，1942年10月号）。

以只能将正好在希腊的第5山地师拉来。

5月20日清晨，第7师第3伞兵团和第1伞兵突击团在马莱迈和干尼亚地区降落，夺占该地的机场。当地的英国和新西兰守军给他们造成了极其可怖的损失。大约有1/4的人吊在降落伞上被射杀，或者随滑翔机和运输机坠毁，包括师长苏斯曼少将。同样数量的人在降落到地面后被打死。在雷西姆农的第二次空降也遭到了同样悲惨的下场。英军早有提防，侥幸活下来的伞兵也完全被敌方火力所压制。到当天晚上为止，第7伞兵师已经损失了包括师长在内的1/3人马，而盟军仍然控制着德军预定要占领的全部机场、港口和城市。直到5月21日黎明，一支新西兰部队在错判了双方形势后撤出了阵地，马莱迈的德军伞兵才得以攻占当地的机场。

当天下午3点，第5山地师第100团第1营士兵乘坐的Ju-52终于从希腊本土起飞了。他们冒着机场附近盟军的炮火降落在马莱迈机场。许多山地步兵跌跌撞撞地从满是弹孔的飞机里跳到满是死尸的机场地面上，马上遭到机枪的扫射。林格尔将这次进攻称为"进入地狱之门"。

按照计划，第100团其余的部队应该乘征集到的民用船只前往克里特岛，除了完好无损的第3营之外，还包括火炮、辎重、弹药、骡子、马，以及一些伞兵和陆军人员。他们在5月20日晚上出发，但是在次日凌晨遇到了英国舰队，不得不返回希腊。当天午夜，这支机帆船队再次前往克里特，在克里特岛北岸遇到了英国地中海舰队。英国侦察机早已经发现这支船队，英国人耐心地等到天黑才出来猎食。夜幕降临后，英国地中海舰队的巡洋舰和驱逐舰发现了德国运输船队。他们用探照灯搜索海面，用舰炮一艘接一艘地炸毁那些小小的希腊渔船。护航的意大利轻型护卫舰无力招架，只好躲得远远的。这支舰队在损失了12艘帆船和3艘小型货船后被迫返回希腊。不过温暖的地中海水和救生衣拯救了大部分落水的士兵。林格尔本以为第3营几乎全部损失了，但是整个舰队搭载的2331名士兵中只有300多人死亡或失踪。落水人员大多在天亮之后被意大利的救援船只捞起。

22日早晨，第85山地团第2营带着重型武器从米洛斯出发，前往马莱迈。他们还没驶出多远，又遇到了坎宁安的4艘巡洋舰和3艘驱逐舰。此外，一支包括厌战号和勇士号2艘战列舰、1艘巡洋舰和9艘驱逐舰的大舰队也从克里特岛西北的安提基拉西海峡，正在向这里赶来。德国人的运输船队接到这个消息后只好掉头，缓慢地向北逃跑，巡洋舰则在后面紧追不舍，意大利的护航舰隔在他们中间施放烟雾。空军的Ju-87和Ju-88赶来救援，驱散了英国舰队，炸沉了巡洋舰斐济号和格洛斯特号以及2艘驱逐舰。不过，只要地中海舰队的威胁尚在，林格尔就坚决反对让他的士兵登上几百吨的机帆船穿过险恶的海面前往克里特。从海上支援克里特的方式泡汤了，林格尔的师部和第5山地师的其余人员只能与伞兵部队一样用空运的方式去克里特岛。该师将工兵营留下看守机场，其余部队则登上了飞往马莱迈的 Ju-52 飞机。

第5山地师的士兵一下飞机便立即投入战斗。他们替代了损失惨重的伞兵，沿着克里特岛唯一的公路，缓慢而稳扎稳打地向东推进，将盟军赶向岛屿的东部和南部。到5月24日，克里特岛西部已经完全被德军所控制。5月27日，克里特岛最大的城市干尼亚投降。5月30日，德军攻克了雷西姆农，解救了在那里困守10天的第2伞兵团。英国人在确信无法守住这个岛屿之后，退守到克里特南部霍拉斯法基翁和耶拉派特拉，并于5月31日撤离了该岛。这是一场小型的敦刻尔克撤退，盟军一共撤出了12000多名士兵。另有大约5500名士兵被担心德国飞机的英国舰长丢在了海滩，向随后出现的德军投降。

在克里特战役期间，第6山地师除了第141山地团以外的部队留在希腊担任占领任务，后于1941年9月被送往挪威。第5山地师在执行了短暂的占领任务后返回德国休整了4个月，之后改隶东线的第18集团军，于1942年3月被调到列宁格勒前线，在那里作为突击部队使用，直到1943年11月被调往意大利。

顺便说一句，在克里特战役中，德国虽然战胜，但是其伞兵部队的损失是如此之大，以至于希特勒拒绝考虑再使用它去进攻马耳他。德国的伞兵部队从此之后只是作为一支精良的地面部队使用。

高加索山羊

1941年6月22日凌晨，潮水一般的德国部队涌入了从黑海蜿蜒到北冰洋的漫长的苏联国界。"巴巴罗萨"行动开始。德苏甫一开战，位于挪威的第2、第3山地师就通过芬兰北部地区越过了苏芬边境，于7月初逼近摩尔曼斯克，但是由于当地缺乏最基本的道路条件，德军的补给无法前送。而苏军则可以通过摩尔曼斯克铁路获得充足的补给，并于入秋后发起反击。芬兰人认为自己不是德国的仆从，只是在进行一场收复1940年失地的战斗（芬兰人称为"续战"），达到这个目标之后，芬兰便停止了对苏联的进攻，对德国人协助其深入进攻苏联领土的要求也是三心二意。在这样的政治气氛下，北极战线的德苏双方始终胶着在边境附近，被山地军的士兵称为"蘑菇战"。

9月，希腊前线的第6山地师改为归属于挪威山地集团军，并被送往北线担任占领任务。该师在这里一直驻守到1945年向英军投降。第2山地师则在1944年底至1945年初的苏军冬季大攻势中损失惨重，于1945年2月

■左图：德国随军摄影师最爱拍摄的象征性场景之一：纳粹德国的战旗飘扬在厄尔布鲁士峰（5642米）的山顶上。几天后，当大雪和浓雾散去，他们才发现这里并不是最高点，只是离它较远的一块凸起的高地，所以后来不得不又拍摄了一次（上图）。

转移到西线。第3山地师则在1942年秋天移师苏德战场南线。

这期间，德军又组建了一些新的山地师。大多送到了苏德战场的北线。第7山地师的前身——第99师原本是1940年10月组建的普通步兵师，于1941年11月从东线调回国，1942年初在巴伐利亚北部的第13军区被编为山地师。该师下属第144山地步兵团、第206山地步兵团、第82山地炮兵团、第99摩托车营、第99山地反坦克营、第99山地工兵营、第99山地通信营。初步训练完成后，该师被送至芬兰，准备从芬兰北中部出击，切断苏联接受盟国援助物资的输血动脉——摩尔曼斯克铁路，以期在北方战线有所突破。但是出于长远的政治考虑，芬兰军队的最高统帅冯·曼纳海姆元帅却完全不同意这一方案。到1944年9月，

芬兰投降后，第7山地师通过芬兰北部的拉普兰地区逃至挪威。该师本欲返回德国本土参战，但是尚未动身，战争便结束了。

德苏开战后，武装党卫军（Waffen SS）也建立了自己的山地师，SS第6"北方"师（Nord）于1941年末组建，其前身是同年初组建的"北方"团。成员主要是德国人和外籍德裔志愿人员。该师先被调往北线进攻摩尔曼斯克，后来长期驻守芬兰，芬兰投降后，该师撤至挪威，并在这里被改编为山地师，并于1944年末调往丹麦，投入西线战斗。该师所属部队包括：SS第11山地步兵团"莱因哈特·海德里希"，SS第12山地步兵团"米切尔·盖斯麦尔"，SS第6山地炮兵团，SS第6反坦克

海拔2000米的高山宿营：厄尔布鲁士山中的德军宿营地——军用帐篷和木头小屋。木屋是苏联伐木工的房子，被山地部队征用。

隆美尔部队会合。第17集团军协同第1装甲集团军投入了顿涅茨地区，并作为德军的先头部队越过库班草原。在罗斯托夫，第17集团军分为三部，第49山地军位于最南方，进入了高加索山区。他们的目标是海滨城市苏呼米。为了配合德军的政治宣传，第1山地师的登山队登上了大高加索山脉的最高峰厄尔布鲁士峰。在高加索山地中艰难跋涉了近200公里后，山地部队的给养已经耗尽。在这里，他们与苏军展开了拉锯战。李斯特想将他们撤出，协同坦克部队进攻更重要的目标——土阿普谢港。李斯特因为此事而激怒了希特勒，并被解职。由于后勤补给不力，第1山地师始终无法突破控制高加索山脉一线，尽管他们离苏呼米的直线距离只有20公里左右。1943年初，由于德军在斯大林格勒的惨败，整个高加索地区德军面临被合围的危险，最后只好撤回库班草原。3月，东线战局稍微稳定一些

营，SS第6防空营，SS第6山地工兵营，SS第6山地通信营。

东线部队主要的山地作战发生在南部的高加索山区。1942年春，第1、第4山地师组成了第49山地军，属于李斯特A集团军群的第17集团军。该集团军群的目标是夺占苏联最大的油田——巴库，并南下伊朗和中东，与

■ "东线噩梦"

与供应富足、生活舒适、号称"黄油前线"的法国、荷兰、丹麦占领区不同,被调到东线是每一个德国官兵的噩梦。其中最令东线老兵挥之不去的两样东西,便是俄罗斯的泥泞和严寒。

东线的泥泞季节是每年开春之后的三月到六月,以及上冻之前的秋季。漫无止境的泥泞道路拖垮了东线德军的补给和士气。在本页左边的三张图中,我们可以看到身陷泥泞中的山地部队运输队和炮兵。左图中的士兵正在搬运的是105毫米榴弹炮的炮弹。左下图则为105毫米山地榴弹炮。图片摘自德国《国防军》杂志1944年3月号。

右上图中,右侧士兵所戴的是别上雪绒花标志的M43制式帽,左侧士兵头上戴的是山地帽。

中图为正在发射81毫米迫击炮的第4山地师步兵。拍摄于1943年的第聂伯河地区。在苏联西部广袤的沼泽地带中,迫击炮已经是山地步兵可以携带和使用的最重型的武器了。这些身陷沼泽的山地步兵们自嘲为"湿地猎兵"(Sumpfjaeger)。

■ 左上图和左图：德国随军摄影师喜爱拍摄的另一个场面：高加索山区的当地居民和部族长老热情欢迎德军山地部队的到来。与对苏联其他民族那种赤裸裸的狰狞态度不同，德国人对于这些山地民族似乎十分忌惮（大概是因为他们的骠悍善战）。高加索地区的德军接到专门的指示，要避免招惹当地居民，要尊重他们妇女的名誉，要尊重他们的习俗，拿了东西要付钱。对于这些山地居民提出的不要杀害他们的山地犹太人和鞑靼人邻居的请求，党卫军一般也都表示尊重。德军从这里撤退后，车臣、印古什、卡尔梅克、巴尔卡尔等民族因为"与敌人合作"而被整个民族地流放到荒凉不毛的中亚沙漠地区。

■ （左）从驻地出发清剿游击队的德国山地步兵与一支高加索山民的队伍相遇。据刊登这张照片的德国《国防军》杂志（"Die Wehrmacht", 1943年1月号）说，这些高加索山民是去当地的德军司令部，领回被苏联红军征用、又"被我军夺回"的牲口的。不过我们可以对这种说法存疑。由于供应不足，东线德军获取补给的一个主要方法就是掠夺当地居民。虽然根据德军最高统帅部的指令，对高加索山区居民很少骚扰，但是这种场面毕竟不符合常理。也有可能是德军为了争取当地民心而故意安排的这么一个场面。

　　（右）德国山地部队在高加索山区围剿当地的游击队武装。山地步兵越过一名被击毙的游击队员，将另外两名游击队员抓获。苏德战争期间，有许多英勇的苏军战士结成小股部队在敌后坚持游击作战。

■行进在高加索山脉崇山峻岭中的山地部队。这些士兵大多来自巴伐利亚和符滕堡，他们发现这里的高山草地与家乡的阿尔卑斯山很相像。不过这里显得粗犷而原始，没有精致的山间农舍和美丽的牧羊少女（图片摘自《斯图加特画报》，1942年10月）。

后，第1山地师被调至希腊。1944年4月，该师作为国防军最高统帅部预备队前往匈牙利，之后又回到巴尔干地区。同年12月，该师再次调往匈牙利与苏军作战。1945年3月，该师改称"第1国民山地师"。德国战败时，第1山地师位于奥地利境内，向美军投降。

斯大林格勒战役失败后，第4山地师在诺沃罗西斯克和库班一带继续抵抗苏军攻势，直至1944年，才被迫翻越喀尔巴阡山脉，撤至匈牙利境内，后来又撤至捷克和奥地利，直到战败。1942年底，为了救援斯大林格勒德军，原本在列宁格勒前线的第3山地师被调往南线。斯大林格勒战役后，该师先退到乌克兰，后来随着德军的颓势撤退到匈牙利和斯洛伐克，在上西里西亚迎来了德国的无条件投降。

北非、意大利、南斯拉夫

山地部队中有一部分师以下单位参加了

北非战役。1941年7月，来自第98、99、100山地步兵团的人员，在柏林组成了第288特种部队，先后参加过包括阿拉曼战役内的多场北非战事。1942年11月，第756山地步兵团被调往突尼斯前线。这里山地较多，原本是适合山地部队行动的地区，但此时的北非战事对德国已经非常不利，将山地部队投入到这里，也只是杯水车薪。

1943年9月，盟军在意大利本土登陆。由于巴多格里奥元帅的意大利政府在随后不久宣布与盟国停战，德国只能派兵在意大利中北部组织防御。凯塞林元帅在那不勒斯至罗马一线建立了著名的古斯塔夫防线。12月，列宁格勒前线的第5山地师被划给第10集团军，派往意大利参与防御。该师与第1伞兵师一道驻扎在古斯塔夫防线的一个要害之处——卡西诺城和著名的卡西诺山修道院附近，并参加了这里的激烈战斗，阻挡了美军第2军、法国殖民地部队、英军第5师、新西兰第2师和

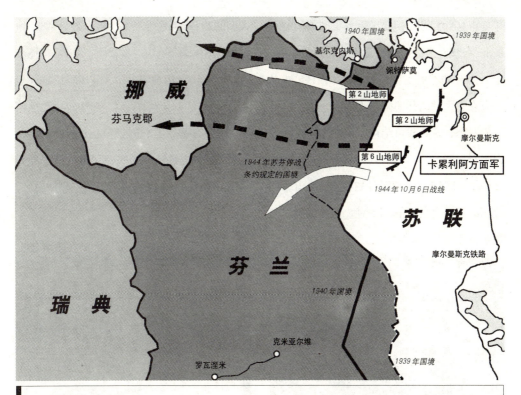

沉睡的战线

  与残酷的东线和诺曼底登陆后的西线相比,北线战场似乎是一个沉闷的地方。由于恶劣的补给条件,以及当地的地形和气候不适合战斗,自从1941年6月26日"续战"开始后,苏军和德芬军队在北极沿着一条几乎固定不动的战线对峙了近三年,直到1944年9月19日芬兰宣布退出战争。

  1944年10月6日,苏联卡累利阿方面军向挪威和芬兰北部的德国军队发起了进攻。第20山地集团军不得不后撤到挪威境内。10月28日,希特勒命令德军在撤退时全面破坏挪威最北端的芬马克郡,以延缓苏军的进攻,使其无法从当地居民处得到补给。希特勒的命令得到了第20山地集团军司令伦杜里克(Lothar Rendulic)不折不扣的忠实执行。该郡的城镇和渔村被后撤的第2和第6山地师焚毁,马匹被牵走,牲畜被宰杀,渔船被征用,食品和燃料储备也被全部运走,居民被集中起来带到挪威南方。但是很多居民逃到了海岛和荒山中,在北极的寒冬中苦苦捱到了苏联红军解放者的到来。

印度第4师的前进。但是随着意大利战线的不断北移，该师最终撤到了意大利北部山区。由于1944年盟军的主要精力放在了西线，所以双方在意大利北部的阿尔卑斯山一带一直呈胶着状态，直到战争结束，该师在都灵附近向美军投降。

1944年3月，德军计划在第139山地步兵团的基础上组建第8山地师，但是该团不久被扩编为第140步兵师。1945年2月，在意大利的第157山地师在本土被命名为第8山地师，包括了第296山地步兵团、第297山地步兵团、第1057山地炮兵团、第1057山地反坦克营、第1057山地工兵营、第1057山地通信营。1944年底，第8山地师也被派往意大利，在波河沿线作战。到1945年4月，盟军展开最后攻势后，该师被迫退入了阿尔卑斯山区，

■1942年9月，在南斯拉夫参加清剿游击队作战的武装党卫军第7志愿山地师正在接受检阅。该师的人员主要是居住在巴尔干地区的德意志侨民和德裔。

■正在进行山地架桥作业的武装党卫军第13山地师穆斯林士兵。

■卡西诺山（Monte Casino）之战中的德国山地部队。
有1400年历史的卡西诺山修道院是基督教本笃会的创始地，也是修士隐修制度的发源地，其建筑艺术和收藏的文物价值都是无与伦比的。该修道院控制卡西诺山山顶，位置险要，所以盟军认为德军一定会在此地设防，而德军认为盟军一定会攻击此地而没有在这里设防。在盟军进攻之前，这里的文物和修士大多已经撤退到了安全的罗马，里面只收容了一些附近的百姓。1944年2月，盟军对这座修道院展开了猛烈的炮轰和空袭，将其夷为平地。具有讽刺意味的是，在修道院被彻底摧毁后，德军伞兵和山地部队才得以免于对损坏珍贵历史遗产的顾忌，进入修道院废墟，并将其变成一个难以攻克的阵地。

在1945年4月向美军投降。

在西线，山地师派上用场的时候不多。可数的一次当属1945年元旦，阿登战役失败后，德军发起的"北风"作战。这次战役目的是把美军防线向后压缩，在可能时夺回斯特拉斯堡，SS第6"北方"山地师奉命度过了摩德尔河，击溃了美军第45步兵师，不过其战绩也仅是给了美军一些兵力上的损失，并未能占领什么地方。后来，该师在巴伐利亚向盟军投降。参加这次战役的还有第2山地师，他们也于5月在德国南部投降。

山地师参加的最激烈的战斗是在南斯拉夫。南斯拉夫沦陷后不久，以前皇家陆军上校德拉扎·米哈伊洛维奇为首的保皇党人和以南共总书记铁托为首的共产党人分别组织了游击队，抵抗德军入侵。后来由于铁托领导的共产党游击队能够团结南斯拉夫的所有民族，所以逐渐取得了抵抗组织的领导权，而保皇党人狭隘的塞尔维亚沙文主义使得他们的抵抗组织"切特尼克"不受南斯拉夫人和盟国的欢迎。切特尼克渐渐开始消极抵抗，甚至不时与德军和意军合作追剿共产党游击队。

铁托的部队在1941年9月开始活动，不久就达到了4个旅的规模。虽然他们的制服和装备参差不齐，但训练却都不错。而且他们从不与德军大部队正面接触，而是频频袭击德

■ 1944年在波斯尼亚乡村中同游击队激烈战斗的第1山地师士兵。

军的后勤线。1942年初，铁托手下有8万人，到同年年底就增加到了15万人。至1942年11月，希特勒再也无法忍受铁托的存在，投入了37个师对南斯拉夫山地进行清剿。SS第7"欧根亲王"志愿山地师也被送到这里。该师于1942年年初成立，首任师长是阿图尔·菲利普斯（Arthur Phelps），所属部队包括SS第13"阿图尔·菲利普斯"山地步兵团、SS第14山地步兵团、SS第7山地炮兵团、SS第7

侦察营、SS第7山地反坦克营、SS第7防空营、SS第7山地工兵营、SS第7山地通信营。

1943年1月，清剿南斯拉夫游击队的"白色"和"黑色"两大作战正式开始。铁托的部队在3月被压缩在奈雷特瓦河的狭小地带，损失了4000人，但是游击队的主力在德、意、克罗地亚和切特尼克四方军队的鼻子底下跃出包围圈，从波斯尼亚地区逃往黑山。德军又迅速发动了第2次清剿作战，尾追至黑山，再

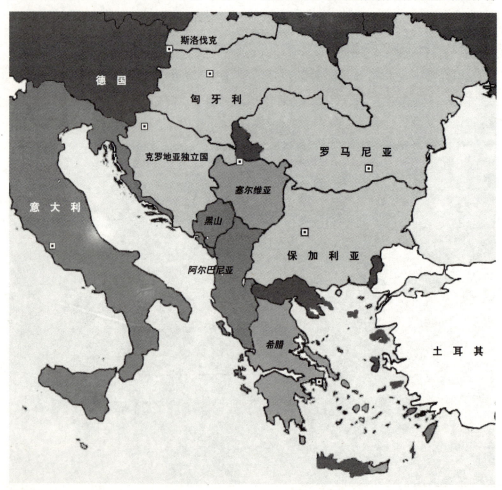

■意大利和巴尔干地区，1943年。

■阿图尔·菲利普斯（1881－1944）。
日耳曼移民的后代。出生在罗马尼亚的特兰
西瓦尼亚（德文称Siebenburgen，意为七座城堡）。
一战中为德军参谋军官。1941年转入武装党卫
军。1944年9月在罗马尼亚巴纳特地区视察前
线时被打死。死后追授橡叶骑士十字勋章。

次包围铁托部队。这次铁托虽然成功地逃往
波斯尼亚，却损失了30%的兵力。

此后一段时间，游击队的活动有所减
少。第7SS山地师留在南斯拉夫，主要从事
守备任务，同时训练意大利部队和新成立的
SS第13"圣刀"志愿山地师。该师于1943年
初组建，主要由波斯尼亚的穆斯林志愿者组

成，但由于人员不足，又动员了一些当地的
基督徒。该师所属部队包括SS第27山地步兵
团、SS第28山地步兵团、SS第13山地炮兵
团、SS第13摩托化侦察营（主要使用汽车）、
SS第13山地反坦克营、SS第13防空营、SS
第13山地工兵营和SS第13山地通信营。由
于波斯尼亚境内的克罗地亚亲德组织反对组
建这个山地师，希姆莱只好把他们送往法国
训练，但穆斯林士兵又经常和德国士兵发生
冲突，只好在1944年1月训练完成后匆忙返
回了波斯尼亚。

1944年5月，为了抓捕铁托，德军开始了
代号"棋盘跳马"的又一次清剿行动，虽然德
军甚至投入了精锐的伞兵部队用于偷袭，但铁
托还是得以成功逃脱。德军只缴获了他的一套
元帅军服。随着保加利亚和罗马尼亚的投降，
德军此后再也无力举行这样的行动了。

作为精锐部队，SS第7志愿山地师在此
之后主要作为德军的后卫部队使用。他们先从

■接近敌方山地工事入口。山地步兵的战斗很大一部分都是白刃战。

■在多山的巴尔干和高加索地区，山地步兵经常要在这种岩石地貌的环境下战斗。以上三张照片均为在南斯拉夫和高加索前线所摄，虽然是训练和演习照片，但是也可以看到在山地战斗中，山地步兵接近敌方阵地和工事的方法。

西北方向逃出南斯拉夫，于1945年进入斯洛文尼亚，在战争的最后的几个月中，该师被当作消防队，在南斯拉夫战线各地疲于奔命，最后直到5月16日才向盟军投降，据说其成员很多都被南斯拉夫和意大利的游击队处了私刑。

在巴尔干战斗后期，德军又紧急成立了第188山地师，该师原本仅仅是一个训练山地步兵的预备师，在1944年后期改编为准战斗部队投入战斗，于1945年被送往巴尔干，该师的具体情况不详。1944年，大约在同一时期，SS第21"斯坎德培"山地师成立，该师主要由阿尔巴尼亚的穆斯林志愿兵组成，由于应征者的素质太差，在这种极端缺乏兵员的情况下，直到年底才征集到不过6000人。德军被迫调集了3000名赋闲的海军人员到该师服役。该师不仅缺人，还缺武器装备，到最后也没有完全编成，其所属部队包括：SS第50山地步兵团、SS第51山地步兵团以及数目不详的少量支援部队。在从巴尔干撤退时，该

师的阿尔巴尼亚人逃亡殆尽，只剩下了那些德国海军人员，最后，剩余的人员就地补入了SS第7山地师。

1944年中，还有一个由穆斯林志愿者组成的师——SS第23"卡马"山地师，该师的兵源是整个巴尔干地区的穆斯林，士官主要是匈牙利籍德国人和从SS第13山地师转来的可靠的穆斯林。所属部队包括SS第55山地步兵团、SS第56山地步兵团，全师人员最多时也不超过9000。该师正在编成时，苏军进入了巴尔干，该师的志愿者大多在许可下返家（少量加入了SS第13志愿山地师），而德国人则并入了SS第31志愿掷弹兵师。

SS第24"喀斯特猎兵"山地师是专门为南斯拉夫的清剿任务组建的，其起源最早是希姆莱于1942年提出的山地连方案，后来改为山地营，到1944年7月改为山地师。该师以德裔志愿者和意大利志愿者组成，但由于兵员不足，最终只是编成了旅级单位。所属

部队包括SS第59山地步兵团、SS第60山地步兵团、SS第24山地炮兵团。其中SS第59山地步兵团同意大利游击队和英军都进行过激烈的战斗,为了让部队能够向英军而不是游击队投降,该团担任全师后卫,掩护部队逃出了南斯拉夫,成功地挽救了不少德国士兵的性命。这个师最终于5月9日向英军投降。

最后,德军在1942年到1943年还组建了4个精锐的独立高地山地步兵营(Hochgebirgs Jaeger Battalion)。第1、第2营在东线作战,后并入第1山地师。第3、第4营则在意大利前线,第3营在著名的卡西诺山战役中表现抢眼。它们分别并入了第296山地团和第114猎兵师。

应该说,在二战时期德国陆军的各支部队中,山地部队的战斗力是比较强的,但受限于其装备和使用目的,他们的战果相对于声名显赫的德国装甲部队来说并不大。但是,毕竟在战争结束时,山地部队往往是最后放下武器的部队。对于战争末期的德国军队来说,这已经是非常难得了。在二战之后,联邦德国国防军(Bundeswehr)也组建了精锐的山地部队,如继承了雪绒花标志的第23山地旅。不过这就超出了本书阐述的范围了。

■意大利前线的德军向盟军投降的场面。前景军官为武装党卫军第1装甲师成员,陪同他们的是意大利游击队员和英国第6装甲师军官(左二)。美国战略情报局(OSS)也参与了意大利德军的投降谈判。

第1山地师
绿地白色雪绒花

第2山地师
驯鹿

第3山地师
雪绒花、锚、螺旋桨
（纳尔维克战役纪念）

第4山地师
紫色石南花

第5山地师
山羊剪影

第6山地师
绿地黄色雪绒花

第7山地师
登山靴

第8山地师
登山士兵剪影

第9山地师
冰镐及螺旋桨

注1:
第9山地师作为一个师的编制来说实际上并未正式存在过。根据现有的资料可以知道，它包括两部分，由挪威驻军改编来的9. Gebirgs—Division Nord和由东线部队改编来的9. Gebirgs—Division Ost。德国红十字会档案记录改编大约发生在1945年3月。到战争结束时，第9山地师仍不过是两个独立的战斗群（Kampfkrupp）的规模，分别向英军和苏军投降。

SS第6山地师
"北方"
Nord
古代北欧代表信仰的
符号，字母Gebo的变形

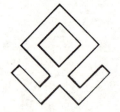

SS第7山地师
"欧根亲王"
Prinz Eugen
古代北欧象征亲缘关系的
符号，字母Odal

SS第13志愿山地师
"圣刀"
Handschar
伊斯兰弯刀，也是古代波
斯尼亚公国的纹章图案

SS第21山地师
"斯坎德培"
Skanderbeg
双头鹰，斯坎德培的纹章，也
是阿尔巴尼亚民族的标志

SS第24山地师
"喀斯特猎手" Karstjager
古代北欧代表雷神托尔的符
号，字母teiwaz的变形

注2:
SS第23"卡马"山地师（Kama）的标志是16道光芒的马其顿太阳，据说是古代亚历山大大帝的标志。但是至今为止没有发现相应的图片资料。

本文的撰写得到了二战论坛及网友岳雷、元首卫队的热心帮助，并提供了大量的珍贵资料，在此表示衷心的感谢。

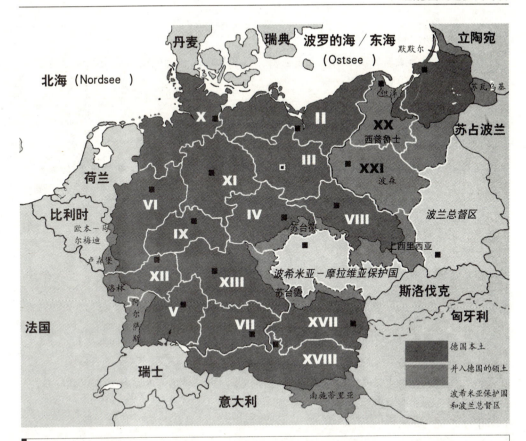

北海 (Nordsee)

丹麦　瑞典　波罗的海／东海 (Ostsee)　默默尔　立陶宛

苏瓦乌基

但泽

X　II　XX
西普鲁士　苏占波兰

荷兰

XI　III　XXI
波森

比利时
欧本一马
尔梅迪　VI　IV　VIII

卢森堡　IX　苏台德　上西里西亚　波兰总督区

洛林　XII　XIII　波希米亚－摩拉维亚保护国
苏台德　斯洛伐克

阿尔萨斯　V　匈牙利

法国　VII　XVII

瑞士　XVIII

德国本土

并入德国的领土

波希米亚保护国
和波兰总督区

意大利　南施蒂里亚

第三帝国的军区划分 (6.22.1941)

一、原有的十三个军区（包括开战后因德国的领土兼并而划入这些军区的外国领土）

第一军区 (Wehrkreis I)：

包括东普鲁士、默默尔、苏瓦乌基及波兰北部，司令部在柯尼斯堡 (Konigsberg，今俄罗斯加里宁格勒)；

第二军区 (Wehrkreis II)：

包括波美拉尼亚省和梅克伦堡邦，司令部在斯德丁 (Stettin，今波兰什切青)；

第三军区 (Wehrkreis III)：

包括普鲁士邦的勃兰登堡省和纽马克、阿尔特马克地区（今德国勃兰登堡州和安哈尔特州东部），司令部在柏林；

第四军区 (Wehrkreis IV)：

包括萨克森邦、图林根地区的东半部，以及北苏台德区，司令部在德累斯顿 (Dresden)；

第五军区 (Wehrkreis V)：

包括符腾堡邦，巴登邦的南半部，阿尔萨斯地区，司令部在斯图加特 (Stuttgart)；

第六军区 (Wehrkreis VI)：

包括普鲁士邦的威斯特法仑省、莱茵兰省，以及原属比利时的欧本－马尔梅迪地区，司令部在明斯特 (Muenster)；

第七军区 (Wehrkreis VII)：

包括巴伐利亚邦南半部，司令部在慕尼黑 (Muenchen)；

第八军区 (Wehrkreis VIII)：

包括普鲁士邦的西里西亚省、上西里西亚和北苏台德区，司令部在布雷斯劳 (Breslau，今波兰弗罗茨瓦夫)；

第九军区 (Wehrkreis IX)：

黑森－卡塞尔邦及图林根西半部。司令部在卡塞尔 (Kassel)；

第十军区 (Wehrkreis X)：

汉诺威省北半部，石勒苏益格－荷尔斯泰因邦，以及汉堡、不来梅、吕贝克三个自由市，1943年以后还包括了丹属石勒苏益格地区，司令部在汉堡 (Hamburg)；

第十一军区 (Wehrkreis XI)：

包括汉诺威省南部、不伦瑞克邦和安哈尔特邦，司令部在汉诺威 (Hannover)；

第十二军区 (Wehrkreis XII)：

包括巴伐利亚邦的普法尔茨区、黑森－达姆施塔特邦、萨尔邦和洛林地区，司令部在威斯巴登 (Wiesbaden)；

第十三军区 (Wehrkreis XIII)：

包括巴伐利亚邦的北半部和西苏台德区，司令部在纽伦堡 (Nuernberg)。

二、吞并奥地利后新设的两个军区：

第十七军区 (Wehrkreis XVII)：

奥地利的北半部和南苏台德区，司令部在维也纳 (Wien)；

第十八军区 (Wehrkreis XVIII)：

奥地利的南半部和斯洛文尼亚北半部 (南施蒂里亚)，司令部在萨尔茨堡 (Salzburg)。

三、消灭波兰后设立的两个军区：

第二十军区 (Wehrkreis XX)：但泽自由市，波兰走廊，西普鲁士和东普鲁士西部，司令部在但泽 (Danzig，今波兰格但斯克)；

第二十一军区 (Wehrkreis XXI)：

瓦尔特兰 (Wartheland)，即波森地区，司令部在波森 (Posen，今波兰波兹南)。

　　此外，在波希米亚－摩拉维亚保护国和波兰总督区 (Generalgouvernement) 也有两个军区，司令部分别设在克拉科夫 (Krakau) 和布拉格。

■1942年11月，在意大利码头席地而睡，等待登船前往突尼斯作战的第756山地步兵团。图中可见排成一列等待装船的37mmPak36反坦克炮和正在吊装的"欧宝"半履带车。

山地步兵的编制和作战装备

德军山地师编制

德国国防军（Die Wehrmacht）最初的山地师成立于1938年，当时德国吞并了奥地利，拥有山地部队的奥地利军队也并入了德军。首先组建的是第1至第3山地师，战时最多扩充到了10个师。按照当时德军的编制，一个山地师下属若干山地步兵团、山地炮兵团、山地工兵营、山地反坦克营、山地通信营、自行车（或摩托车）营以及师直属后勤部队。由于部队在山地行动时基本靠人力运输，因此无论是单兵装备，还是重型装备，抑或后勤物资，都要充分考虑到士兵的负荷能力，编制

的确定过程，也要加入这些因素。与一般步兵师不同，为了适应地形特点，山地师以自行车营代替了一般部队中的侦察营。

山地步兵团

初看起来，山地师的编制似乎和步兵部队类似，实际上，山地师与步兵师在编制上的最大区别是在山地步兵团的组成上。20世纪30年代以前，德国陆军的步兵师一般下辖2个步兵旅，每旅辖2个步兵团。进入30年代后，德军步兵师改为直接下辖3个步兵团，山地师则下辖2个团（第1山地师成立时有3

■ MG34 型通用机枪。

■ 上图是1944年东线的山地步兵，胸前为新式的 MP43 型突击步枪。左上图卡车上的士兵手中所持武器是毛瑟 Kar98K 型步枪，上配 ZF39 型瞄准镜。除了这种步枪外，山地步兵还常常使用 Gewehr33/40 型步枪，即捷克仿造 Kar98 制造的 Vz33 步枪。左图为山地步兵的标准装具和武器，图中的枪支即为 Kar98K 型步枪。

山地步兵的轻型武器

卢格-P08 型手枪，历史悠久的德国军用手枪，性能极好但却非常昂贵，所以常常成为收藏的对象。

9mm P38 型沃尔特半自动手枪，结构坚固而故障率极低，甫一问世即成为德军的制式手枪。

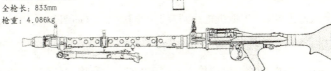

7.92mm Karbiner 98 Kurz 步枪（卡宾枪），毛瑟98型步枪的缩短型，枪身缩短了100多毫米，后坐力小，命中率高。

9mm MP40 型冲锋枪，MP38冲锋枪的改进型，是步兵近战时威力强大的武器。也是最早成功地使用折叠式枪托和采用钢材与塑料制成的冲锋枪。
弹匣容弹量：32 发
全枪长：833mm
枪重：4.086kg

著名的 7.92mm 毛瑟 MG34 型机枪，是最早的通用性机枪，既可做轻重机枪，也可做高射和车载机枪，可采用弹链、鞍形弹鼓供弹，是二战中德军使用的主要武器。

个团，但 1940 年其中一个团也被抽去组建新山地师）。但山地步兵团的员额并不比普通步兵团少很多。前者的标准员额 3064 人，后者的标准员额 3250 人，甚至还有部分资料显示两者的人员定额基本相同。究其原因，是由于山地步兵团所辖的步兵营，每营都有5 个步兵连（普通步兵营仅含 4 个步兵连）3个营共有 15 个步兵连，每团还有一个直属团部的反坦克连，团下共计 16 个连，比步兵团多 1/3。

此外，普通步兵营中，每营辖 3 个步兵连和 1 个重装步兵连，山地步兵营在此基础上又增加了一个机枪连，这样可以加强山地战斗时的压制火力，而且机枪及弹药比重装连的迫击炮更便于携行。营级编制随年代不同有些变化。山地步兵连和普通步兵连的编制相同。1940 年春以前，他们都是一连三排 9 班制（步兵），重武器有 9 挺轻机枪、2 挺重机枪和 3 门 50 毫米迫击炮。1940 年春，由于步兵排由 3 个班改为 4 个班，因此山地步兵连和普通步兵连的重武器变为 12 挺轻机枪、2 挺重机枪和 3 门 50 毫米迫击炮。

山地步兵营所辖的重装步兵连由 1 个山炮排（装备 18 型 75 毫米山炮）、1 个工兵排和1 个通信排组成。山地机枪连则有 3 个重机枪排和 1 个迫击炮排，机枪连装备的是 12 挺重机枪和 2 挺轻机枪。机枪排主要使用 MG-34和 MG-42 型机枪，但战前到战争初期的一段

时间，也使用过一战时留下来的 MG-08 型机枪。迫击炮排战争初期使用的是 Grw34 型 80毫米迫击炮，战争中期以后换装为威力更强的 Grw40 型 120 毫米迫击炮。

团属反坦克连一般装备 Pak35/36 型 37 毫米反坦克炮计 12 门。战争中期以后，反坦克部队装备的火炮换为 Pak40 型 75 毫米反坦克炮和火箭筒，但编制一般则改为 3 门反坦克炮加上 36 具反坦克火箭筒。

山地炮兵团

德军山地炮兵团的编制与普通炮兵团无异，辖有 4 个炮兵营，其中，第 1、2 营装备75 毫米榴弹炮，第 3、4 营装备 105 毫米榴弹炮（第 4 营的装备问题存在争议，如美军 1945年发行的 *Handbook on German Military Force*一书中称，第 4 营装备的是 150 毫米榴弹炮）。

单从口径上看，山地炮兵团的编制和步兵部队基本相同，但山地炮兵团所用火炮均为山炮，在设计时已经考虑到了使用因素，可以较快的分解为若干个组件，由骡马驮运或由人力运送。其型号主要包括 GebIG18 型 75毫米轻型山炮、GebG36 型 75 毫米山炮、GebH40 型 105 毫米山炮。另有捷克斯洛伐克的斯柯达兵工厂所制造的 GebK15 型 75 毫米炮和 GebH16 型 105 毫米炮，战前曾提供给西里西亚边境山区的捷克边防部队使用。德军

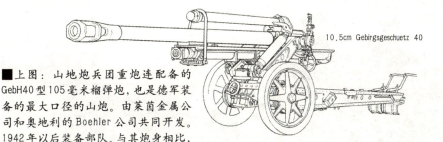

10.5cm Gebirgsgeschuetz 40

■上图：山地炮兵团重炮连配备的
GebH40型105毫米榴弹炮，也是德军装
备的最大口径的山炮。由莱茵金属公
司和奥地利的Boehler公司共同开发。
1942年以后装备部队。与其炮身相比，
炮尾支架似乎过于短小，但是由于设计出色，在使用中并未发生过事故。可以整体拖曳，也可以
分成四个大部件由SdKfz2型半履带摩托车牵引，还可以拆成5部分由骡子驮运。车轮为实心橡胶和
轻合金轮毂，通过弹簧悬挂与各自一侧的炮尾支架结合在一起，所以在发射时随着支架的张开，车
轮会向内转动。该炮口径为105mm，炮身长3439mm，重量约410kg，水平方向射角为51°，俯仰射角
为−5.5°～+71°，炮弹重14.8kg，初速475m/s，最大射程16740米。该炮被认为是最好的山地部
队武器之一，直到20世纪60年代中期还被一些欧洲国家使用。

7.5cm
Leicht

■（左）山地步兵团重装山地步兵连配备的leGblG18型75毫米轻型山炮，莱茵金属公司1927年开
发，是在lelG18型火炮的基础上，针对山地部队作战的特殊需要而改进的，最大的特点是可以拆成
6至10个部件，单件重量最大为74.9公斤。该炮口径75mm，炮身长885mm，重量410kg，水平方
向射角35°，俯仰射角−10°～+75°，炮弹重5.45kg，初速221m/s，最大射程3500米。
（右）山地作战通常用骡马来担任作战支援任务，但并不是总能如此，有时候只能由人来背负山炮
零件。图中的车轮属于leGeblG18型山炮，但是也重达50至70公斤，对山地步兵的体力来说也是一
种考验。

占领捷克后，缴获了相当数量，将其列入装
备，并赋予了上述编号。此外，德军在法国缴
获的什耐德−克鲁索75毫米野战炮和105毫
米榴弹炮分别被命名为GebK238（f）型75毫
米炮和GebH322（f）105毫米炮。

　　战争后期，山地部队经常被作为普通部
队使用，由于装备的损耗加快，他们也经常使
用本应配备给普通部队的装备，在当时的照片
中，偶尔就可见到山地炮兵团在使用普通炮兵
团的18型105毫米榴弹炮。战争末期，甚至有
部分部队装备了Nbw41型150毫米火箭炮。

山地反坦克营

　　该营辖3个连，其中第1、2连装备反坦
克炮，第3连作为防空连，装备20毫米机关

■Sd.Kfz.2型半履带摩托车拖曳的GebG36型75毫米山炮。

7.5cm Gebirgsgeschuetz 36

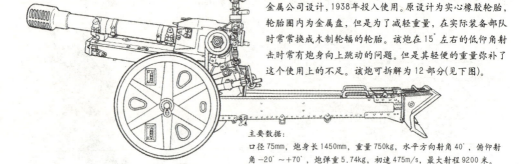

主要数据：

口径75mm，炮身长1450mm，重量750kg，水平方向射角40°，俯仰射角 −20°～+70°，炮弹重5.74kg，初速475m/s，最大射程9200米。

■左图：山地炮兵团轻炮连配备的GebG36型75毫米山炮，也是山地部队使用最广泛的武器。该型山炮1935年由莱茵金属公司设计，1938年投入使用。原设计为实心橡胶轮胎，轮胎圈内为金属盘，但是为了减轻重量，在实际装备部队时常常换成木制轮辐的轮胎。该炮在15°左右的低仰角射击时常有炮身向上跳动的问题。但是其轻便的重量弥补了这个使用上的不足。该炮可拆解为12部分(见下图)。

炮。反坦克连装备的是Pak35/36型37毫米反坦克炮，1941年苏德战争爆发后，出于战场需要，换装为Pak38型50毫米反坦克炮，但前线部队犹嫌其威力不足，战争中期以后，有部分部队干脆换装了Pak40型75毫米反坦克炮。营的第3连理论上装备的应该是专用于山地部队、可迅速分解的GebFlak38型20毫米山地高炮(普通部队装备的是Flak30和Flak38型20毫米炮)，但此炮生产数量不多，目前留存的山地部队照片中大多还是普通型的20毫米炮，这种火炮有时也使用穿甲弹，用来进行反坦克作战。

此外，山地反坦克营还装备有一种

GebG36型75毫米山炮分解图

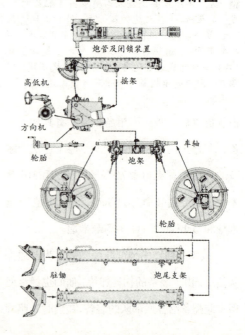

炮管及闭锁装置

高低机   摇架

方向机   车轴

轮胎   炮架

轮胎

驻锄   炮尾支架

sPZb41型28毫米反坦克炮,由于它重量轻,反装甲效能尚可,颇受山地部队欢迎,但不知为何产量不大,具体装备情况也不详。

山地工兵营

山地工兵营由3个工兵连(有时其中一个为摩托化轻工兵排)、1个运输排和1个补给队组成。后两支部队是普通步兵师的工兵营所没有的。山地工兵营的装备充分考虑到地形特点,携带有大量登山器材和山地用轻便架桥器材,另携带有20具火焰喷射器和大量

炸药,应急时,或者需要采用特殊方式攻克对方的堡垒时,工兵部队也可以可以直接投入战斗,例如希腊战役中著名的梅塔克萨斯防线之战(参见前文)。

侦察营

该部队是山地师的侦察部队,编有3个自行车连和1个山地骑兵连。自行车在山地使用的效果较好(山国瑞士至今还保留有自行车部队),但爱好机械的德军似乎相对更为重视摩托化部队,山地师部队组建后不久就将其中一个自行车连改编为摩托车连,自第5山地师开始,自行车营全部改为摩托车营。

山地通信营

通信营下属有线通信连(电话连)和无

■上图:山地部队威力最强大的105mm GebH40榴弹炮。从这张照片中可以很清楚地看到其轮胎随炮尾支架一同张开的情况。

■ 东线的 GebG36 型 75 毫米山炮。

■ leGeblG18 轻型山炮。

■反坦克营使用的 28mm sPZb41 型反坦克炮。该炮列装数量很少。战争初期更常用的是 Pak38 型 50 毫米反坦克炮。

■ 75mm GebG36 山炮的炮队镜。

线电通信连，其装备与普通部队相同，只是多了山地联络不可缺少的信号旗。在无线电通信受山体阻碍时，就采用旗语、灯光信号等较原始的方式联络。

师直属部队

　　师直属部队包括补给、情报、后勤、卫勤、兽医和宪兵部队，另有一个野战邮局。卫勤部队除了普通的医疗器材外，还带有很多治疗冻伤和高山病的器材及药物，此外还带有用于搜救伤员的救生犬。师下属还拥有卡车等358辆各色车辆，其中还有专门设计的山地车，但实际使用时，这些车辆还是在平原上使用，每到山地，主力的运输力量还是骡马。

　　以上，就是山地师的基本编制，武装党卫队山地师与陆军的山地师编制基本相同，但党卫队山地师的防空部队是独立部队，侦察部队编制也有所不同。

■ 图为Fu2d无线电收发机，也是德军标准的无线电设备。

■ 师属通信营负责师的通信联系，左上图中的设备为EP2a无线电收发机。有效距离290公里，但是在山地往往因信号受阻而达不到这个距离。天线可旋转。

■ 准备放飞探空气球的气象观测兵。

■ 山地工兵营。在山地中构筑工事，时常需要工兵部队动用钻机。

Sd.Kfz.2 Kleines Kettenkraftrad

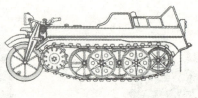

重量：	1560kg
乘员：	3人
引擎：	奥佩尔奥林匹亚 (Opel Olimpia) 1.5 升 汽油发动机，水冷，4 缸，36 马力
速度：	80km/h (道路)
行驶距离：	250km (道路)
油箱：	42 升
长：	3.00m
宽：	1.00m
高：	1.20m
装甲：	无
武器：	无
牵引力：	4.5 吨

　　Sd.Kfz.2 型半履带摩托车 (Kettenrad)，1939 年由德国的纳苏汽车公司 (NSU，德国奥迪公司的四家前身之一) 开发。其设计型号为 HK101。1940 年下半年投入生产。从 1940 年到 1944 年的 5 年间，这种小型的半履带车辆一共生产了 8807 辆。其中大约 90% 是由巴登州北部内卡苏姆 (Neckarsulm) 的 NSU 工厂生产的，其余的则由斯德丁 (什切青) 的 Stoewer 汽车工厂制造。

　　由于该车比一般的中型半履带车辆体型小、重量轻，受到伞兵部队和山地部队的青睐。由于只能搭载 3 个人，所以这种车最主要的用途是牵引火炮，例如 75mm GebG36 山炮，以及山地部队所配备的最大的火炮——105mm GebH40 型榴弹炮 (重达 1.65 吨)。此外，在泥泞的东线，偶尔也用它来运送弹药和补给品。在空军中，该车还常用于在机场牵引飞机，例如本期光盘中的 Me-262 喷气式战斗机。

■山地防空连，1942 年，高加索战线。

■ 行进中小憩的防空连。山地步兵的防空连一般隶属于山地反坦克营。配备的武器应为 GebFlak38 型 20mm 山地高炮。但是实际装备的一般为 Flak38 型普通高炮，例如图中所示。

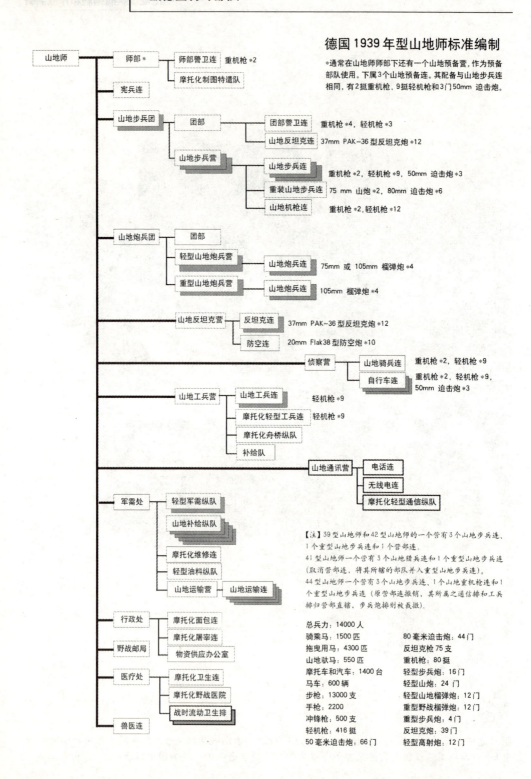

德国 1939 年型山地师标准编制

*通常在山地师师部下还有一个山地预备营，作为预备部队使用。下属3个山地预备连。其配备与山地步兵连相同，有2挺重机枪，9挺轻机枪和3门50mm 迫击炮。

- 山地师
  - 师部 *
    - 师部警卫连 —— 重机枪 *2
    - 摩托化制图特遣队
  - 宪兵连
  - 山地步兵团
    - 团部
      - 团部警卫连 —— 重机枪 *4，轻机枪 *3
      - 山地反坦克连 —— 37mm PAK-36 型反坦克炮 *12
    - 山地步兵营
      - 山地步兵连 —— 重机枪 *2，轻机枪 *9，50mm 迫击炮 *3
      - 重装山地步兵连 —— 75 mm 山炮 *2，80mm 迫击炮 *6
      - 山地机枪连 —— 重机枪 *2，轻机枪 *12
  - 山地炮兵团
    - 团部
    - 轻型山地炮兵营 —— 山地炮兵连 —— 75mm 或 105mm 榴弹炮 *4
    - 重型山地炮兵营 —— 山地炮兵连 —— 105mm 榴弹炮 *4
  - 山地反坦克营
    - 反坦克连 —— 37mm PAK-36 型反坦克炮 *12
    - 防空连 —— 20mm Flak38 型防空炮 *10
  - 侦察营
    - 山地骑兵连 —— 重机枪 *2，轻机枪 *9
    - 自行车连 —— 重机枪 *2，轻机枪 *9，50mm 迫击炮 *3
  - 山地工兵营
    - 山地工兵连 —— 轻机枪 *9
    - 摩托化轻型工兵连 —— 轻机枪 *9
    - 摩托化舟桥纵队
    - 补给队
  - 山地通讯营
    - 电话连
    - 无线电连
    - 摩托化轻型通信纵队
  - 军需处
    - 轻型军需纵队
    - 山地补给纵队
    - 摩托化维修连
    - 轻型油料纵队
    - 山地运输营 —— 山地运输连
  - 行政处
    - 摩托化面包连
    - 摩托化屠宰连
    - 物资供应办公室
  - 野战邮局
  - 医疗处
    - 摩托化卫生连
    - 摩托化野战医院
    - 战时流动卫生排
  - 兽医连

【注】39 型山地师和 42 型山地师的一个营有 3 个山地步兵连、1 个重型山地步兵连和 1 个营部连。

41 型山地师一个营有 3 个山地猎兵连和 1 个重型山地步兵连（取消营部连，将其所辖的部队并入重型山地步兵连）。

44 型山地师一个营有 3 个山地步兵连、1 个山地重机枪连和 1 个重型山地步兵连（原营部连撤销，其所属之通信排和工兵排归营部直辖，步兵炮排则被裁撤）。

总兵力：14000 人

骑乘马：1500 匹	80 毫米迫击炮：44 门
拖曳用马：4300 匹	反坦克枪 75 支
山地驮马：550 匹	重机枪：80 挺
摩托车和汽车：1400 台	轻型步兵炮：16 门
马车：600 辆	轻型山炮：24 门
步枪：13000 支	轻型山地榴弹炮：12 门
手枪：2200	重型野战榴弹炮：12 门
冲锋枪：500 支	重型步兵炮：4 门
轻机枪：416 挺	反坦克炮：39 门
50 毫米迫击炮：66 门	轻型高射炮：12 门

山地步兵的后勤与支援

■ 上图、左图：德国山地步兵的战斗装备：野战背包、防毒面具筒、弹药袋和水壶。比较特别的是，山地部队配发的水壶容量为1升，是普通陆军士兵的水壶（0.2升）的5倍。这无疑是为了补充因激烈运动而大量消耗掉的水分。下图：东线山地部队士兵的M1939型背包。可以看到在方形弹药箱的上方绑着两条黑面包。这是德军的标准主食，由小麦、黑麦和裸麦粉烤成，每条约重700克，较耐储存。方形弹药箱可以装300发步枪子弹，此外还有两个弹药袋，每个有30发子弹。手榴弹每人配备两枚。

PART I.伙食

山地步兵的体力消耗极大，所以其伙食标准也被列为第一级标准。不过，这个标准是德军野战部队统一的，武装党卫军、伞兵和山地步兵的配给与普通步兵基本相同，并没有因其作战的专业性而给予什么特别的优厚待遇。

德国陆军通常有专门的伙食连或野战厨房。一个山地士兵一天的伙食配给从理论上说应当包括以下内容

黑麦面包700至750克；新鲜肉200至300克，或香肠160克，有时也代以熏鱼或乳酪150克；土豆320克，豆类80克，新鲜蔬菜或水果250克；果酱、蜂蜜或果仁面团15

■ 上图：德军标准的黑面包（Graubrot）和军用巧克力。

右上：一种搭配好的"携带食物"，从上至下、从左至右分别为人造黄油（Butterkamellon，50克）、硬糖块（Bitronenbrops，20克）、咖啡（Bohnenkaffee，30克）、干面包（Hartzwieback，125克／半人份）、人造咖啡（Ersatz Kaffee，20克，4人份）、肉罐头（Fleischkonserve，300克）。图中没有列出香烟。

克，炼乳25克；熏脂油、黄油或人造黄油60克；食盐25克，调料15克；奶粉和速溶咖啡10克，附糖粉10克；巧克力或硬糖块40至50克；香烟7支或相应数量的烟丝和卷烟纸。以上只是大致的配给标准，实际上德军的伙食配给随着战线和供应状况的不同经常发生变化，越到战争后期标准越低，如果逐一列出就非常繁琐了。

在野战条件下，或者伙食连无法生火做饭的时候，炊事员向士兵们提供做好的一日份的伙食，随身携带，被称为"行军食物"（Marschverpflegung）。还有一种"携带配给"，德语称做"Eiserne Portion"（Iron Ration，铁配给），因其食物大多保存在铁罐头里。行军食物包括黑面包700至750克；罐头肉200至300克，或者代以熏香肠或干酪160克；腌渍蔬菜150克，或者脱水蔬菜50克；调味料（食盐和香辛料）一小包；速溶咖啡5克（通常4人份20克包装为1包）；砂糖5克（包装方法同咖啡）；糖块20克；香烟6支。在"携带配给"中，则用250克的罐装饼干或干面包替代了黑面包。这里的"干面包"（Zwieback Hartbrot）是一种用鸡蛋甜面包烘干烤硬制成的德国食品。在"携带配给"的基础上，还有一种简化的配给（Klein Portion），只包括饼干罐头和肉罐头，是应急的贮备食物，只有

■负责部队一日三餐的炊事连马车。

■1944年的东线山地士兵。其时德国军队的供应和配给情况已经一塌糊涂。他从铁盒中挖食的是猪油。

■由于骡马部队多，蹄铁也成了消耗品，师属的后勤连负责此项工作。

指挥官下令才可动用。

此外还有一种"战斗口粮"，是1942年之后供应的无需烹饪的特殊食物，特点是方便携带和含有高热量。分为战斗前食用的"大型战斗口粮"(Grosskampfpaeckchen)和战斗中食用的"近距离战斗口粮"(Nachkampfpackchen)两种，目的是补充体力，所以只供应给前线作战部队。前者包括巧克力或熏脂油块100克，甜饼干或果仁条100克，4到6支香烟；后者为巧克力100克、黄油硬糖或薄荷糖200克，香烟6支。为了提神，在一些精锐的山地部队和武装党卫军中还配发精炼薄荷油、咸味的甘草条和额外的香烟。

此外，山地部队和伞兵部队还配发一种名为"Kokos Energie"的小块食物，每块重

■正在检查设备的下士，骡马背上背负的是10回路的野战电话交换机，可以判断这位下士是通信营1连（有线连）的成员（左下图）。

■山地步兵的靴子经常出现破损，因此他们有自己的鞋匠。

38克，3块组成一包，配发给一个士兵。里面有糖、浓缩黄油、各种果仁、可可、面糊酥团，很有嚼头，能提供很高的热量，而且食后不会引起口渴。驻扎在北极地区的山地部队还曾经配发过一种登山专用的高能量浓缩脱水肉砖，据说其味道非常恐怖。武装党卫军山地部队的伙食标准与陆军山地部队相同，但是由于希姆莱不提倡吸烟，一些部队以糖果替代了香烟。

PART II.骡马

虽然德国人崇尚机械，第三帝国的宣传照片也往往乐于渲染一眼望不到头的坦克车队、装甲车队、摩托车队或卡车队，但是德国陆军的机械化部队只是其全部部队的一部分，还有相当多的部队是装备骡马的。尤其是到了二战末期时，德国军队的机械化水平是欧洲战场各主要交战国军队中最低的。

1940年底，德国将唯一残存的骑兵部队——第1骑兵师改编为第24装甲师。此后，在德国的100多万匹军马中，只有少数用作侦察部队的坐骑——在标准的步兵师编制中，每个步兵团都配备一个侦察排（基本是被撤销的各骑兵团的人员）；大部分则做杂役用途，尤其是炮兵部队牵引火炮和后勤部队运输物资，从下面这一点就可以看出来：一个山地师的标准编制内有3506匹骡马，其中山地炮兵团有1785匹，几乎是山地步兵团（950匹）的2倍。

虽然我们说"骡马"，但是作为驮兽来

■火车运输的山地部队军马走下"德意志帝国铁路"（Deutsche Reichsbahn）的车皮。调动陆军的一个整编军（不含装甲师或摩托化师）需要6010节车皮，其中2960节车皮要用来运送骡马。另有140节运送军官，965节运送步兵，1915节运送炮兵和各种车辆。还需要差不多同样数量的车皮来为其运送补给。

说，骡子的背负能力和山地行动能力是马所远远不及的。一头骡子的背负能力一般都可达到150千克左右。驴当然更适合山地行动，但是它的驮载能力太低。而且骡子对精饲料和饲喂次数的要求远远不如马那么挑剔。每次山地作战时，马的草料和供水都是很重要的问题。作为精饲料的燕麦、苜蓿和胡萝卜如果占用宝贵的运输资源就太奢侈了，所以只能代以干草或者当地的青草。在这种情况下，骡子的适应能力无疑比马要强得多。在战争末期，由于照料不周，西撤的山地部队马匹死亡率很高，常常要从罗马尼亚、匈牙利或斯洛伐克的居民那里"征用"马匹。

在特殊的地方作战，要用到特殊的驮兽。驻扎在拉普兰地区的山地部队像当地的

■东线的陆军士兵在白马的身上刷上迷彩条纹。铁皮桶上的德文为"马匹伪装颜料"，涂料可能是水溶性的。

■虽然山地部队也有机械化运输力量，但是山地的条件限制使得他们在大多数情况下只能使用骡子和马来运输，在道路条件极差的苏联更是如此。上图拍摄于炎热的、半沙漠的库班地区，道路属于硬路面，状况尚可行走，下图泥泞的乡间道路可是让东线德军吃了不少苦头。

■行进在希腊山谷中的山地部队运输队，1941年春。

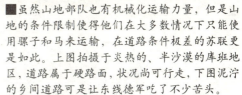

■马是很情绪化的动物，山地步兵虽然不如骑兵部队那么专业，但是对自己的马也要加以精心的爱护和照料。

■翠花儿，上骆驼。

■驮运弹药箱和炮具的骡子。图片摄于1944年的意大利前线。骡子比马耐劳，更受山地士兵的青睐。

■战前驻扎在奥地利高山哨所的山地步兵运输队。

芬兰人和拉普人一样用驯鹿当驮兽（主要是牵引雪橇）。在苏联南部和北非的沙漠中，骆驼也不是什么罕见的运输手段。不过如果作战环境实在太恶劣，各种武器和物资也只能由人来背了。山地部队的各种驮兽可以参照本页和上页的照片。

PART III.宿营和装具

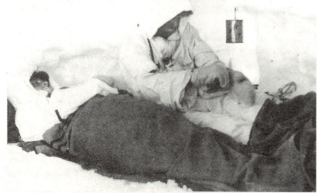

■雪地宿营通常要搭建雪屋。虽然雪屋比外面温暖，但是在里面睡觉也要注意头部和四肢的保暖。

高山中很少有现成的住房。宿营是山地行动的重要内容，通常需要考虑水源和地形等因素，战时还要考虑隐蔽和防护。顶图中的士兵把帐篷用岩石围护起来，可以防护枪弹和弹片的袭击。山地宿营用具一般是帆布的军用帐篷。每个

■雪地露营场面，篝火上的饭盒似乎只是在用雪块煮些开水，山地积雪中，热水是对人体非常有效的防冻品，不过为此造成的燃料问题也颇为麻烦。

■在积雪很多的地方可以砌垒爱斯基摩人称为"伊卡鲁"的圆形雪屋。注意雪砖之间的缝隙是交错的。

■用木框制作雪砖。

■加盖屋顶。这种建筑不是圆形雪屋,而是简易的雪洞:在雪地里挖一米左右的深度,再砌上矮墙,构筑起来比雪屋简单。

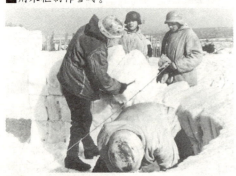

■雪屋的坑道式入口。

■没有条件搭建雪屋时,也可以利用天然的山洞或者雪洞。

士兵除了标准的野战和登山用背包外，还有一个不在战斗中随身携带的、由辎重车运输的大型帆布背囊，里面包括一条在地面睡觉用的褥单，一条厚毯子，此外背囊中还有备用的风衣、手套、山地帽；换洗用的衬衫、背心、内裤和袜子；《圣经》或其他书籍；便携炉、燃料块、蜡烛、火柴；钢笔和墨水；饭盒和餐具，以及作备用食物的黑面包、一大听肉罐头和一小罐腌猪油。如果团或者营里的辎重车能够跟得上战斗部队，睡觉时的枕头通常就用这个背囊充当，否则就只能在野外挤到一起和衣而眠了。日常的野战口粮、急救包、盥洗用具和缝补用具一般放在随身携带的野战背包里。至于沉重的钢盔、刺刀和

■滑雪后送伤员的方法。

■战地流动卫生排。

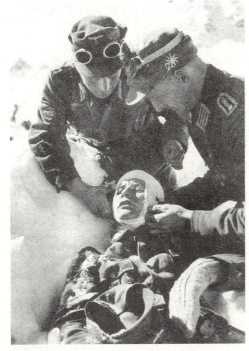

■伤员救护训练。

■单人后送伤员的训练。这种方法体力消耗极大，通常由山地经验丰富的老兵来承担。

■用骡马担架运送伤员。

防毒面具这些东西，一般就丢在后面的团部或者营部辎重车里。在战斗中，排和班一级的指挥官还要随身携带高倍望远镜和信号枪。

比山地宿营更专业化的是雪地宿营。制造雪砖时，需要用专门的木框确定雪砖的统一尺寸。垒砌雪砖时，砖顶和两侧需要向内侧稍有倾斜，各层纵横交错或者从最底下一圈沿螺旋形往上砌。顶部留出通风口，入口则挖在背风处。最后用雪填补屋子的缝隙。雪屋内部的墙面还要磨光，以便让凝水沿着屋壁淌下，而不是直接滴下来——在冰天雪地的北极弄湿衣服并不是一件好玩的事情。

PART Ⅳ.山地和雪地救护

在高山或者雪地中作战同样会受伤，而且受伤的机会可能还要更多一些。所以对于正在受训的山地新兵来说，普通的野战救护训练及针对高寒和山地条件的专门救护训练这两者是必不可少的。

除了战伤之外，在高山和山地容易发生跌落伤、扭伤或者骨折。在雪地中最常见的则是冻伤和雪盲。这都需要有针对性的救护措施。

伤员的后送常常成为战斗中的大问题，特别是山地战中，由于地形的缘故，使后送更为不易，伤员通常由战友或排一线卫生员施以急救，然后逐级后送到救护所和野战医院。后送的过程对于伤员也是一种痛苦的煎熬，骡马组成的担架组在运送过程中不时颠簸，伤员必须有相当的耐力，才能坚持到野战医院。通常情况下，后送伤员至少需要4人，山地情况下

■另一种滑雪后送伤员的方法，不过这要求4名士兵配合十分默契，否则伤员是多半回不到后方的。

■使用索具后送伤员。

■足部冻伤的救护训练——摩擦脚部。

负或专门的载具等不同方式。

　　但是减少受伤机会的最好方法还是加强日常的训练，以及进行一些防护知识的培训。在雪地中通常要佩戴护目镜，如果没有护目镜就将眼睑涂黑，或者用桦皮制作简易眼罩。在山地部队的照片中常常可以看到雪地中的士兵做鬼脸的镜头——不是为了好玩，而是运动脸

甚至更多，但为了减少战斗部队的减员，有时也必须由1个人负责后送，后送时采用徒手背

部肌肉。至于如何在山地作战中避免非战斗性伤害，就只能依赖自己在山地部队学校学

■背负伤员的悬垂降下。此方式对救护者的体力和技术要求极高。

■伤员被抬上摩托化卫生连的救护车。

　■最终伤员被送到流动野战医院，或者后方的正规医院。

■协助可以行动的伤员自行下山。

■在垂直的岩壁上，只能将伤员装入睡袋或帆布袋中，利用登山器具滑降下山。这种方式有时也用来运送死者。

■杜伯曼犬（上）和狼犬（下）。

来的经验、身边的战友、可靠的山地靴和一条结实的登山绳索了。

PART V. 山地军犬

一提到二战中的德国军犬，往往会联想到党卫军牵着狼犬搜捕犹太人的镜头。实际上德国的军犬除了著名的德国狼犬（German shepherd dog，又叫德国牧羊犬或阿尔萨斯狼犬）之外，还有杜伯曼犬（Doberman Pinscher，又译杜宾犬）和獚(Terrier)。此外，在山地卫生部队中往往还要配备有名的高山营救犬——圣伯纳犬（St Bernard）。

欧洲使用军犬的历史非常悠久，在1871年的普法战争中，普鲁士皇家军队便有军犬的存在。德军正式将军犬列入部队编制是在

■上图、右图：山地部队使用杜伯曼犬和狼犬是因为其敏锐、忠心和攻击力强。而使用獒则是因为它们更能适应山地这种特殊的环境。

战。但是在大多数场合下，它们的用途是警卫、侦察、通讯、运送弹药和救护。

山地部队作战环境所限，无线电通信和有线通讯都存在很多信号传播的障碍，在这种情况下，一条用来传令的军犬往往能够解决很紧急的问题。军犬也用于在火线运输药品、弹药和其它少量补给品。

1894年。到二战爆发时，在德国军队中大约有20万条军犬服役。其中很大一部分是狼犬和杜伯曼犬，因其攻击力很强，可以协助作而在高山积雪的环境中，一条山地卫生队的圣伯纳犬往往能够搜寻到人类所发现不了的伤员。

■狼犬及其主人。一条优秀的军犬只吃主人给的食物，只听主人的号令，所以在其饲主战死之后，这些军犬的处理是一个很棘手的问题，要花很长时间才能让其适应新主人。在苏联红军中曾有忠犬在战后为其主人复仇的故事。

■在前线运送弹药的军犬。

■军犬有时也运输急救药品和水壶，还可以利用被称为"面包袋"的弹药袋运输手榴弹。

对军犬的训练，主要是让它们适应战场上的爆炸声和各种声音、气味，学会辨别军服和地雷，山地部队军犬还需要在高山环境下做特别的训练，因为习惯平地的军犬在高山和积雪中会失去方向感，夏季高山草地的植物气味也会强烈刺激其嗅觉，使其狂躁不安。

山地部队军犬的食物主要为肉类（生肉、烤或煮过的肉，但是德军严令禁止喂它们油炸肉或者骨头）、去刺的鱼或者鸡蛋、谷物和蔬菜。虽然如此，但是军犬的下场往往是很悲惨的，不是因流弹或地雷死于战场，就是因病弱伤残而死，成为人类战争的牺牲品。

■ 执行夜间巡逻任务的山地部队滑雪士兵。在冰天雪地的东线,滑雪是有效的机动手段,快捷而隐蔽,特别适合执行小规模的突击任务。1939年苏芬战争时,芬兰军队采用滑雪机动的小分队,给苏军以极大的杀伤。

德国山地步兵的登山和滑雪训练

ACT1.登山

高山上的环境极其凶险，而且变幻莫测。高山落石、雪崩、暴风雪、突然降温、暴雨（以及随之而来的泥石流）都可以对没有防备的登山者造成极大的伤害。一个山地步兵最宝贵的技能便是对高山地形和高山气候的了解。二战以前欧洲各国遴选山地部队的兵员，最优先考虑的除了体力因素外，最主要的还看是否具备登山的素质以及灵活应变的能力。来自阿尔卑斯山区或者民间登山

学校毕业的、或者取得专业登山资格的青年是最优先考虑的对象，不光德国陆军如此，瑞士、法国、意大利等国的山地部队也是这样。德国山地部队排级以上指挥官必须取得登山资格证书。

登山技巧中最令人惊叹的技术就是攀岩。攀岩需要非常人所能承受的意志和体力的磨练。在二战爆发之前，纳粹党徒对高峰和云彩的崇拜，使得一批批德国青年向号称"阿尔卑斯山三大北坡（The Three North Faces）"中最名符其实的埃格尔峰（意为"食

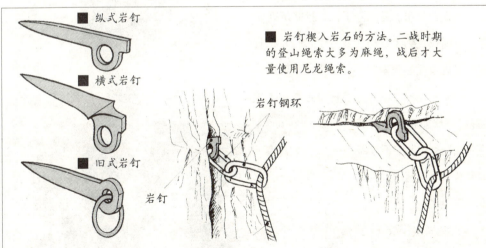

■ 纵式岩钉
■ 横式岩钉
■ 旧式岩钉
岩钉

■ 岩钉楔入岩石的方法。二战时期的登山绳索大多为麻绳，战后才大量使用尼龙绳索。

岩钉钢环

■ 除了绳索之外，山地步兵攀岩必需的三种工具是岩钉、岩钉钢环和岩石锤。岩钉（piton）用岩石锤凿入岩石的缝隙中，提供攀登的支点（见上图）。爱用岩楔（chock)的英美人将为求谨慎安全而大量使用岩钉，导致山体遍体鳞伤的登山方式讥笑为德式登山（不过战争中就管不了这么多了）。二战德国山地步兵装备的岩钉为硬度很高的低碳钢制造。岩钉钢环（karabiner）为一边装有弹簧式开口的金属环，使用的范围很广，在纵的方向上具有相当的强度，但由于开口的部分较脆弱，因此绝对不可向横的方向用力使用。在登山时如果遇到坚硬的岩石，还要用上岩钻和螺钉。

人魔鬼")北坡发起冲锋。希特勒许诺向征服这里的首支德国登山队授予金质奖章。多支德国、奥地利和意大利登山队因雪崩、暴风雪和落石（以及食品耗尽）而惨死在陡峭垂直的山壁上。直到1938年7月，随着登山技巧、绳索和岩钉的改进，一支德国登山队才将埃格尔北坡从"人类从未征服过的处女地"名单上划除。

　　不过，对山地部队的攀岩要求并不像职业登山队那样华丽炫目。满足作战的要求是最大的前提。不到万不得已，就不会选择最难爬的岩壁去攀登——负重登山本来就已经够他们受的了。不过，山地士兵还是要掌握一些基本的攀岩技能的，例如绳结的打法、岩钉、岩楔的使用、悬垂降下、寻找立足点等等。有时候，为了绕到敌人防线的后方或上方，山地步兵必须攀爬一百多公尺以至几百公尺的陡峭岩壁（而且还要背着必要的武器装备），比如希腊的梅塔克萨斯防线之战。不过需要攀登垂直岩壁的战例就非常罕见了。

　　说到高山作战，除了登山和攀岩之外，另外一个大问题就是冰雪。如果在冰雪地行走或者结冰的岩石坡面上前行，还需要特制的冰爪、冰镐、冰

斧等工具。不过在这种情况下，最重要的问题还是保温。羊毛的山地保暖服，在干湿的情况下都可以保温。但是在山地步兵和普通陆军的冻伤病例中，足部冻伤最为常见。后来才发现，山地靴的铁铆钉是绝佳的导热体，造成了足部温度的丧失。解决的办法是

■在登山靴上安装冰爪。

冰镐·登山靴·冰爪

■ 作为山地步兵的标准装备，这三样东西也是冬季高山行动不可缺少的。冰镐是攀登冰岩的利器。它最大的作用是在冰面上砍出踏足点（右图）；冰镐把的头部很尖，也可以作为雪杖（左图），在冰面行走时保持行进中的身体平衡。另外，在不小心发生滑坠时，也可以用冰镐在冰面或雪面上掣动，制止下滑。此外，在攀登冰岩时，还可以用冰镐查看冰雪的质地虚实，选择容易前进的路线。如果情况需要，则在普通的登山行动中也可使用冰镐。

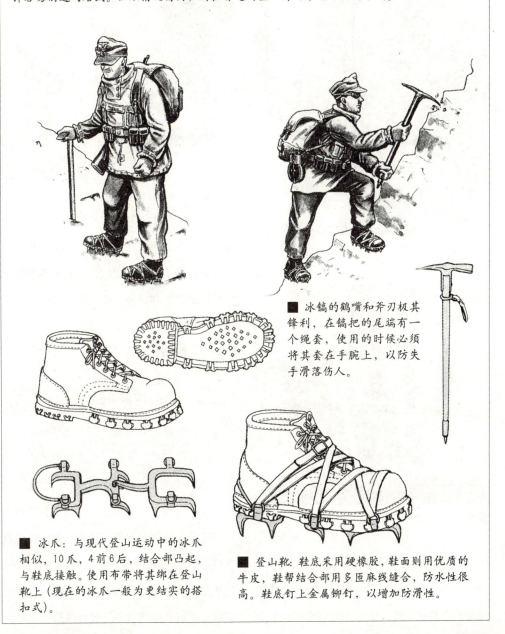

■ 冰镐的鹤嘴和斧刃极其锋利，在镐把的尾端有一个绳套，使用的时候必须将其套在手腕上，以防失手滑落伤人。

■ 冰爪：与现代登山运动中的冰爪相似，10爪，4前6后，结合部凸起，与鞋底接触。使用布带将其绑在登山靴上（现在的冰爪一般为更结实的搭扣式）。

■ 登山靴：鞋底采用硬橡胶，鞋面则用优质的牛皮，鞋帮结合部用多匝麻线缝合，防水性很高。鞋底钉上金属铆钉，以增加防滑性。

■注意迪特尔胸前的橡叶骑士十字勋章，以及白色雪地伪装服左袖上的军衔标志。

捐献的头发。不过在赞叹山地部队奋勇善战的同时，我们不得不记住，他们所保卫的纳粹政权的邪恶和残暴，确实是无与伦比的。

ACT2.滑雪

高山作战往往要在积雪的环境下进行。即使在没有高山的挪威、芬兰北部和冬季的俄罗斯也是如此。掌握了滑雪技能的山地部队，其机动性会有质的提高。滑雪是山地步兵不可缺少的技术之一。德国陆军在巴伐利亚和奥地利的阿尔卑斯山区建有多个山地战学校，设置6周的课程。本页和后页的一些照片都是教课实况。在教学课程结束后，学员可以根据其成绩获得不同级别的滑雪证章。

■为雪地行走特制的雪鞋，通常用软木和麻绳做成。

配发羊毛袜和羊毛鞋垫，或者更极端的东西——用人头发编织成的鞋垫。当然，其来源并不全是灭绝营，也有德国妇女和理发店

■ 左图: 滑雪教官正在检查滑雪板的金属脚夹。

按照德国陆军的要求, 山地部队中25%以上的成员应该是可以执行夜间巡逻任务的滑雪士兵。在冰天雪地的东线北方地区和挪威, 滑雪是有效的机动手段, 快捷而隐蔽, 特别适合执行小规模的突击任务, 1939年苏芬战争时, 芬兰军队采用滑雪机动的小分队, 给

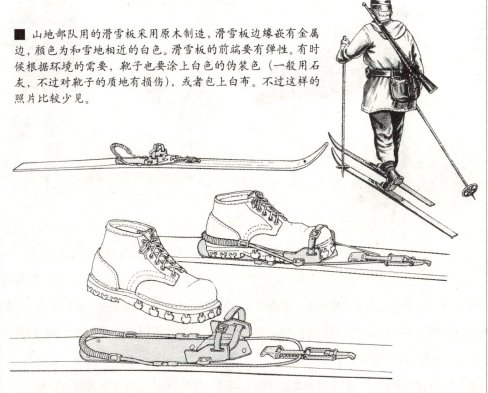

■ 山地部队用的滑雪板采用原木制造, 滑雪板边缘嵌有金属边, 颜色为和雪地相近的白色。滑雪板的前端要有弹性。有时候根据环境的需要, 靴子也要涂上白色的伪装色 (一般用石灰, 不过对靴子的质地有损伤), 或者包上白布。不过这样的照片比较少见。

■ 出发前的侦察分队。德军没有独立的滑雪部队，只是在冬天才组建一些滑雪侦察部队。1943年虽然成立了第1滑雪旅（次年改编为师），但并非专门的冬季作战部队，而是在东线作为普通步兵使用。

■ 位于奥地利原提罗尔州地区的一座山地步兵滑雪学校。

给山地师。

苏军以极大的杀伤。德军山地部队中有高级滑雪证章的士兵，在战争初期其实际比例要高于25％，而且如同有登山专长的青年一样，在参军前有滑雪基础的士兵通常都优先分配

雪地作战一般身穿白色的伪装衣，例如78页左下图中正在向下属示范滑雪技巧的第20山地军司令爱德华·迪特尔将军。前页左上图则是标准的雪地作战装束：白色伪装帽（M43型制式帽）、雪地镜、伪装衣、滑雪板和滑雪杖。他胸前的武器为SMG。

■ 滑雪比赛实况，这种各单位间的滑雪比赛在战前被广泛举行，最高规格的是军区和师级比赛。而且新的部队主官到任时，其滑雪技术往往成为同僚和部下关注的重要内容，这些新任主官必须有一定的滑雪技术，才能获得基本的信任。

■ 训练时的情形，滑雪行进时，单兵的负担相当沉重，滑雪板也时有破损和折断的情况出现，因此士兵必须随身携带滑雪板的修理工具和配件，比如金属质的滑板首段等。

■ 滑雪教官对学员进行动作示范。一般来说战前入伍的山地步兵大多来自德国和奥地利的阿尔卑斯地区，有一定的滑雪基础，但是战争爆发后应征的新兵很少有这么好的素质。

■ 滑雪训练时用的简易索车，滑到山下的队员乘坐这种简陋的工具回到山上。这需要很好的平衡技能。一不留神就很容易从上面摔下来，皮开肉绽。

■ 1936年在加米施－帕滕基兴参加德国陆军滑雪比赛的山地部队成员。从其胸前的证章上看，图中的山地步兵下士是冲锋队（SA）成员。

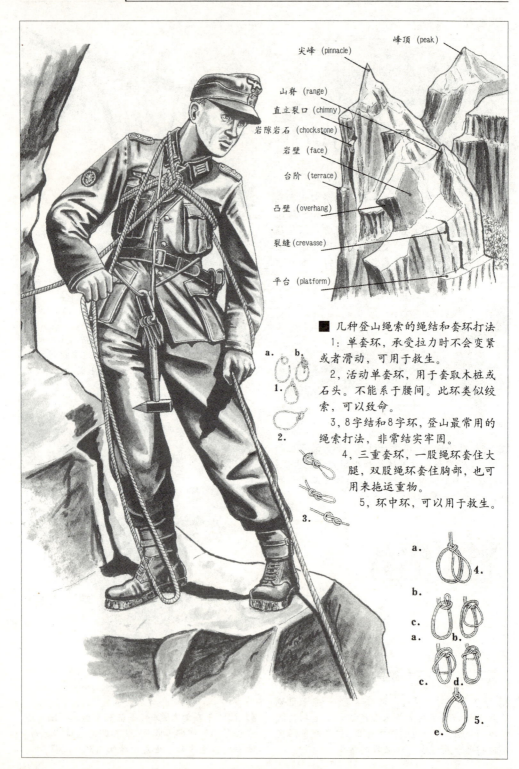

尖峰 (pinnacle)

峰顶 (peak)

山脊 (range)

直立裂口 (chimny)

岩隙岩石 (chockstone)

岩壁 (face)

台阶 (terrace)

凸壁 (overhang)

裂缝 (crevasse)

平台 (platform)

■ 几种登山绳索的绳结和套环打法

1：单套环，承受拉力时不会变紧或者滑动，可用于救生。

2，活动单套环，用于套取木桩或石头。不能系于腰间。此环类似绞索，可以致命。

3，8字结和8字环，登山最常用的绳索打法，非常结实牢固。

4，三重套环，一股绳环套住大腿，双股绳环套住胸部，也可用来拖运重物。

5，环中环，可以用于救生。

德国山地步兵的服装

山地部队军服

按照德国军队的编制，山地部队隶属于陆军。所以其军官和士官的常服与礼服也采用陆军军服，只是某些细节部位与其他陆军部队有所不同。例如军兵种识别色和臂章。

但是，山地部队的野战军服同陆军其他兵种有较大差别。主要是增加了山地作战所必须的特殊装备。1935年，德国陆军规定了山地部队的作战服样式。与陆军野战服不同的地方是，根据其作战环境的特殊性，在山地作战服中还包括了山地帽、护目镜、防寒服、登山靴的等特殊装备。

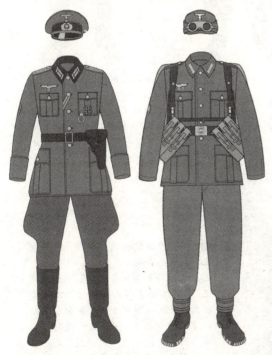

■图为山地部队军官将校常服之一，依次包括制帽、上装、马裤和马靴。左胸前为一级铁字勋章和突击纪念章。右肩可见山地部队臂章。

■图为山地部队士兵及下士官作战服、山地帽、护目镜、绑腿和登山靴。

■右图为山地部队在北非和地中海地区使用的热带作战服和热带野战帽。其布料采用吸汗的麻料，开领较低，适合热带气候。绑腿也改用布制。图中所示下装为长裤，在克里特岛作战中还发现过上身穿着热带作战服，下身穿着短裤的照片。但是德军未正式配发过制服短裤，所以有可能是从当地英军物资仓库中缴获的英军热带短裤制服。但是在照片中他们仍穿着沉重而不透气的登山靴。

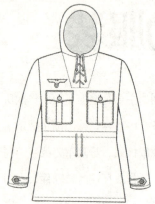

■ 上图为1938型防风上衣，羊毛衬里，面料为白色的特殊样式。风帽为拉起状态，不用的时候可以将其放下置于脑后。白色面料的防寒服与普通的白色雪地伪装服并不能混为一谈。因为后者没有防寒功能。

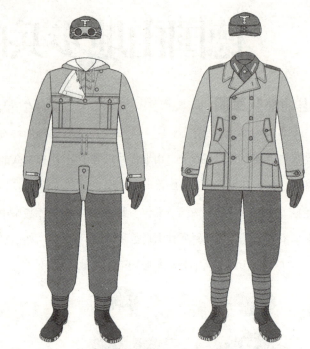

■ 上图为山地部队的防风夹克（左）和1942型防风上衣（右）。可与上面图示的1938型防风上衣进行比较。图中所示两种服装的面料均为基本颜色，但是在山地步兵实际作战的照片中，也可以看见面料为迷彩或白色雪地伪装的防寒服。

■ 左图为武装党卫军第7"欧根亲王"山地师士兵（左）和第13"圣刀"志愿山地师军官（右）制服。"欧根亲王"师标志是古代北欧字母"Odal"，象征血缘关系，因为该师主要由东南欧国家的德裔组成。迷彩服与迷彩帽是专门配发武装党卫军的服装。右边军官的军衔是党卫队三级突击队中队长（相当于少尉）。图中是礼服，包括红色的非斯帽（穆斯林礼帽），左臂是克罗地亚的红白方格国家标志。该师由克罗地亚的穆斯林组成。

■ 左图为武装党卫军山地部队的臂章,底色为黑色。制定时间是1943年10月1日。其图案比国防军陆军山地部队臂章简单得多。武装党卫军严禁士兵佩戴国防军的标志,但是实际上很多人无视这个规定。在某些照片中可以确认武装党卫军山地部队士兵佩戴的是陆军山地步兵的臂章。

■ 左图为山地部队的军官作战服(左上)和士兵作战服(右)。注意此图中士兵作战服的上衣为羊毛制成的防风夹克(Windjacke)。山地步兵的背囊和登山镐(左下)。

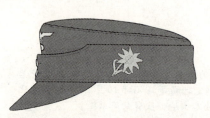

■ 山地部队帽徽（制帽用）。

■ 武装党卫军山地部队帽章）。

■ 步兵帽章，湘树叶。

■ 山地部队帽章（山地帽用）。

■ 滑雪步兵帽章，橡树叶加滑雪板。

■ 山地部队的雪绒花标志佩戴于山地帽左侧，护耳外侧。花柄顶端距离帽舌后缘20mm，向后倾斜45度。花叶最下端距离帽底边缘5mm。在实际拍摄的图片中，有时可以看见雪绒花帽徽距离帽底边缘较大，其原因应当是由实际佩戴时的误差造成的。

■ 陆军山地部队臂章。　■ 陆军山地部队臂章（热带用）。

■ 陆军雪地部队臂章。　■ 陆军步兵臂章。

■ 陆军步兵臂章和雪地部队臂章的制定时间是1942年10月。图案分别为橡树叶和交叉滑雪板橡树叶。这两种臂章图案也有刺绣品和机制品的区别。

鹰啸欧罗巴

—— 赫尔曼·戈林伞兵装甲师（军）简史

提起二战时的德国地面力量，人们的第一反应便是难以数计的精锐之师和令人眼花缭乱的部队头衔。在陆军中，大德意志装甲师是当仁不让的王牌中的王牌；在武装党卫军里，SS第1阿道夫·希特勒警卫旗队装甲师勇冠三军；说到后期一直被用于地面作战的空军伞兵部队，当然要数由帝国元帅钦点的赫尔曼·戈林装甲师。现在就让我们翻开历史的画卷，去了解一下这支曾在沙场上叱咤风云的日耳曼雄师的荣辱始末。

组建之初

与海、空军不同，相对年轻的德意志第三帝国空军成立于1935年，也就是希特勒掌权后第三年，是一支纯"纳粹"时期的产物，就连那位狂妄的元首也曾自豪地声称："我拥有一支国家社会主义的空军、普鲁士的陆军和虔诚的海军。"尽管高举着纳粹的旗帜，空军的地面作战力量（当然其中不乏纳粹党的支持者）却打了一场"干净"的战争,并没有像其他一些有着浓厚政治背景的战斗部队那样在二战中做出一些令人发指的罪行。在二战的历史舞台上留名青史的戈林装甲师,除了因为其赫赫战绩,还缘于该师自始至终都恪守了一支战斗部队的本分,没有去充当纳粹暴政惨无人道的刽子手,这也为其赢得了不错的口碑。

1933年纳粹党入主内阁之时,追随希特勒多年的一战德国空军王牌——赫尔曼·戈林受命出任内政部长,手上握有全德警察力量的他马上着手组建一支完全忠诚于纳粹党、彻底听命于他的机动警察部队。不久部队便组建完成,共418人,都是来自德国警察部门里的志愿者,而和戈林本人私交甚好的安全部队少校韦科克被提名为这支部队的指挥官,同时该部也被正式命名为韦科克警察特别行动队,并将基地设在柏林的克罗伊兹贝格地区。整个行动队被分为指挥部、3个特警大队、1个通讯排和1个摩托化排。在当年7月,为了给进一步扩编作铺垫,韦科克警察特别行动队改称为韦科克集群,不久之后又改称为赫尔曼·戈林将军集群。在戈林本人的关照下,这支部队的发展非常迅速,到了1935年的9月,摇身一变已经成为了赫尔曼·戈林团(Regiment General Goering,简写为RGG,以下简称戈林团),F.H.贾考比中校被任命为首任团长,该团的主要任务包括保卫空军高层人员的安全;一旦战争爆发有抵抗敌方低强度进攻的能力;此外还担负着驻柏林的空军参谋部人员的住所安全以及节日阅兵式时的警戒任务。

为了争取更多优质、忠诚的兵员,赫尔曼·戈林也学党卫军那样开始在全国范围内为其心爱的部队搜罗志愿者。在当时的德国青年看来,能够进入这样的精锐部队、享受极好的福利待遇是一种荣誉,整个征兵工作

整个戈林步兵团的具体编制如下:

团部(包括直属通讯排和骑兵排)

第1轻步兵营

第2轻步兵营(每个营3个轻步兵连,1个机枪连、1个营属工兵排,此外每个营还有20毫米防空炮12门、37毫米防空炮6门)

第13摩托化连(后附有1个轻型坦克排)

第14工兵营

第15、16特别警戒连(专门用来承担空军高层首脑和要地的保卫任务)

全团一共108名军官、2935名士兵、98匹马

■ 在柏林克罗伊兹贝格的警察总部，也算得上是戈林团的诞生地。

进展得异常顺利。所有报名的志愿者只有通过体能、心理和智力三个方面的测试，再加上层层筛选才能在戈林团里为自己赢得一席之地，相信当时这支部队作战人员的素质之高即使是后来的戈林装甲师的坦克手们也难以望其项背。然而随着战争的进行，作战人员的大量损失，维持这样高标准的征兵要求显然已经毫无意义，帝国元帅为了保持这支冠以自己名字的部队的战斗力，不惜从别的部队里抽调骨干和精锐作为弥补。

仅仅6个月之后，心急火燎的戈林便将这支自己一手扶植起来的嫡系部队从警察部队中调拨出来，划归到空军的帐下。而此时戈林团又得到了一个就当时而言极富挑战性的任务——训练组建德国第一支伞兵部队，由整个第14工兵连再加上从其他连队里抽调出来的志愿人员组成。但直到1938年3月，这支部队才离开戈林团前往斯滕达尔（Stendal）的训练基地，并更名为德国伞兵第一团第1营。在此后的战争年代里，这支伞兵的种子部队为其他部队提供了大量的军官和骨干，并凭着他们的勇敢和无畏在战争中为德国伞兵赢得了极高的评价，当然他们中的绝大多数人最终还是落了个马革裹尸的下场。

更名重组后不久，戈林团便开始了紧张的训练和熟悉新式装备的过程。数个月的基础训练之后又是实打实的野战攻防演练，强度之高只能用残酷来形容。而在这大战前短暂的和平年代里，训练之余不少戈林团的战士们还参加了在柏林举行的第11届奥林匹克运动会（实则借机训练空军部队），而在战前柏林为数不多的大阅兵中，赫尔曼·戈林也没忘记让他的子弟兵们去崭露头角，扩大其在公众心目中的影响力。

时至1938年3月，虽然二战还没打响，但已经崭露头角的戈林团按希特勒的命令开进了奥地利，并且还在维也纳待了一个月。在同年夏天的苏台德危机中，该团又加入到占领捷克斯洛伐克的队伍中，并第一个冲入布拉格；而该团的防空营则伴随第2装甲师从边境地区一路通过格拉芬沃尔（Grafenwohr）及波西米亚（Bohemian）森林，直到彼尔森，并在那里承担起重要的斯科达兵工厂的守备任务。到了战争前夜，随着不断地扩编、加强，戈林团的实力可谓如日中天，并且还增添了一些新的部队，包括：

赫尔曼·戈林炮兵营

第1（重型）防空火炮营（营长胡尔曼上尉）

第2（轻型）防空火炮营（营长鲁德尔少校）

第3（轻型）搜索侦察营（营长冯·布劳尼考斯基少校）

第4（轻型）防空火炮营（营长韦伯少校）

步兵警备营

第9步兵警备连

第10步兵警备连

第11步兵警备连

训练及补充营（营长冯·鲁德威格少校）

第14重型铁道防空火炮连，使用105毫米的防空炮（连长阿诺德中尉）

■ 韦科克警察特别行动队成立时装备的两款特殊的装甲车，各配有两挺重机枪。

沐浴战火

随着德国坦克无情地越过德波边境，第二次世界大战终于全面爆发了，但戈林团却错过了在波兰一显身手的机会，大部留在了柏林，因为高层更希望借助其强大的防空力量来捍卫柏林的天空。而到了1939年底的时候，上级部门又对戈林团的参谋部门作了一次大的调整，整个并入了第103防空团参谋部，并将该团的3个轻重防空炮营改编为2个防空群。其中第1防空群包括第1和第4防空营，相应地第2防空群则包括了第2防空营和第3轻型搜索侦察营，并随即调往西线，分别负责亚琛（Aachen）和特里尔（Trier）地区的空防。

到了1940年的春季，戈林团开拔西线，为即将到来的法国之战做准备。而在此之前，战火却首先在北欧的丹麦和挪威点燃，一支戈林团的特遣分队，包括第1步兵警备营、第8轻型防空火炮连（装备20毫米口径防空炮）及1个摩托化连在克鲁格上尉的带领下参加了这次德军代号为"莱茵演习"的军事行动。克鲁格特遣队先是通过偷袭控制了丹麦重要港口城市埃斯比约（Esbjerg）的机场和无线电台，随即沿着海岸线向北夺取了亚莫湾（Jammerbucht），紧接着在德国海军的协助下，特遣队又成功地在奥斯陆登陆，本身弱

小且疏于防范的挪威国防军显然不是老辣的德军的对手，奥斯陆及其附近地区很快便沦陷。趁热打铁的克鲁格特遣队又第一次在陆军部队的配合下前出至奥斯陆以北200公里的重镇特隆赫姆（Trondheim），随后继续向北挺进，一路高奏凯歌直至到达寒冷的北极圈内，攻克了由英军把守的港口博多（Bodo），并使得在挪威北部的盟军陷于两线作战的境地，极大地减轻了被困在纳尔维克的德军所面临的压力。5月中旬，此前长途跋涉近千公里、经受了严寒和山路考验的克鲁格特遣队在顺利完成了上级赋予的作战任务后坐船回到了柏林，在那里，成千上万的人们用鲜花和掌声夹道欢迎他们的英雄凯旋。

正当克鲁格特遣队在斯堪的纳维亚半岛捷报频传的时候，闪击西欧的战斗已经开始了，留在西线的戈林团的部队也没有闲着，他们被分成几个小股的装甲战斗群，加强到担任快速突击任务的各个德军装甲师当中去。进攻开始后，戈林团的部队曾在马斯河一带与从前线退下来的联军部队激烈交火，尾随退却的敌军部队进入了比利时东部，并在有敌军猛烈阻击的情况下强渡埃伯特运河，突破了比利时军队修筑多年的列日要塞防线，和陆军部队一起踏着豪迈的步伐进驻了世界名城布鲁塞尔。在随后的法国之战中，戈林团那数量众多的防空部队终于有了在地面上一显身手的机会，面对着那些拥有

■ 戈林团的士兵在挪威境内抵达北极点时的留影。

异常厚实、让已方坦克的火炮束手无策的联军重型坦克，战前刚刚配备部队的88毫米高平两用防空火炮成了德军的制胜法宝。它射出炮弹的穿甲能力对于任何一款联军坦克而言都是致命的，这也使其很快成为了戈林团士兵们的最爱。在弗兰德斯（Flanders）的莫莫澳（Mormal）森林，该团士兵独自面对反击的法军坦克时毫无惧色，充分利用周围地形作掩护，将为数不多的88炮平放，如同坦克开罐器般的将一辆辆冲到面前的法军坦克"劈开两半"。大惊失色的法军只能将坦克开到尽量远离可能是德军炮位的地方，但更让他们大感意外的是即使是在相距两三千米之外，德军的炮弹还是能轻易地收拾掉他们的坦克。被德国人打得没了脾气的法军也只能

早早鸣金收兵，88炮"坦克杀手"的威名也从此一战打响。此后戈林团又转战索姆河（Somme）和埃沙尼河（Aisne），并出色完成了上级指定任务。在整个法国之役中，一直扮演着德军先锋角色的戈林团没有让对其寄望甚高的元首和帝国元帅失望，精彩的表现也使得一向高傲的陆军和党卫军同仁对其刮目相看，乐得合不拢嘴的希特勒更是在6月21日决定从戈林团中抽调表现出色、忠贞不二的战士组成意义不同寻常的元首卫队连，负责希特勒在巴黎时期的安全，由此不难看出这支部队在元首心目中的地位，戈林本人也为此好好风光了一把。此后在戈林的刻意安排下，戈林团就以防空为名驻地巴黎，整天耀武扬威地在香榭丽舍大街上踏正步。直

■ 在挪威作战期间当地险峻的山势。

至同年9月，部队坐专列回到柏林，重操旧业负责首都的空防，而当时整个德军西线防空参谋部就是在戈林团参谋部的基础上组建而成的。

巴尔干战事打响之后，希特勒看中了该团出色的防空能力，再次委以其重任，从柏林的防空部队中抽调出了该团的第1和第4防空营、1个步兵警备营、1个摩托化营组成了一个特遣队，在团参谋长的带领下开拔新的热点地区——罗马尼亚，并转归由李斯特元帅的第12集团军指挥。让人备感意外的是上级居然派遣他们去守卫普洛耶什蒂油田、充当第12集团军的预备队，没有将其真正投入到巴尔干的沙场上，或许希特勒认为杀鸡焉用牛刀？

在巴巴罗萨行动开始之前的1941年6月，整个戈林团移驻到当时的苏德两军分界线——波兰的布格河左侧的阵地上，并作为第2防空军的一部分加入到由克莱斯特将军指挥的第1装甲集群的编制内。6月22日，旷日持久的东线战役开始了，一马当先的戈林团作为第48装甲军第11装甲师的前锋在开战第一天便成功强渡布格河，随即前出至重镇拉杰霍维（Radziechow），在那里团里的防空兵们再次翻版了在法国莫莫澳森林的好戏，用88炮无情地教训了缺乏战斗经验的红军坦克部队。之后该团又继续向杜布诺（Dubno）方向发展，并参加了包围基辅和布良斯克（Bryansk）的战役。由于红军的防守出人意料的顽强，戈林团在战斗中伤亡也不小，但这也恰恰赋予了该团善打硬仗的美名。而在1941年那个寒冷的冬季里，一直在奥廖尔地区作战的戈林团以血的代价确保了德军在这个方向上的行动安全，伴随成功而艰苦的防御作战一起到来的是非常惨重的人员损失，到了年底已经被严寒和红军"折磨"得够呛的戈林团终于接到了返回德国休整的命令，他们走的时候留下了所有的重装备，轻装离开了俄国。但作为替换，刚在德国本土新成立的戈林团第2摩托化营奉命于12月底开赴东线，这支部队在1942年4月胡奇瑙（Juchnow）附近的战斗中全军覆没。由于此时党卫军的武装部队基本上已经达到了旅、师级的规模，不甘落人后的戈林势必会利用这次机会对他心爱的部队大动手术，戈林团的改组、扩编已经势在必行。

灰头土脸回到德国的戈林团中最先完成重新装备的是它的 2 个防空营，并随即被先后调至慕尼黑、巴黎负责空防直至来年春天。按照上级拨发的装备和车辆及兵员补充的情况，戈林团最先改编为了赫尔曼·戈林摩托化

加强团（简称为RHG），但戈林本人对此却很不满意，到了 7 月，正在法国休整的戈林加强团又再度被扩充为旅，并改称赫尔曼·戈林摩托化旅（简称为BHG）。

但此次改组完成还没多久，在当年夏天帝国元帅亲自视察正在法国训练演习的戈林摩托化旅的过程中，不满足于现状的戈林再度萌生了为其扩容的念头，一个赫尔曼·戈

■在法国战役中当仁不让地作为"尖刀"部队的戈林团过河前进时的场面。

■在森林地带与法军坦克激战中的戈林团的战斗部队。

■ 戈林团部队车辆从香榭丽舍大街穿越凯旋门时的场景。

林摩托化师的构想已在他的脑海里应运而生。随即帝国空军总部便开始在法国、荷兰及柏林招纳志愿作战人员，整个征兵工作进展还是比较顺利的，不仅从陆军中挖了许多墙角，还从伞兵里吸收了5000志愿兵（包括整个第5伞兵团），这都是些身经百战、战斗力极强的部队，他们的加入无疑让戈林喜出望外。由于摩托化师战斗力终究有限，为了能拥有一个能和陆军相媲美的真正意义上的装甲师，他还以各种方法征募了一些老装甲兵，并把大量的伞兵派往德国的各个装甲兵学校进行学习。总算到了当年的10月17

赫尔曼·戈林摩托化旅基本编制如下：

旅部（旅长鲍尔·康拉特少将）

第1摩托化步兵团（摩托化步兵第1－4连）

第2摩托化步兵团（摩托化步兵第5－8连，再加上第9步兵重炮连）

第2摩托化步兵团（第10摩托化连、第11装甲工兵连、第13反坦克连）

防空团：第1防空营（3个重型防空连、3个轻型防空连）

第2防空营（3个重型防空连、2个轻型防空连、1个迫击炮连）

第3榴弹炮营（3个榴弹炮连）

第4元首护卫营（3个连，负责希特勒指挥部的防空任务）

步兵警戒营（3个步兵警戒连）

训练及补充营

日，以原戈林团的老兵为核心的戈林装甲师在法国波尔多（Bordeaux）粉墨登场，而该师的主要兵员还是来自全德国各地的志愿人员。

随着盟军在摩洛哥、阿尔及利亚的登陆，北非法军纷纷倒戈，戈林装甲师的悠闲日子到了头。按照西线德军总司令龙德斯泰特元帅的命令，戈林装甲师参加了占领法国南部维希政府控制区的行动，并兵不血刃地完成了任务，进驻蒙特·德·马桑（Marsan）。而此时在埃及前线的隆美尔元帅所部已处在腹背受敌的危险境地之中，一旦突尼斯易

■ 步兵昂首阔步列队前进的宣传照。

首次组建时赫尔曼·戈林装甲师（以下简称戈林装甲师）实力一览：

赫尔曼·戈林突击团（3个营，即先前的第5伞兵团）

第1赫尔曼·戈林装甲掷弹兵团（每团3个掷弹兵营、1个炮兵连、1个反坦克连）

第2赫尔曼·戈林装甲掷弹兵团

赫尔曼·戈林（HG）装甲团（2个坦克营，但有相当缺编）

赫尔曼·戈林侦察营

赫尔曼·戈林防空团（4个防空营，其中包括元首防空营）

赫尔曼·戈林榴弹炮团（4个榴弹炮营、1个突击炮营）

赫尔曼·戈林装甲工兵营

赫尔曼·戈林装甲通讯大队

赫尔曼·戈林医疗大队

以及其他一些较小规模的直属单位。

而原先留驻在柏林的赫尔曼·戈林步兵警戒营及在荷兰的训练及补充营也分别扩充至团级的规模。

手，后路被断的非洲军团损兵折将暂且不说，向来软弱无能的盟国意大利也将直接处于英美的打击之下，这也是希特勒绝对不能接受的，必须赶在盟军到达之前抢占突尼斯，对于戈林装甲师而言，真正的考验才刚刚开始。

兵贵神速，在与英美盟军抢占突尼斯的赛跑过程中，精锐的戈林突击团（即前第5伞兵团）作为整个戈林装甲师的先头部队，于11月下旬从那不勒斯和西西里分别乘坐Ju 52和Me 323巨人式运输机赶赴北非战场，奉命去支援德军第10装甲师作战。第二支来到非洲的部队是戈林防空团，而整个戈林装甲师的主力，则是在1943年的2－3月份分批抵达，并统一接受施密德少将的指挥。起初由于该师战斗部队一直没能全部到齐，为了方便指挥，德军暂时将在非洲的戈林装甲师所部改称为施密德战斗群，人数维持在7000至11000人之间（不时有小股部队被临时抽调去支援其他作战单位）。可即使如此，在与英、美、法军部队的交手过程中，施密德战斗群还是以其顽强的作战意志很快为戈林装甲师赢得了很好的名声，并于当年4月获得

■坐落在铁道线旁边的105毫米高炮阵地。

DIVISION HERMANN GÖRING

Wer zu uns gehören will muß freiwillig kommen!

■戈林装甲师成立时的宣传画报，下面的德语意为"你必须是志愿者，才能加入到我们的行列中来"。

了最高统帅部的通报嘉奖。与此同时，鉴于部队已经齐装满员，戈林装甲师也正式粉墨登场。可好景不长，盟军巨大的物质优势（尤其是在装备方面），使得德军部队在非洲的顽抗成了徒劳，戈林装甲师的防线也曾数次处在具有压倒性优势的美军攻击之下，但有着坚忍意志的伞兵们还是没让对方突破的企图得手。直到1943年5月，突尼斯的战局急转直下，12日，随着整个非洲的轴心国军队向英美盟军投降，绝大部分的戈林装甲师将士

花絮：戈林装甲师中的重型铁道防空连

　　作为掌管着整个空军的帝国元帅最器重的部队，组建之初的戈林团还自然承担了诸多试验型部队的组建和训练任务，当时的第14连——重型铁道防空连便是。出于该连作战任务的特殊性来考虑，它在一开始便直接隶属于帝国空军总司令部。整个连的主要装备——装甲列车，是由帝国的铁道部门提供的，此外还有4门105毫米防空炮、2门20毫米防空炮，以及其他一些辅助装备。第14连在完成训练、形成战斗力之后，便于成为了柏林防空部分中的一分子，到1939年10月被调至莱茵河地区，在鲁尔区密集的铁道线之间穿梭忙碌着。法国之战后，第14连的防区扩大到了几乎整个西欧，从巴黎到汉堡、从柏林到莱比锡，他们就像流浪汉那样时不时地改变自己的"作战阵地"。在前后近两年的时间里，整个连在铁道线上一共行进了12377公里的旅程，直到1941年10月，希特勒的一纸公文，才将该连正式调出了戈林团，并入刚刚成立的第321重型铁道防空营。

　　其实在当时的戈林团中，除了第14重型铁道防空连之外，还有几支特殊的铁道防空部队值得一提。在纳粹当政期间，其政府的主要高官，包括希特勒本人，都拥有至少一辆的豪华专列，而为了给这些既高贵又特殊的火车增加防护措施，德军在一些专列的前后各添了一节防空车厢，每个车厢配有2门4管20毫米防空炮、共17名作战人员且均抽调自戈林团的第14重型铁道防空连。对各款火车模型本来就有着特别癖好的帝国元帅本人自然是近水楼台，给自己搞了两辆这样的防空专列，分别命名为"帝国元帅一号"和"帝国元帅二号"（别忘了戈林还有两辆奢华到极致的"亚洲"号和"罗宾逊"号）；剩余的两辆该型号则留给了希特勒和里宾特洛普，并被称为"元首"号和"帝国外长"号。

戈林装甲师中的元首防空营

在二战伊始，根据希特勒本人的指示，其司令部的防护任务是由大德意志步兵团的元首卫队指挥部负责的，其后又改称为元首卫队营，而为了抵御来自盟军飞机的低空袭击，当时拥有20毫米自行防空炮的戈林团第7连被抽调入该部，并一直跟随、保护着元首大本营的上空。

在1942年，第7连被并入了当时刚刚成立的元首防空营（原第604防空团第1营），但没多久，元首防空营又莫名其妙地被改名为赫尔曼·戈林防空团第4营。而当希特勒的元首大本营暂时离开东普鲁士"狼穴"的时候，整个营基本仍驻留在那作舒舒服服的"御林军"，只是在战事非常紧急的情况下才偶尔会被上级调至东线作为战斗部队使用，例如在1942年底到1943年3月，该营就曾在顿涅兹河地区与红军激战，并蒙受了相当的损失。

当1944年10月赫尔曼·戈林伞兵装甲军成立之后，当时的元首防空营（即赫尔曼·戈林防空团第4营）就顺理成章地离开了赫尔曼·戈林伞兵装甲师，且以该部为核心成立了元首伞兵团，直至战争结束。

赫尔曼·戈林防空团炮火防空能力的情况：

防空火炮口径	20毫米	37毫米	88毫米	105毫米
初速(m/s)	835	820	830	900
炮弹射程(m)	4800	6500	14860	18000
炮弹射高(m)	3700	4800	11000	13000

们也不得不放下手中的武器，走进了盟军的战俘营，这其中包括了很大一部分德国空军伞兵部队的骨干和精英，这也给之后该师的重建造成了很大的困难。尽管如此，仍有一部分的戈林装甲师官兵在施密德少将的带领下成功地利用了一批小船险渡地中海，回到了西西里岛，这也为日后该师的重建工作奠定了基础。

浴火重生

可能是由于戈林装甲师在德军中的特殊地位，尽管该部在北非已遭到灭顶之灾，但其却以惊人的速度完成了重建的工作。没等北非之战结束，德方便将该师原驻留在法国南部、荷兰的零星部队集中起来送抵意大利的那不勒斯地区，加上从北非死里逃生撤回

■ 传说中的"帝国外长"号武装专列。

的人马，以此为基础构成了新的戈林装甲师的班底，而帝国元帅也在德国本土为其送来了大量的补充兵员（基本上是志愿人员，战斗意志相当强）。在那里该师经过了为期数周的强化野战训练并很快完成了重装。为了加强西西里岛的防御，1943年6月底，新成立的戈林装甲师分批赶赴该岛，并在卡尔塔杰罗内（Caltagirone）地区集结展开、构筑防御工事。当时该师是轴心国部队在整个西西里岛上的最强大的装甲突击力量，德军高层对其寄予了很高的期望，而盟军方面也将其视为眼中钉、肉中刺，必除之而后快，一场恶战已无法避免。

1943年7月10日，盟军经过多日精心策划的"爱斯基摩人"行动粉墨登场，目标直指

■ 戈林团几位主要指挥人员的合影。

希特勒"柔弱的下腹部"——西西里岛，美国的第7集团军及英国的第8集团军成为了盟军此次登陆作战的主角；在轴心国这边，由于意大利军队的战斗力是出了名的低，而德军的第1伞兵师和第29装甲掷弹兵师也要分别到12日和15日才能抵达西西里，戈林装甲师和第15装甲掷弹兵师组成的第14装甲军（指

> 重建后的戈林装甲师在编制上作了一定程度的改动，具体情况如下：
>
> 赫尔曼·戈林装甲师师部（师长 康拉特少将）
>
> 赫尔曼·戈林装甲团（2个坦克营、1个突击炮营）
>
> 第1赫尔曼·戈林装甲掷弹兵团（2个掷弹兵营）
>
> 第2赫尔曼·戈林装甲掷弹兵团（2个掷弹兵营）
>
> 赫尔曼·戈林装甲侦察营
>
> 赫尔曼·戈林防空团（先是2个、后是3个防空营）
>
> 赫尔曼·戈林装甲炮兵团（4个营）
>
> 赫尔曼·戈林装甲工兵营
>
> 赫尔曼·戈林通讯营
>
> 赫尔曼·戈林补充营
>
> 此外还有一些补充、医疗单位。

挥官胡贝将军）当仁不让地成为了反登陆作战的核心力量。

在盟军登陆伊始，戈林装甲师便被分割为两个独立的战斗群，分别由师长康拉特少将和舒马兹中校指挥，隐蔽在离西西里岛东南海滩32公里的卡内塔吉罗内附近。出于试探盟军虚实的目的，岛上德军的最高指挥官阿尔伯特·凯塞林元帅在盟军登陆的第一天耐着性子按兵不动，仅有少量意大利装甲部队被投入到了反击的行列中，到了当天晚上，已经看清局势的凯塞林马上下令戈林装甲师各部火速向盟军登陆地点进发，竭力阻止其登陆场进一步扩大。

■ 坦克与墓碑，现代战争中的两个难舍的话题。

早已在岛上备战多时的戈林装甲师在接到命令的当晚便出发向敌阵地靠拢，但西西里岛上蜿蜒而又狭窄的道路大大放慢部队前进的步伐，直到第二天清晨进抵原定的作战位置。已经获悉德军装甲部队出发消息的美

■ 在西西里的丛林中整装待命的戈林装甲师的部队。

军在杰拉的登陆部队马上提前做好了战斗准备。破晓过后，以国防军第504重装甲营（此时该营已经调归戈林装甲师指挥）的17辆虎式坦克作为坚强后盾，近60辆来自戈林装甲师的Ⅲ号、Ⅳ号坦克一鼓作气冲向海滩，他们的对手将是已经以逸待劳多时的美军第1步兵师第26团。可能是被北非的胜利冲昏了头脑，自信满满的美军士兵居然以为仅仅依靠反坦克炮、火箭筒及反坦克手雷就能挡住德国人的钢铁洪流，但事实会告诉高傲的美国人他们错了。反坦克炮火力在为戈林装甲师打头阵的虎式坦克面前毫无作为，而被美军寄予厚望的谢尔曼坦克面对"老虎"时也有心无力，反倒成了对方最好的活靶子。在

这天早上的交锋中，驾驶着200号虎式坦克的古德斯密特中尉算得上是当天最风光的一位车长了，战斗中习惯一马当先的他在一群戈林装甲师掷弹兵的配合下最先和美军坦克交上火，居然首发便神奇般地在2300米的距离上命中了一辆谢尔曼。没等古德斯密特来得及享受一下胜利的喜悦，又有一辆谢尔曼沿着其刚刚阵亡"同伴"的行动轨迹出现在了古德斯密特的视野里，接下来几乎是与先前一样的"故事情节"，从容不迫的古德斯密特在干净利落地干掉第二辆谢尔曼之后，又将目标锁定在了下一辆谢尔曼的身上。已经被德国人的当头一棒打闷了的美军坦克部队，一见情况不妙便纷纷倒车，指望着能撤到一

■推动着沉重的步兵炮进入阵地。

■行进在陡峭山坡间的"虎式"坦克。

个安全的距离上，可古德斯密特又给他的美国同行上了生动的一课，一枚88炮弹从谢尔曼的车体下方贯入。第三个战果，也是他当天的最后一个，只是这次的开火距离达到了惊人的2800米。正当古德斯密特把炮口转向下一个目标时，一枚反坦克炮弹已经提前料理了第四个目标，幸好在场的美军第五辆谢尔曼坦克一看大事不妙便急忙后撤寻找到了一个障碍物作掩护，才算侥幸逃过一劫。由于美军最初登陆期间海上风浪较大，武器的卸载工作受到很大的影响，当时在第26团阵地上的美军总共也就这么一支装甲部队——5辆谢尔曼，居然让古德斯密特一个早上就敲掉了4辆，这无疑大大挫伤了美军防御部队的士气。很快戈林装甲师的钢铁洪流便隆隆碾过了美军第26团的战壕，冲向海滩，蔚蓝的地中海正在向戈林师的装甲兵们招手。

正当德军上下以为把美国人赶下海滩已成定局的时候，来自海上的"怒吼"使得其美梦难以成真，从美军巡洋舰、驱逐舰上发射

101

出来的口径大小不一的炮弹霎那间如疾风骤雨般散落在了前进中的德军坦克周围，刚刚还不可一世的德军坦克和掷弹兵们很快便成了美军最好的活靶，一辆、二辆、三辆……钢铁巨兽顷刻间成了一堆堆废铜烂铁。而美军第1步兵师的反坦克炮部队此刻也在舰炮的火力掩护下抢滩登陆，并以最快速度架起炮位，狠狠打击距离海岸已经不到1000米的德军坦克，在具有压倒性优势海陆火力的打击下，已经损失惨重的戈林装甲师也只能望洋兴叹了。但师长康拉特少将却并未打算就此放弃，在稍作整顿之后，戈林装甲师又于当天下午向海滩上的美军部队再次发起冲击，但最后仍然是铩羽而归，不仅徒劳无功，反而还增添了不少人员伤亡和装备损失，而挡

在戈林装甲师面前的依然是那道无法逾越的火炮之墙。第二天清晨伊始，已经在海滩上被德国人压制了一天的美军部队终于全线出击，由于在前一日作战中损失很大，戈林装甲师已经无力阻挡，在稍做抵抗之后便向卡尔塔杰罗内方向撤退，美军在当天不仅恢复了之前的战线，更开始向西西里岛纵深发展。

尽管此次戈林装甲师的反击最终是以失败告终，但其表现也着实让美军登陆部队出了一身冷汗，该师最先头的坦克距离海岸线仅有500米之遥，若不是受阻于美军空前猛烈的舰炮火力，在滩头的美军恐怕已是凶多吉少。而一旦盟军在滩头阵地站稳脚跟，西西里岛的陷落便成定局，凯塞林接下来考虑的就是如何能在保存自己部队的情况下尽量长

■正在进行射击演练中的一组炮班。

■ 在阅兵方阵上带头的三名士兵举着具有传统意义的戈林团团旗。

■ 利用地貌掩护的德军20毫米的机关炮阵地。

证明凯塞林这一决定是绝对正确的。

果不其然，蒙哥马利的第8集团军所属3个主力师于13日晚便已经进抵卡塔尼亚城下，挡在他面前的只有由戈林装甲师的1个步兵营和2个炮兵连组成的1个战斗群，统归舒马兹中校指挥。此外在其身后还有第15装甲掷弹兵师的1个步兵团，但正是这些看似微不足道的兵力却成功地将蒙帅的大军硬生生地挡在了卡塔尼亚城外。尤其是针对战略要地梅斯托河上普里马索尔大桥的争夺更是异乎寻常的激烈，舒马兹将所有的部队集中在了大桥附近，并依托附近的高地筑起了工

时间地把盟军拖在西西里，使其无法对地中海其他地区构成威胁。而戈林装甲师作为此刻凯塞林手上最重要的一枚棋子，该部的运用得当与否直接影响到了西西里岛的整个战局。鉴于在岛东南海岸线的帕萨罗角地区登陆的英军部队发展较快，兵锋已经直指岛上德军进退的咽喉要地墨西拿，凯塞林在斟酌之后便将戈林装甲师东调卡塔尼亚，事实将

事、架起了反坦克炮。而英军更是不顾伤亡反复向大桥发起冲击，几乎每个小时德军阵地就要经受一次炮火的洗礼。在14日大桥甚至还一度失手，但顽强的戈林装甲师掷弹兵们还是利用夜色将大桥夺了回来，并一直坚守到16日来自德军第1伞兵师的部队进驻卡塔尼亚，才主动放弃大桥向友军靠拢。从战术的角度上讲，德军充分地利用了这几天的宝贵时间调来了预备队（第29装甲掷弹兵师）、联同一线部队一起沿埃特纳火山至卡塔尼亚建起一条相对牢固的战线。至此英军已经失去了快速通过西西里岛东海岸线中段、直插墨西拿的最好时机，不得不在此地和德军拉锯了近半个月。戈林装甲师各部则依托埃特纳火山地区复杂的地形，层层阻击英军部队，而工兵部队大规模铺设的地雷阵也使得对方寸步难行（这主要应感谢当地地层里富含的铁质成分，使得英军的磁性探雷器毫无用武之地）。直到7月31日岛上德军部队开始总退却之后，蒙哥马利才获得了实质性的进展。但戈林装甲师在西西里岛的战斗却还在继续，受胡贝将军之命作为后卫部队掩护主力撤出西西里，且战且退的该师在苦守了一星期之后才撤出了阿德拉诺，再次延缓了英军前进的步伐。该部之后的表

现更加让人称奇，戈林装甲师虽然是岛上所有德军部队中最后一个撤离，但却是走得最干干净净的，他们带走了所有的伤员、重装备和辎重车辆，连弹药都没丢弃，让兴冲冲杀入墨西拿的盟军部队大失所望。德军部队能在实力相差如此悬殊的情况下成功抵抗了一个多月之后全身而退，这本身已经是一个奇迹，而给人留下印象最为深刻的无疑将是获得最多赞誉的戈林装甲师和第1伞兵师，两支同来自于空军的地面部队，戈林装甲师也因在西西里岛的优异表现而一战成名。日后好莱坞拍摄的战争名片《巴顿将军》中，有专门的情节反映了这场血战。

正当交战双方在西西里岛上拼得你死我活的时候，意大利政局就有了翻天覆地的变化，刚回到亚平宁半岛的戈林装甲师在刚经历连番苦战之后不久又将投身于保卫德国南方前哨阵地的战斗中去。

■ 戈林装甲师的最高层指挥官在地图前讨论战局和对策，从左至右分别是舒马兹、康拉特及伯根古鲁恩。

搏杀亚平宁半岛

西西里岛的战火尚未平息，德军统帅部已经开始预测盟军的下一个目标，几乎所有的德军将领都将赌注押在了萨勒诺，凯塞林也将他手下实力最强、刚刚从法国完成整编调来的第16装甲师布置在了萨勒诺，而刚在西西里经过一场血战的戈林装甲师和第15装甲掷弹兵师此时则在离萨勒诺不远的港口重镇那不勒斯休整待命，准备随时驰援第16装甲师。

9月9日凌晨，萨勒诺之战拉开了序幕，但直到当天晚上在凯塞林亲自过问下戈林装甲师才得到命令向萨勒诺靠拢，尽全力将盟军赶下海。一到达前线，戈林装甲师便马不停蹄地投入了战斗，大批掷弹兵在20多辆坦克和夜幕的掩护下杀气腾腾地冲向了海滩，他们的对手——克拉克将军指挥的美军第5集团军显然没有想到德国人会如此之快地向他们组织起像样的反击。由英军突击队于登陆当天沿途经卡瓦的18号公路建立起的前沿阵地在德军装甲部队并不算强劲的打击下很快便分崩离析，一招得手的德军坦克再接再厉，锋芒直指与萨勒诺镇近在咫尺的小镇维特里。戈林装甲师的快速切入着实吓坏了在军舰上气定神闲指挥部队的克拉克，也深深地威胁到了整个登陆部队的侧后。10日，改变了作战部署的盟军指挥部调来了在该地区附近所有的力量，向已经渗透到维特里附近的戈林装甲师所部发起了异常凶猛的反扑，

■ 在1939年的另一次阅兵中再度亮相柏林的戈林团的防空部队方阵。

双方在狭小的地域里短兵相接、展开近距离的搏杀。虽然德军有坦克助阵，但表现同样出色的英军特遣队用灵活的战法成功地抵消

■ 从远处遥望卡西诺山全景。

了德国人的这一装甲优势，而后继乏力的德军也难以长时间抵挡盟军的凶猛反击，终于在当天晚些时候败下阵来，一度情况非常吃紧的盟军登陆部队总算能长舒口气了。可他们的情况依然不算太好，从萨勒诺通往那不勒斯的主干道、也是登陆部队向外扩展的关键拉莫里纳隧道已经被德国人彻底封闭。

仅仅三天之后，已在萨勒诺海滩附近聚集了相当力量的德军第10集团军（司令维廷霍夫中将）开始了将盟军赶下地中海的大反击，5个德军装甲/装甲掷弹兵师投入了这次行动，但由于凯塞林将主攻方向摆在了第16、26装甲师身上，所以戈林装甲师在此次攻势中仅仅承担了侧翼牵制的任务。而得到了多

■ 在萨勒诺地区行动的戈林装甲师的部队。

个装甲部队支持的德军在此役中表现异常出色，很快便将整个萨勒诺海滩上的盟军部队拦腰截断，有的先头部队已经推进到离海滩800米远处，维廷霍夫和凯塞林私下都乐观地认为萨勒诺之战即将结束，甚至连克拉克本人也已经开始制定撤退的详细计划。但盟军舰炮发出的怒吼再次打碎了德国人的梦想，加上连夜空投到前线的美军第82空降师和抢滩登陆的英军第7装甲师，盟军总算艰难地熬过了其登陆以来最大的危机，勉强守住了最后一条战线。功亏一篑的德军并不就此甘心，

维廷霍夫于16日向萨勒诺发起了最后一次全线冲击，总算这次又能轮到戈林装甲师来做主角了。该师在进攻前被调至萨勒诺的西北方向上，连同第16、26装甲师一同发起致命一击，可最终还是由于实力不济而功败垂成。眼看海滩上的盟军部队与日俱增，虽然很不甘心，但已经知道再难有作为的维廷霍夫也只能下达撤退的命令，不久前刚经过连番苦战的戈林装甲师能以残破之师打得具备绝对海空优势的盟军满地找牙，险些要灰溜溜地从海上"逃亡"，这本身就是一个巨大的成功

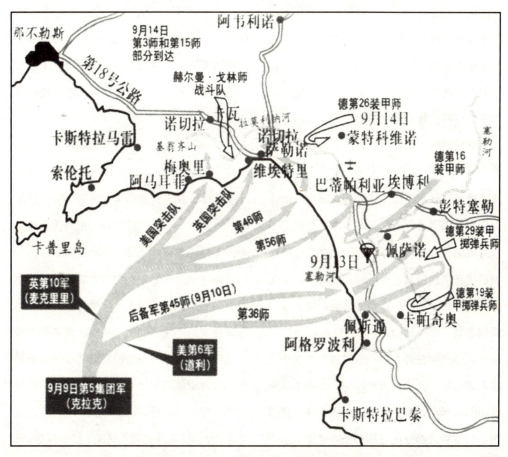

了，正如维廷霍夫将军所说的："萨勒诺之战的胜利是属于德国的、每一个德国士兵的。"

到了9月下旬，由于德军的主动后撤，盟军终于有了从萨勒诺海滩向外发展的机会，此番戈林装甲师又担负起了最危险的"后卫"任务，在萨勒诺以北地区层层阻击正在向那不勒斯进军的美国人。其中戈林装甲团在索伦特山地的表现给世人留下了最为深刻的印象，面对2个整装满员、拥有强大火力支援的英军步兵师的轮番猛攻，战线居然纹丝不动，让对方整整3天未能前进一步。在圆满完成预定的阻击任务之后，戈林装甲师各部开始向那不勒斯城退却，但这一次这支此前一直为世人称道的部队却扮演了一回不光彩的角色。借着英军在连绵的山区里裹足不前之机，该师奉凯塞林元帅的命令对整个那不勒斯港进行了彻底的破坏，几乎所有能为盟军所利用的物品、设施，从桥梁、铁路到发电厂、储油罐都遭到了该师工程部队的彻底破坏，而作为盟军最渴望得到的那不勒斯港更是成为了一片废墟，所有设施都已荡然无存，连港口航道也被沉船阻塞，可以说那不勒斯已经完全失去作为一个港口城市的功能，戈林装甲师的爆破工程师们为此也"颇费苦心"。而在战后该师也因在那不勒斯的卑劣行为而备受世人的指责，但值得庆幸的是，在那不勒斯经历的这场浩劫中，所有的历史名胜、博物馆、教堂和大部分民宅都被完好地保留了下

来，戈林装甲师也能因他们的"手下留情"而免于背负太重的骂名。

离开了那不勒斯的该师一路向北边打边撤，先是在沃尔图诺河防线坚持到了10月下旬，紧接着又退到了利里河谷一带负隅顽抗，加上多雨的季节和泥泞的道路，盟军在德军的顽抗面前几乎是寸步难行，每前进一步都要付出血的代价。直到来年1月才逼近凯塞林预定中的主防御线——古斯塔夫防线，德军的御敌之计获得圆满成功，功不可没的戈林装甲师在连续奋战数月之后终于获得了喘息之机，被调至古斯塔夫防线后方的弗罗西（Frosinone）地区休整待命，但仍有相当数量的所属部队，包括防空团和装甲炮兵团都被留在了冰天雪地的前线继续抗击盟军前进的步伐。

正当战争双方围绕着卡西诺山的争夺即将拉开序幕的时候，让我们先回忆一段60多年前的感人往事，主角是戈林装甲师维修部队的指挥官——斯拉格中校，正当盟军步步逼近古斯塔夫防线之际，在巍峨的蒙特·卡西诺山峰上具有悠久历史的古老本笃教修道院里藏有难以数计的无价珍稀文物，而战争无疑将使这一切遭受灭顶之灾。斯拉格中校主动提议在盟军到来之前将这些珍品运至梵蒂冈，修道院欣然接受了他这一建议，在征得部下的支持之后，斯拉格动用了大量汽车，花了近3个星期的时间才完成了这一任务。而

■ 缆车与雄山的美妙结合。

宪兵还要以"盗窃国宝"罪逮捕斯拉格，最后还是修道院的牧师出面替他解了围，之后甚至还为斯拉格举行了一个特殊的庆功宴，而获悉事情原委的康拉特中将也非常赞赏自己属下的善举。战后斯拉格也一度曾因盗窃罪被盟军逮捕，并遭受了7个月的牢狱之灾，这次替他出头的换成了大名鼎鼎的亚历山大元帅，这位英国元帅为昔日的敌人洗脱了不光彩的盗窃罪名，斯拉格也因在二战中的此次壮举而名留青史，成为整个戈林装甲师中最富传奇色彩的一位"伞兵"。

此时盟军的广播却将斯拉格说成一个替帝国元帅戈林收敛奇珍异宝的无耻窃贼，正所谓祸不单行，盟军的这一论调也传到了尚不知情的戈林装甲师师长康拉特中将那里。他对斯拉格擅自将部队车辆挪为他用甚为恼火，

■ 在一片废墟中顽强抵抗着的戈林装甲师的掷弹兵。

从1944年的1月中旬开始，意大利战场上的美军第5集团军和英军第8集团军开始按计划从正面向古斯塔夫防线发起猛攻，尽管双方胶着的主战场在卡西诺山，但左翼英军第10军在强渡加里利亚河下游之后也对古斯塔夫防线形成了很大的冲击，凯塞林在无奈之下也只能将还在预备队行列中的戈林装甲师激活，调至这个方向上对背河布阵的英军进行反击。德国人的攻势有效地遏止了过河的英军，使其无法继续向前穿插，但单凭戈林装甲师一己之力却始终无法撼动已在加里利亚河北岸建立了牢固阵地的英军第10军，而22日美军第6军在安齐奥出人意料的登陆使得戈该师又不得不转战到另一条战线上去。

盟军登陆部队总司令卢卡斯的犹豫不决给了凯塞林足够的时间来调遣部队前往安齐奥前线，一直被德军上层给予厚望的戈林装甲师自然也在其列。德军以惊人的速度完成了对滩头盟军的三面合围，按第14集团军司令马肯森中将的指示，戈林装甲师被布置在了整个包围圈的右翼，负责从奇斯泰尔纳到博格·萨波提诺（Borgo sabotino）海滩长达近10公里防区，而与其对峙的是美军的第3步兵师及2个独立加强营。双方从对垒的第一时刻起便开始了激烈的交锋，最先发难的还是实力稍占优势的盟军，美军第3步兵师集中所有力量向奇斯泰尔纳镇发起倾力一击，战斗伊始由于戈林装甲师布防不力，美军曾一度获得相当的进展，可在德军调整了部署之后，第3步兵师的进攻势头便马上被压了下

■轻便快捷的摩托化部队毫无疑问将是戈林师征战沙场的"急先锋"。

为军官们准备的歌舞宴会。

来。此后该师的推进简直就可以用蠕动来形容，再将剩下的2个加强营先后投入也不见起色，戈林装甲师顽强的抵抗让有"马恩磐石"之称的美军第3步兵师低下了其高昂的头颅，在艰难地推进到那不勒斯至罗马的铁路线之后便不得不完全停下了其蹒跚的步伐，转而就地筑起防御工事。以打防御战出名的美军

第3步兵师这回算是遇到了比自己更高明的对手。在双方第二回合的交锋中，轮到了德国人率先出手，尽管戈林装甲师所担负的仅仅是侧翼佯攻的任务，但士兵们投入战斗的激情却依然高涨。刚吃败仗的美军第3步兵师防线马上便被汹涌而来的德军部队冲破，只得且战且退，眼看着将美军部队赶下大海已是指日可待，但一场突如其来的大雨却在无意间帮了美军大忙，由于在美军第3步兵师防线的侧翼和后方有很大的一片沼泽地，大雨过后路况泥泞不堪，戈林装甲师的机械化装备在这样的道路上根本无法前进，而光靠步兵缓慢推进也不可能撼动有重火力支援的美军，万般无奈之下的康拉特也只能眼睁睁地看着大好战机从

在意大利一处道路上的警示牌，上面写着："警告！前方经常有盟军空军出没，车辆最好在夜间前进。"

■被盟军空袭所破坏的意大利境内的铁道线。

自己手中溜走，而在无形中得到"上帝"庇佑的美军第3步兵师总算得以借着地利在奇斯泰尔纳镇以南6公里处建立起一条并不算稳固的防线。

2月16日，正当在安齐奥海滩上搏杀的交战双方在整条战线的左侧、被美军称为天桥防线的地区展开殊死争夺的时候，作为王牌部队的戈林装甲师却只能在战线的另一端承担起有限的牵制任务，复杂的地形使得交战双方的两支以善打硬仗著称的部队——美军第3步兵师和本文的主角戈林装甲师在安齐奥会战最为关键的时刻成为了战争的看客，战斗的结果很快就见了分晓——凭借着盟军海空军在最后一刻的鼎力相助，德军不得不再次接受功败垂成的结局，不甘心的马肯森又打算于数日再次发起倾力一击，但这次的主攻方向选择在了防线的右侧，戈林装甲师总算又有了表现的机会。28日，4个装甲师的德军部队从奇特泰尔纳镇出发，向美军阵地发起进攻，已是养精蓄锐多日的戈林装甲师一马当先，最早冲入了美军第3步兵师的战壕，但在前进的同时德军也深深陷入了另一条与自然较量的战线之中——危险而又神出鬼没的沼泽时刻威胁着士兵的生命，泥泞而又狭窄的山路经常困扰着坦克前进的道路。在天时、地利的相助之下，美军第3步兵师在此次防御战中也有杰出的表现，坚固的防御让士气高昂的德国人难有可乘之机，而数日之后盟军空军的全线出击更是让安齐奥地区的德军遭受沉重打击。经此一劫，再加上在此之前的进攻中也损兵折将，马肯森不得不痛苦地接受安齐奥之战已胜利无望的现实，除

罗马

1944年6月4日
美第5集团军
罗马 进入

第6号公路

弗拉斯卡蒂

戈林装甲师

第14集团军
(马肯森)

阿尔巴诺

瓦尔蒙托内

第6号公路

阿尔班山地

凯撒防线

韦莱特里

美第2军

第1伞兵军

卡姆波莱奥内
2月3日

科里

2月16日—20日

卡罗切托

奇斯泰尔纳
2月28日—
3月日

弗利奥维尔桥

美第2军

第7号公路

英第1师
(彭尼)
突击队

内图诺

墨索里尼运河

安齐奥

拉蒂纳

第76装甲军

鹅卵石作战计划
1944年1月22日
美第6集团军
(卢卡斯)

美突击队

美第3师
(特拉斯科特)

安齐奥滩头堡 1944年1月22日至4月23日

—— · —— 1月24日前线　　　— — — 10月30日前线

⟹ 德军反攻

⬅ 从4月23日开始第5集团军进攻

| 0 | 英里 | 5 | 10 | 15 | 20 |
| 0 | 公里 | 10 | 20 | 30 |

了留下5个师继续围困海滩盟军之外，其余部队均被陆续撤回后方休整，而戈林装甲师则被调至美丽的图斯卡尼（Tuscany）地区进行整编。其实当该师还在安齐奥浴血奋战的时候，部队的构架和指挥系统已经悄悄地发生了变化，除了按帝国元帅的意愿改称为赫尔曼·戈林伞兵装甲师之外，陪伴全师官兵多日的师长康拉特中将被调离，改由在指挥战斗中表现优异的维尔海姆·舒马兹少将继任师长之职。

■驾车行驶在意大利的卵石小道上。

就当安齐奥前线日趋平静的时候，盟军的运输船队却在日以继夜地向滩头阵地上运去一支又一支生力军和大量的补给，杀出安齐奥海滩，拿下罗马是盟军上下的唯一目标。5月22日，已经沉寂多日的安齐奥地区突然又再次笼罩在惊天动地的炮火声中，盟军的攻势异乎寻常的猛烈，安齐奥的德国守军在顽强死守了3天之后终于渐渐不支，滩头美第6军在拿下奇斯泰尔纳之后也获得了巨大的前进空间，从罗马到贯穿整个亚平宁半岛的6号公路，都已敞开在了克拉克的面前。一旦美

■缓缓驶下铁道，到达东部前线的戈林装甲师的III号突击炮。

■在站头小憩的士兵们，有拉手风琴的，也有吹口哨的。

第6军下一步攻势得手，整个意大利的德军部队都将陷入万劫不复的境地，此刻交战双方的指挥官都将目光紧盯在了罗马的南大门——瓦尔蒙托内，最为关键的6号公路也南北向穿镇而过。精明的凯塞林在第一时间便意识到了该地的重大价值，毫不犹豫地将此时手上唯一的预备队——已在图斯卡尼"休养"了数周的戈林装甲师派往了那里，而在此前的这段宝贵时光里，该师中最忙碌的就属后勤维修人员了，几乎全师上下所有的武器装备、装甲车辆都被修整一新，甚至还有许多之前战斗中表现优异的战士获得了短期休假的机会，重新回到了战场上的该师已一扫连月作战疲惫不堪的状况，全师上下士气高昂，盟军将再次领教这个老对手的厉害。

为了争取最为宝贵的时间，和盟军部队赛跑，星夜兼程的戈林装甲师丝毫不顾空袭造成的重大损失，在大白天也堂而皇之地挑战盟军空军的权威。尽管付出了相当的代价，但却比盟军早一日（5月24日）赶到了瓦尔蒙托内，并且连夜赶工，修筑工事。而作为盟军先锋的美第3步兵师也在第二天赶到了当地，旋即便投入进攻，正所谓不是冤家不聚头，两支刚刚在安齐奥海滩上有过一番生死较量的老对手又将在瓦尔蒙托内上演一场利剑与坚盾的对决。尽管实力上美军占尽优势，但盲目地强攻早已有所准备的戈林装甲师并不奏效，德国人精准的反坦克火力让在镇外

耀武扬威的美军坦克成了最好的狩猎目标，而一旦攻入镇内，不习巷战的美军步兵在戈林装甲师掷弹兵的多点打击下也是首尾难顾。一轮攻势过后，第3步兵师除了平白增添了许多伤亡没能取得任何进展。26日，改变了策略的美军采取了多点进攻，甚至是夜袭的战术，但在戈林装甲师异常顽强的防御面前依旧毫无作用。到了第3天，得到装甲部队增援的美第3步兵师又再次吹响了嘹亮的冲锋号，这一次的攻势可够德国人受的，美军步兵在坦克掩护下从三面潮水般涌来。德军由于弹药供给不济，前两日表现神勇的反坦克炮兵也是巧妇难为无米之炊，而掷弹兵赖以生存的工事掩体此前也遭到了盟军空军的好一顿修理，瓦尔蒙托内镇的形势岌岌可危，舒马

■ 正在对IV号坦克负重轮进行修理的戈林装甲师的工程兵。

兹在关键时刻将作为预备队的戈林装甲团投入作战起到了决定性的作用。南路美军的攻势马上便被压制，而从西面攻入镇内的美军在先夺取了近一半的瓦尔蒙托内之后竟然被戈林装甲师掷弹兵们的一个并不算凶猛的反扑给镇住了，加上镇外德军坦克的呼应，慌乱中美第3师的一个上校团长居然错误地做出了撤退的决定，这无疑给德军一个喘息的天赐良机。度过了难熬的28日之后，戈林装甲师调整了其防御部署，将损失实在惨重的部队从防御阵地上撤了出来，换以情况相对较好的部队，并且放弃了一些外围的阵地，集中力量部署在几个核心阵地周围。29日，美军一反常态地改在下午发起进攻，可能双方都是在为最后的一搏作准备，这一天的交火应该说只是象征性的，意在试探虚实的美军也早早鸣金收兵。到了30日，真正地决斗开始了，战争双方的两位主角——美军第3步兵

附1：赫尔曼·戈林伞兵装甲师在瓦尔蒙托内作战时期的详细作战人员数目列表

	军官	士官	士兵	外国志愿者	总计
编制人员数	658	4726	16272	77	21733
实际人员数	568	3353	15599	38	19558
缺额	90	1373	673	39	2175

附2：赫尔曼·戈林伞兵装甲师在整个1944年5月损失的军（士）官人员详细数目列表

	军官	士官	总计
死亡	11	255	266
受伤	19	402	421
失踪	11	952	963
生病	10	629	639
其他	11	247	258
总计	62	2485	2547

附3：赫尔曼·戈林伞兵装甲师在瓦尔蒙托内作战时期所用的各式装备详细数目列表

武器种类	按编制要求数	实际拥有数
毛瑟98步枪	15134	15385
手枪	2185	1871
机枪	1354	906
装甲车用机枪	86	73
摩托车	208	160
41型重型反坦克枪	70	51
flak38型20毫米高炮	241	7
4联装20毫米高炮	91	70
flak37型37毫米高炮	42	42
flak36型88毫米高炮	12	8
轻型步兵炮	36	35
重型步兵炮	28	16
轻型迫击炮	14	14
重型迫击炮	24	21
100毫米加农炮	16	16
胡蜂式重型自行榴弹炮	6	0
Pak40型75毫米反坦克炮	58	35
150毫米火箭炮	9	12
37毫米装甲车用机关炮	4	4
20毫米装甲车用机关炮	60	8
75毫米自行加农炮	30	14
火焰喷射器	80	69

附4: 赫尔曼·戈林伞兵装甲师在瓦尔蒙托内作战时期所用的各式装甲车辆装备详细数目列表

车辆	编制数	实际拥有数	可用于作战	在修理中	短缺数量
装甲车辆					
突击炮	31	16	8	8	15
III号坦克	19	13	2	11	6
IV号坦克	98	56	18	38	42
自行火炮	28	16	7	9	12
其他装甲车辆	366	306	280	26	60
一般车辆					
摩托车	864	716	645	71	148
汽车	1100	868	662	206	232
卡车	2700	1318	1027	291	1382
牵引车辆	322	148	125	23	174

师和德军戈林装甲师都在这一天投入了自己所有的力量，甚至是难得拿起武器的后勤单位也被舒马兹拉上了前线。瓦尔蒙托内镇简直就成了人间炼狱，镇外是一辆辆被打得面目全非的坦克、装甲车，而在镇内则是人与人之间的殊死搏杀，从白天到黑夜，枪炮声响彻了整个小镇内外，战斗持续到了第二天的黎明，有越来越多的美军部队加入到这场对决中去，戈林装甲师在瓦尔蒙托内的领地被一点点地蚕食。直到6月份的第一天，该师的部队仍然顽强地坚守在瓦尔蒙托内的土地上，但由于已经到了预期目的，自身也遭

受了惊人的损失，凯塞林在这天亲自向舒马兹下达了撤退的命令，戈林装甲师就此结束了其在瓦尔蒙托内的战斗，主动向罗马以东的阿涅内河（Aniene）退却。就当时整个意大利南部的战局而言，该师在瓦尔蒙托内的一系列的阻滞作战，其意义远不止于一次成功的防御战那么简单。正是因为在此地耽搁了盟军一个星期的进军步伐，使得在意大利的德军能得以稳住阵脚，避免从古斯塔夫防线和安齐奥海滩两个方向被对手突破的厄运，也为凯塞林争取到了调整补漏的时间，为德军主力能奇迹般地从南意大利全身而退打下

了必要的基础。可以这么说，没有戈林装甲师在瓦尔蒙托内那一个星期的顽守，整个二战意大利的战事进程就很有可能重写，就连作为对手的盟军也在其报告中对戈林装甲师在瓦尔蒙托内大加赞美之词，赋予了其"英雄般的战斗"的评价。

带着满身的荣耀退出瓦尔蒙托内的戈林装甲师又先后转战于奇乌斯（Chiusi）的特拉希梅诺湖（Trasimeno）及佛罗伦萨的南部地区。6月24日，部队坐上了向遥远东方开去的列车，踏上了前往苏联前线的旅途，在陌生的东线，一个对于整个帝国而言巨大的危机已经形成，等待着戈林装甲师的又将是一段艰辛的战斗历程。

维斯瓦河上的反击

1944年7月27日，满载着整个戈林装甲师人员和装备的专列从意大利驶抵了华沙，可刚一下车，迎接他们的却是敌人的炮弹。部队便马上以营、连为单位投入到华沙东南部的战斗中去，并成功地配合SS第5"维京"装甲师将突破至沃洛明－拉德茨攸铭（Wolomin-Radcyomin）附近的红军第3坦克军合围、消灭。这一胜利对于当时正值危难的德军来说无异于雪中送炭，不仅大大提振了将士们的士气，还使得在东线的将士们再一次地受到上级的褒奖，时任中央集团军群司令的莫德尔元帅在他的报告中这样说道："正是由于赫尔曼·戈林伞兵装甲师勇敢并及时地投入到战斗之中，我们才能再一次地守住华沙，并把该死的俄国人赶回维斯瓦河的东岸。"但顽强的红军并没有因为一次小的挫折而放弃渡过维斯瓦河的打算，8月上旬，又有一支苏联红军在瓦尔卡（Warka）至马格纽斯（Magnuszew）之间顺利强渡过河，并在维

■ 满载着IV号坦克进抵东线的戈林装甲师部队。

斯瓦河西岸形成一个宽10公里，纵深3－5公里的桥头堡。临危受命的戈林装甲师再次充当了第9集团军防区内消防队的角色，当月8日便投入了对此处红军的反击，和它一起并肩作战的还有来自SS第4装甲军的部队。由于实力上的差距悬殊，德军最终没能拔除这个自己防线上的眼中钉、肉中刺，但却也粉碎了红军扩大桥头堡，并向拉多姆（Radom）方向发展的企图。莫德尔能在维斯瓦河一线挽狂澜于即倒，扭转德军自白俄罗斯战役惨败以来一路溃败的颓势，戈林装甲师功不可没。

在之后的整个9月份里，戈林装甲师一直都在魏斯将军的第2集团军的防区内和红军厮杀，先后转战于莫德林和华沙地区。需要强调的是即使在战争已经进行到了这一个阶段，大部分的德军装甲师，尤其是那些赫赫有名的王牌师，基本上换装了豹式及Ⅳ号

后期型坦克，可在戈林装甲师里唱主角的依然是过时的Ⅲ号坦克，他们甚至都不是红军早期型T-34的对手。可装备质量的落后并没能限制戈林师装甲兵们的出色表现，在8月3日，由贝尔林格上尉指挥的一个坦克连与他们的苏联同行进行了一次面对面的碰撞，并在整整一天的交火中击毁对方坦克36辆，自损5辆。只是战争的胜负取决于双方综合实力的比较，少数部队或是个人在战场上的精彩表现也仅仅只是昙花一现，无法挽回德军战败这一不可扭转的趋势，更何况红军也不乏以少胜多的杰出战绩。

10月，尽管前线的战斗还在继续，但德军高层已经下定决心组建赫尔曼·戈林装甲军（相信又是帝国元帅的虚荣心作怪）。其兵源主要来自于：散落在德国本土的各训练基地的补充人员、在训新兵、一些小编制的空军安全保卫单位以及多余的空勤人员和从陆

■ 在交火中被打得冒烟的戈林装甲师战斗车辆。

赫尔曼·戈林伞兵装甲军详细情况如下:

赫尔曼·戈林伞兵装甲军军部（军长：舒迈尔兹中将）

军属装甲掷弹兵营

军属装甲工兵营

军属反坦克歼击营

军属防空团

军属野战宪兵大队

军属医疗大队

以及一些零星的后勤部队

赫尔曼·戈林第1伞兵装甲师

师部（师长冯·内克尔少将，1945年2月被朗克少将接替）

赫尔曼·戈林伞兵装甲团（2个装甲营）

赫尔曼·戈林第1伞兵装甲掷弹兵团（2个营）

赫尔曼·戈林第2伞兵装甲掷弹兵团（2个营）

赫尔曼·戈林第1伞兵装甲炮兵团（3个营）

赫尔曼·戈林第1伞兵装甲工兵营

赫尔曼·戈林第1伞兵装甲侦察营

赫尔曼·戈林第1伞兵装甲通讯营

以及师属野战宪兵、医疗大队

赫尔曼·戈林第2伞兵装甲掷弹兵师

师部（师长瓦尔施少将）

赫尔曼·戈林第3伞兵装甲掷弹兵团（3个营）

赫尔曼·戈林第4伞兵装甲掷弹兵团（3个营）

赫尔曼·戈林第2伞兵装甲炮兵团（3个营）

赫尔曼·戈林突击炮营（5个连）

赫尔曼·戈林第2伞兵装甲工兵营

赫尔曼·戈林第2伞兵装甲侦察营

赫尔曼·戈林第2伞兵装甲通讯营

以及师属野战宪兵、医疗大队

军中调来的军官。在此基础上，赫尔曼·戈林伞兵装甲掷弹兵师便应运而生，但事实证明这次自大的戈林又出了一个馊主意。身陷波兰前线的戈林装甲师由于激战不断，部队兵员的损失消耗很大，急需补充大量的人员来弥补缺口，保持部队战斗力，组建新的掷弹兵师对于已经后备兵源吃紧的戈林装甲师而言无异于釜底抽薪，以牺牲一线部队的战斗力为代价来一味追求师的数量，实在是得不偿失的下下之策。但军令难违，很快德军的参谋部门便完成整个赫尔曼·戈林伞兵装甲军的构架和编制的策划。

除以上的一线作战单位之外，整个赫尔曼·戈林伞兵装甲军实际上还包括在德国本土的预备部队及两支比较特殊的作战单位——元首防空营和"帝国元帅"警备营，而部队的组

赫尔曼·戈林伞兵装甲团 (HG 装甲团) 曾先后使用过的主战装备的数量、性能情况：

	III 号坦克	IV 号坦克	豹式坦克	突击炮	坦克歼击车
装备总数	141	161	171	142	162
战斗重量	23	25	45.5	21.8	25
乘员	5	5	5	4	5
防护：（单位：mm）					
前装甲	50	80	80	50	80
侧后装甲	30	30	40	30	30
顶部装甲	10	16	16	——	——
引擎马力		300	600	300	300
行驶速度（公路)(km/h)	40	40	46	40	40
最大行驶距离(km)	165	210	200	120	160
车长(m)	5.48	5.93	6.88	5.4	6.15
车宽(m)	2.95	2.88	3.42	2.95	2.92
车高(m)	2.44	2.68	3.1	1.96	1.94
火炮口径(mm)	75/50	75	75	75	75
弹药基数（发）	87	87	79	50	76

建工作也持续了很长的一个时期，这主要是由于人员上的匮乏和装备的到位率低（尤其是在战争的第六个年头这在德军部队中可以称得上是家常便饭），原先估算中的战斗能力也自然成了纸上谈兵。更加雪上加霜的是，由于油料短缺，部队还经常性地削减车辆单位，改以骡马之类的牲畜来运载补给和弹药，这同时也造成了战斗部队的机动能力大大降低，好似回到了拿破仑战争时期。

东普鲁士的顽强

虽然赫尔曼·戈林伞兵装甲军（以下简称戈林装甲军）已在紧锣密鼓地组建之中，但前线捉襟见肘的局势使得德军统帅部等不到该部组建完成的那一刻。时至10月上旬，装甲军各部便被陆续用火车运往了东普鲁士前线，在那里他们将和已经在此处的其他国防军部队一起来抵挡来自北面的苏联红军，捍卫默默尔，捍卫东普鲁士，捍卫德国。为此军指挥部将部队沿罗斯河（Russ）北岸一线展开，以便随时能策应默默尔和东普鲁士以东两个方向。与此同时，苏联红军已经扣响了德国本土的大门，沿维尔考维斯琛（Wilkowischen）至埃本罗德（Ebenrode）一线搬开阵势的一支红军坦克部队已经蓄势待发，显然他们的最终目标将是柯尼斯堡。身处德军第4集团军防区（司令霍斯巴赫将军）的戈林伞兵装甲

也将很快加入到和红军装甲部队的浴血奋战之中，由于想到背靠德国自己的领土，保卫家园和同胞的意识也在很大程度上激励戈林装甲军的士兵在这次艰苦的防御作战中表现得更为顽强。

10月5日，北面由红军巴格拉米昂大将指挥的波罗的海第1方面军正式打响了夺取默默尔的战役，一旦此处易手，身处波罗的海沿岸的德军北方集团军群与德国本土的路上联系将被彻底切断，损失不可估量，为此，德军也在此处布下了重兵——光守卫默默尔城的就有坦克第3集团军的3个师，而戈林装甲军则作为整个第4集团军的预备队部署在其后方。令人感到惊讶的是尽管面对着的是红军一个得到了加强的方面军，在一条长近80公里的狭长地段上展开的德坦克第3集团军的8个被大大削弱的师居然成功地顶住了华西列夫斯基的铁锤，其战线仅仅是向后略有弯曲，红军没能取得任何实质性的进展，哪怕是获得一个稍微大点的突破口。但在德军第4集团军的正面，也就是向东的方向上，情况却非常不妙，经过数日的激战之后，苏联白俄罗斯第3方面军已在其正面形成了一个近40公里宽的突破口，负责整个战役协调指挥的华西列夫斯基也果断地投入了他手中最强大的突击部队——近卫第11集团军，目标直指柯尼斯堡的东大门——英特斯堡。仅仅数日之内，该部红军已经前进了40公里，并

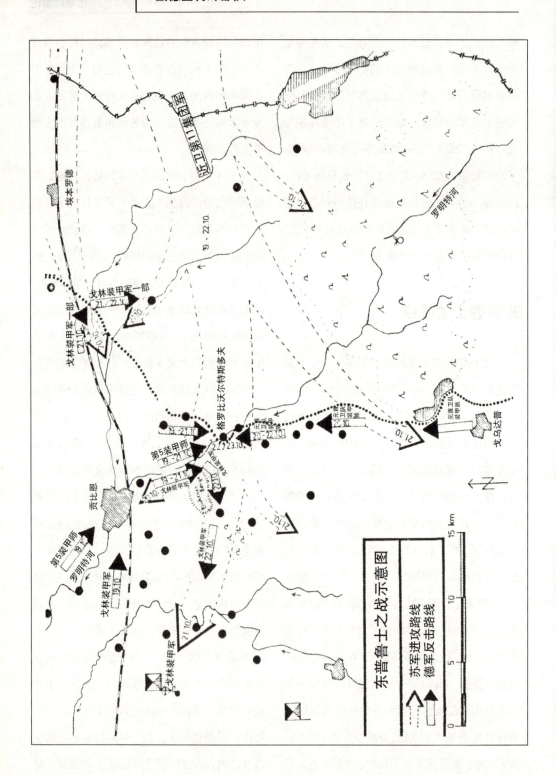

■ 在华沙地区进行试探行动的戈林装甲师的侦察部队。

于 10 月 19 日成功强渡罗明特河 (Rominte)，继续向西发展。此时摆在霍斯巴赫面前的，即是一个巨大的危机，同时也是一个难得的血耻的战机，对方的近卫第 11 集团军尽管实力是红军所有合成集团军中最强的一个，但在保持对德军防线纵深进行突击的同时，还要分兵顾及两翼的掩护，拉长的战线也使得德军获得了反击的空间，但最为重要的是，霍斯巴赫手上正好拥有着戈林装甲军——整整 2 个师的预备队，这更多地应该感谢默默尔方向上德军部队的顽强抵抗，正是他们在那里的成功防御作战，使得霍斯巴赫能够腾出更多的部队和注意力去应对来自西面的红军，

这其中就包括了戈林装甲军。而在红军突击部队的南翼，留驻戈乌达普 (Goldap) 的德军精锐——元首卫队装甲旅也已整装待发，一条南北夹击、断敌后路的妙计也在霍斯巴赫的脑中应运而生，他还为这两路反击部队精心选择了一个会师的最佳地点：罗明特河上的战略要地——格罗比沃尔特斯多夫 (Grobwaltersdorf)，因为同时这里还是红军突击部队补给的必经之地，一场教科书式的反击战即将在罗明特河畔上演。

10 月 18 日，来自国防军的第 5 装甲师打响了这次反击的第一枪，在贡宾嫩 (Gumbinnen)，该师和从南向北杀来的红军近卫第 11 集团军北路部队迎头相撞，打得难解难分。霍斯巴赫在第二天将戈林装甲军从这个方向投入作战则成为了整个这次反击战的胜负手，面对着突然得到 2 个师的装甲部队加强的德军，负责北路掩护的红军在顽强抵抗一天之后终于渐渐不支，边打边撤。但此时德军也并没有能形成一个足够供一支机械化部队前进的突破口，华西列夫斯基还有足够的时间来调动部队，弥补战线上的漏洞或是索性将突进的近卫第 11 集团军撤过罗明特河，可惜他什么也没做，这或许是出于对战事的过分乐观，亦或许是由于虚荣心作怪，但他的一个失误却能白白葬送成千上万的红军战士的生命。直到 20 日晚些时候，胜负的天平完全倒向了德国人这一边。戈林装甲军

的装甲兵们不顾疲劳，协同第5装甲师一路向南猛攻，一辆来自戈林装甲团第4连的豹式坦克在罗明特河边一口气干掉了13辆红军的坦克而自己毫发未损，该辆坦克的车长波维特兹上士因此战中的精彩表现获得了骑士十字勋章，而同样来自该团的第1连也取得了相当不错的战果，短短数日的激战之中就击毁了红军47辆坦克和30门反坦克炮。其实即使到了整个二战的末期，德军的装甲兵们也不乏这样以少胜多的优异表现，但在还是数量决定一切的战争年代里，这也不过是

杯水车薪而已，可德军装甲兵优良的战斗素质和高效的后备人员培养模式还是值得给予充分的肯定。经过24小时的连续进攻作战之后，戈林装甲军一部终于在21日晚进抵格罗比沃尔特斯多夫，胜利的曙光已经在眼前了。

回过头来让我们看看这个钳形攻势的另外一边，尽管实力不如北路德军那样雄厚，但负责南线进攻的元首卫队装甲旅的表现则更加出色，该部不仅成功地击退了红军南路掩护部队的尝试性进攻，在20日吹响了反击的冲锋号之后便一路高歌北上、势如破竹，被连续的胜利冲昏了头脑的红军部队丝毫没有想到德军还有还手之力，根本没做像样的抵抗便让元首卫队装甲旅顺利冲过自己的阵地。该旅在短短两天之内便前进了近20公里，并于22日白天成功地和戈林装甲军一部会师于格罗比沃尔特斯多夫，在罗明特河西岸的红军近卫第11集团军部队的退路被彻底切断了，胜利女神在时隔很久之后终于又一次地站在了德国人的背后，这场酣畅淋漓的胜利也是希特勒本人渴望已久的，而且毫无疑问这将会大大振奋已经被俄国人打得

■一辆在1944年秋季被红军缴获的戈林装甲师的豹式坦克。

■前进中的Ⅲ号突击炮。

■ 站在III号坦克前的戈林师的掷弹兵，戈林师是当时为数不多的仍在装备该型号坦克的德军王牌师之一。

■正在进行88毫米防空炮演练的士兵。

■属于戈林装甲师的IV号坦克。

灰头土脸的德军的士气。

没等在罗明特河两岸的红军部队缓过神来，戈林装甲军便在友军部队的掩护下协同其他正面的步兵部队对被困河西岸的苏联近卫第11集团军的部队来了一个向心突击，仅仅两天之后，在那里的红军机械化部队很快便遭到了灭顶之灾。据霍斯巴赫本人回忆，在罗明特河西岸红军至少损失了"近千辆"坦克、自行火炮和其他装甲车辆，这其中应该有一定夸大的成分，但经此一战在东普鲁士正面的红军的确元气大伤，以至于在此后的近3个月的时间里，整个白俄罗斯第3方面军没有能力再对当面的德军发起任何攻势，而曾是昔日红军骄傲的近卫第11集团军则索性被调至后方进行整补，直到来年2月份才重新投入战斗。这应该也是二战末期德军在东线最后一次像样的胜仗了，而本文的主角戈林装甲师（军）在此役中的表现则可以称得上是可圈可点，不愧于其王牌部队的美誉。

随着默默尔和英

斯特堡战役徐徐落幕,红军对东普鲁士的攻势也就此告一段落,苏德边境线上的战事也暂时趋于平静。从那时起到1945年1月,戈林装甲军奉命驻守在贡宾嫩的东南方向上,随同该部一起的还有赫赫有名的大德意志装甲师以及第21、61步兵师和第349、549国民掷弹兵师,这些部队一起撑起了整个第4集团军的正面。此时红军则忙于舐敷自己的伤口,也无暇西进。戈林装甲军所部就这样在东线舒坦地度过了近3个月的平静时光,但之后不久,奉中央集团军群司令部的命令,为了增加更多的机动兵力,戈林装甲师将从整个戈林装甲军中独立出来,调往波兰中部的拉多姆,随同该师一起前往的还有戈林防空团第1营及其后勤单位,至此戈林装甲师又将翻开新的,也是行将落幕的一页。

■载有20毫米防空机关炮的德军吉普车。

■一辆进行了伪装的半履带式自行防空炮。

■在己方车辆掩护下前进的戈林师士兵。

东普鲁士的顽强

没等从东普鲁士一路风尘仆仆赶来的戈林装甲师到达拉多姆，那里已经落入红军的手里，无奈之下部队只能重新前往罗兹地区集结待命，并将归属已经在那里的大德意志装甲军（该部也是不久前从东普鲁士调来）指挥。令人感到可笑的是，这也是一支被支解了的部队，它的主力，也就是大名鼎鼎的大德意志装甲师此刻正在东普鲁士听从赫尔曼·戈林伞兵装甲军的调遣，而它却能在波兰指挥戈林装甲师，我们可以把这理解为其指挥系统的混乱，但相信更多的还是因为战争末期德军由于部队的匮乏而不得不采取的拆东墙补西墙的无奈之举。

1945年1月12日，红军在整个波兰前线如急风暴雨般的总攻开始了，大兵团的快速穿插和占据绝对优势的实力打得德国人只有招架之功，没有还手之力，戈林装甲师的部队从到达罗兹的第一天开始就连同大德意志装甲军的部队一起陷入与四面八方蜂拥而来的红军部队的苦战之中。比较幸运的是虽然红

军的深远穿插严重地威胁到了整个罗兹地区德军的后方，但主要目标是波兹南的白俄罗斯第1方面军显然没有把眼前的这支德军装甲部队放在眼里，红军的突击部队径直奔向了其大后方，并没有试图夹击包围罗兹地区的德军，这也给了当时在此地的德军部队也包括戈林装甲师一线生存之机。眼疾手快的德军将领便马上抓住了这一难能可贵的战机，边打边向奥德河撤退，在之后的近半个月的时间里，戈林装甲师与大德意志装甲军的其

■在下西里西亚地区乘坐装甲车前进的戈林伞兵装甲军的士兵。

■被戈林装甲师的坦克击毁的红军T-34。

129

他部队密切配合，不仅成功地掩护了撤退部队的正面不被红军突破，还有效地防止了左右两翼红军可能对其形成的包围，并最终于1月底撤至了奥德河的西岸，重新稳定了战线。特别需要指出的是，在当时战局如此混乱。有时甚至是四面楚歌的情况下能够顺利脱险，这本身就是一件了不起的事情，戈林装甲师（当然也包括大德意志装甲军的部队）在战场上的临危不乱表现也更充分地诠释了一支王牌部队的真正含义。

■部队刚刚接受新式的豹式坦克时的场景，装甲兵们争先恐后地去看个究竟。

撤过奥德河西岸的戈林装甲师终于获得了难得的休整时光，尽管战局非常紧张，但由于该部在整个德军中的特殊地位，始终能获得优先的补给，到了3月中旬，部队的战斗力又得到了相当程度的恢复，但已经不能和刚成立时相提并论，为了守卫当时对于第三帝国至关重要的西里西亚工业区，德军统帅部将包括戈林装甲师在内的许多精锐部队调到了那里，死守已经成为了在此处德军的唯一一任务。

为了给柏林方向的总攻作铺垫，同时夺取西里西亚工业区，红军统帅部责成乌克兰第1方面军于3月中发动上西里西亚攻势，首要打击目标是由第17集团军一部驻守的从格罗特奥至拉蒂博尔的突出部。在此战中，红军意欲在奥珀伦以南和以北两个地域集中重兵突击集团，实施向心攻击，围歼该市以西

的德军，并进而前出至苏台德地区。担任北线红军主攻的有第12集团军、近卫第5集团军的近卫第34步兵军、坦克第4集团军和近卫坦克第4军，这支部队将从格罗特奥以东地域向诺伊施塔特实施突击；而在南线，红军第59、60集团军、近卫机械化第7军和坦克第31军将从拉蒂博尔以北的奥德河登陆场出发，争取与北线红军主攻集团于诺伊施塔特地区会师。再来看看德军这边，在突出部左部（也就是北部）主防的是党卫军第20师及一些团级单位的警戒部队，而在突出部的右部，从上到下分别是第168、344步兵师及党卫军第18师，虽然打着师的名义，但其实际战斗力基本上和一个团不相上下，乍看之下，攻守双方的实力根本就不是在一个数量级上的，但打着自己小算盘的德军却也并非是别

■一群骑士十字勋章获得者的合影。

■战争末期师高层指挥人员的合影。

肩后方，很明显是想从红军突击部队的侧后来个攻其不备。而所有部队中实力最强的戈林装甲师也被赋予了最为艰巨的任务，拖住自北向南而来的红军突击部队，死死守住突出部的颈部，尽量延缓南北两个方向的红军会师。从表面上看德军似乎还是有侥幸获胜的可能，但事实证明无论德军如何巧妙部署都已是枉然，原因只有一个：双方实力相差太过悬殊。

3月15日，都在双方意料之中的战斗打响了，仅仅两天之内，势如破竹的北线红军第21集团军已经进至尼斯城一带，德军的第10、19、20装甲师则按计划全线从其侧后出击，与负责侧翼掩护的第21集团军一部遭遇，双方沿格罗特考至尼斯一线打得不可开交，而在两天后隐蔽出发的北线红军主攻坦克第4集团军更是直奔诺伊施塔特，一天之内居然毫无阻拦地前进了20多公里，而南线红军也将在18日抵近诺伊施塔特。眼看合围圈即将形成之际，已经养精蓄锐一个多月的戈林装甲师挺身而出，双方在尼斯城南近5公里处迎头相撞，旋即展开了激烈的对攻战，几乎整个坦克第4集团

人砧板上的鱼肉。无数次的战例已经证明，在突出部的防御作战中，将主力部队置于其根部是最不明智的选择，深谙此道的德军在此役中故意放空第一梯队，将第10、19、20及戈林师共4个装甲师布置在了突出部的左肩后方，第16装甲师及第344步兵师置于其右

■ 正在交流作战经验的士兵们。

军都被戈林装甲师吸引了过来。德军一看目的达成，便顺势转攻为守，令人难以置信的是，双方在这里居然胶着了整整2天，而装备着豹式坦克的戈林装甲团第1营的装甲兵们的表现尤为出色，在一次面对由苏联武装起来的波兰第1坦克师的进攻中，短短20多分钟的短促却又激烈的交火之后便干掉了对方43辆坦克，甚至还缴获了12辆，而这些立刻被涂上了铁十字标记的T-34对于当时的德军而言好比是久旱遇甘霖，马上被投入到对抗其以前拥有者的行列中去。很难想象戈林装甲师的将士们是如何凭借着一己之力对抗近10倍于己的敌人，但他们的确做到了，由于在该师阵地上遭遇到

近乎疯狂的抵抗，当面红军在此后的48小时内未敢向深远方向作进一步突击，在如此的重压之下究竟是什么在支撑着这些穿着绿色军服的官兵们，也许是为了保卫自己的家园，也许是出于王牌部队荣誉感吧。直到20日，红军不得已之下另派近卫坦克第4军前出诺伊施塔特之后才总算对该突出部完成合围，戈林装甲师继续在原地顽抗已经毫无意义，部队也于当天稍作后撤，退到了5公里外已经筑起了的防线。在临近战争结束前的这场大战中，每个戈林装甲师的士兵都已经尽了自己的全力，别忘了他们对抗的是一个完整的坦克集团军，正是有了他们的精彩表现，才使得包围圈的形成整整晚了2天，成功掩护了近一个师的德

■ 一位满脸沧桑的昔日戈林团的老兵。

军撤出。由于此前战场已经落入红军的手里，无法得知戈林装甲师在这次防御作战中的详细战果，但仅凭死守两天这一条便已足够，而就该师自身的损失而言，引用一句该师作战参谋的话来说："到了3月下旬，赫尔曼·戈林伞兵装甲师已经成为了一支名副其实的伞兵师"，由此可见部队承受着多么巨大人员、物质上的消耗。

戈林装甲师在西里西亚的战斗还在继续。21日，缓过手来的红军第21集团军和坦克第4集团军开始从东、北两个方向挤压戈林装甲师的战线，很显然当时该师是整个该地区德军防线上最重要的一环，只要这里被突破，已经无兵把守的苏台德及萨克森对于红军而言可谓是唾手可得。但可惜红军还是没能把握住机会扩大战果，而挡在红军前进道路上的拦路虎还是戈林装甲师。在原来的战线顶了3天之后，已经疲惫不堪的戈林装甲师各部不得不边打边撤，但很快又在后方10公里处重新建立起一条稳定的战线，并且不时向红军发动小规模反击。但从26日白天起，对方坦克第4集团军几乎全部出动，猛扑戈林装甲师刚刚建成不久的防线，这场战斗几乎已经成了勇猛的"伞兵"与T-34的对话，对德国人而言真可谓危机四伏，在一个白天的厮杀过程中红军部队曾在数个地段上冲过了德军防线，但都被戈林装甲师组织起的预备

队（基本上就是拿着"铁拳"的文职和后勤人员）——击退。到了破晓的时候，戈林装甲师的防线在红军的重压之下已经大大地向后弯曲了，被突破只是一个时间问题，但也就在这时，俄国人居然停下了前进的步伐，主动向后收缩，这无疑帮了已经危在旦夕的德国人的大忙，戈林装甲师也因此侥幸逃过一劫。能解释红军这一举动的原因无非只有两个：一是在前期战斗过程中的极大消耗及德军精锐部队的顽强抵抗，二是需要消化已经被包围的德军部队。但无论如何，这对当面的德军而言是一个绝对的好消息，而战绩出众的戈林装甲师的将士们也在西里西亚留下了一段不错的回忆。

萨克森：赫尔曼·戈林伞兵装甲军的最后一战

让我们回过头先去看看还在苦守东普鲁士的戈林装甲军，红军于1945年1月13日在整个东部前线发起了总攻，东普鲁士自然也不能幸免，可能是作为对调走戈林装甲军的弥补，包括赫赫有名的大德意志装甲师在内的几支德军精锐部队被调至戈林装甲军的帐下，当然这只是暂时的。大战伊始，身处防御一线的戈林装甲军各部便与如潮水般涌来的敌军坦克展开了殊死搏斗，在付出了惨重的

代价之后，部队不得不在友军的掩护下沿着英斯特布鲁格(interburg)、沃尔劳、海利斯伯格、朗德斯伯格、柯尼兹堡一线且战且退,直至到达离波罗的海沿岸不远处的海利根贝尔(Heiligenbeil)。必须承认当时驻守东普鲁士的部队完全称得上是作战最为顽强的德军部队，但在占压倒性优势的红军面前这也无济于事，红军大规模的坦克部队穿插使得缺乏纵深预备队的德军毫无还手之力，仅仅10天，

整个东普鲁士与德国本土的联系便被红军切断，有3个德军集团军被困于此。但此后已是身处绝境的戈林装甲军的表现却异乎寻常的顽强（其实几乎所有在东普鲁士的部队打得都很不错），毫不忌惮人员及装备的损失，死死顶住自东向西挤压而来的红军坦克部队，甚至有部分编制内的团、营部队已经和俄国人拼得只剩下了个位数的士兵。在戈林装甲军2月10日的作战报告中是这样记载着的:

"在此前两个多星期的战斗中，很难想象我军居然可以在战局如此不利、补给几乎为零的情况下顶住了红军坦克部队向东普鲁士纵深地区的突破，并在接连几次防御战斗完全摧毁敌坦克40辆以上（据1月28日的统计数字），成功地掩护了从东通往波罗的海沿岸重镇海利根贝尔的道路。"

此后的一个多月里，装甲部队已经消耗殆尽的戈林伞兵装甲军在东普鲁士的任务除了防守还是防守，可到了3月25日，来自元首大本营的一纸电令却又一次改变了该军的命运，部队奉命走海路返回德国（1月份临时调入该军的部队仍

■ 被反坦克炮击穿了前装甲的T-34，其弹孔依稀可见。

附录

1. 赫尔曼·戈林伞兵装甲师（军）大事记年表

1933 年 2 月 23 日　前身韦科克警察特别行动队成立于柏林的克罗伊兹贝格

1933 年 7 月　韦科克警察特别行动队更名为韦科克集群

1934 年 1 月 12 日　部队被正式命名为赫尔曼·戈林将军集群

1935 年 9 月 23 日　正式加入空军，成为了赫尔曼·戈林团

1942 年 3 月 1 日　改编为赫尔曼·戈林摩托化加强团

1942 年 7 月 21 日　扩充为赫尔曼·戈林摩托化旅

1942 年 10 月 17 日　以原戈林团的老兵为核心的赫尔曼·戈林装甲师在法国组建

1943 年 5 月至 7 月　在西西里完成全新的赫尔曼·戈林装甲师的重建

1944 年 2 月 6 日　更名为赫尔曼·戈林伞兵装甲师

1944 年 9 月至 10 月以师为基础，在波兰莫德林地区组建了赫尔曼·戈林伞兵装甲军

1945 年 5 月 9 日所有在前线的戈林装甲军（师）战斗人员全部放下了武器

2. 赫尔曼·戈林伞兵装甲师（军）历代指挥人员名单

部队称谓（相应时期）　　指挥人员

科克警察特别行动队（1933 年 2 月）　　韦科克少校

韦科克集群（1933 年 7 月）　　韦科克中校

赫尔曼·戈林将军集群（1934 年 1 月）　　韦科克中校

赫尔曼·戈林将军集群（1934 年 6 月）　　贾考比中校

赫尔曼·戈林团（1935 年 9 月）　　贾考比中校

赫尔曼·戈林团（1936 年 8 月）　　亚克斯泽尔姆少校

赫尔曼·戈林团（1940 年 6 月）　　康拉特中校

赫尔曼·戈林摩托化加强团（1942 年 3 月）　　康拉特中校

赫尔曼·戈林摩托化旅（1942 年 7 月）　　康拉特中校

赫尔曼·戈林装甲师（1942 年 10 月）　　康拉特少将

重建后的赫尔曼·戈林装甲师（1943 年 7 月）　　康拉特少将

赫尔曼·戈林伞兵装甲师（1944 年 1 月）　　康拉特中将

赫尔曼·戈林伞兵装甲师（1944 年 4 月）　　舒马兹少将

赫尔曼·戈林伞兵装甲军（1944 年 9 月）　　舒马兹少（中）将

赫尔曼·戈林第一伞兵装甲师（1944 年 10 月）　　内克尔少将

赫尔曼·戈林第一伞兵装甲师（1945 年 2 月）　　朗克少将

赫尔曼·戈林第二伞兵装甲掷弹兵师（1944 年 10 月）　　瓦尔施少将

将驻守东普鲁士），参加保卫本土的最后决战。仅仅数日之后，戈林装甲军各部便抵达了斯维内明德（Swinemunde），在红军1月份攻势开始之后的短短十个星期的浴血奋战中，整个军几乎丧失了超过七成的战斗力而没能获得任何的补充，而即将到来的将是更为严峻的考验。

顺利从海路撤回本土的戈林装甲军部队先是在柏林地区完成了集结，紧接着便得到命令移驻到科尼斯布鲁克（Konigsbruck）地区，完全是出于机缘巧合，在那里他们居然能够和已经分开数月的戈林装甲师的部队遇上了，该师此前也经历了连番苦战，好不容易才得到

喘息的机会调至此地休整。更让全军上下高兴的是，时隔很久之后部队好不容易等到了来自后方的装备、燃料、弹药补给及兵员补充，尽管数量相当有限，但却大大振奋了作战部队的士气，果然在此后不久即击退了一次红军向该地区发起的试探性进攻。时至4月中旬，戈林装甲军又转战至包岑地区，那里他们将赢得整支部队史上的最后一次胜仗。先是戈林装甲师于4月16日在包岑以东30公里处的考德尔斯多夫地区再次击退了作为红军先头部队的波兰第1坦克师；此后不久又是在友军第17、20装甲师的配合下，戈林装甲军通过一次果敢的反击，将已

■与红军坦克较上劲了的德军75毫米反坦克炮。

其他赫尔曼·戈林伞兵装甲军所属部队的命运

一、赫尔曼·戈林伞兵装甲军的补充及训练部队

随着戈林装甲师扩编为戈林装甲军，在荷兰的原戈林装甲师训练补充团也名正言顺地扩编为旅级规模，并且将其训练基地部分转移到了在西普鲁士的利平 (Rippin) (主要是其第1团和第2团)，但仍然是以之前在荷兰训练基地的教官和人员为骨干，这也就形成了当时戈林装甲军的补充训练营地有东西两个并存的情况。由于当时整个德国的兵员实在过于紧张，不得已之下只能吸纳了一些从解散的空军部队里抽调出来的地勤人员进行短期培训就马上供给一线部队，这其中很大一部分的兵员都未能得到相应充分的训练便走上战场，严重影响了后期部队的战斗力。可即使如此，到了末期，在荷兰训练基地的人员居然总数超过了12000人，并组建了装甲掷弹兵营、突击营、防空营和装甲营各1个，并在此基础上组建了1个突击团，投入到西线抗击盟军的战斗中去了，直至战争结束向美军投降。

与此同时，在东部前线，随着红军的脚步日益逼近，就是昔日在利平的训练补充部队也不得不被拿来当作一线部队使用，可见当时东线德军部队的匮乏已经到了无以复加的地步了。该部人马就在自己的训练基地附近筑起工事，在第83步兵师的配合下一起负责掩护一个地理位置相当重要的森林地带，并且还要保卫已经被指定为要塞的格劳登兹 (Graudenz)。他们面对的将是敌方久经沙场的一线部队。但就是这帮"老弱残兵"还是在自己的阵地上死死抵抗了近2个月之久，直到1945年3月7日部队的训练营地及要塞完全失陷为止。

而整个赫尔曼·戈林伞兵装甲师(军)的补充及训练部队的历史(先后经历了营、团、旅三级编制)也随着战争的结束彻底画上了句号。

二、赫尔曼·戈林特种警备营

作为一支空军下属最精锐的特种部队，该部隶属于原戈林团，专门负责保卫帝国元帅在柏林以北50公里卡林豪 (Karinhall) 的住址和办公场所，该营的士兵每日均能看见诸多德军高层人士进出，其整齐的军容给高官留下了深刻的印象，并获得了一致好评。该部人员在戈林住所尽责地驻守到了红军兵临城下的那一天，最后一个警卫人员于4月20日撤离，而至此赫尔曼·戈林特种警备营也失去了它存在的必要

性，旋即被解散。

三、赫尔曼·戈林装甲军作战参谋部

比较让人感到意外的是，在战争行将结束的时候，赫尔曼·戈林伞兵装甲军的作战参谋部的大部分人员一直被上级留在了柏林，并且投入到了保卫柏林的战斗中去，同样也见证了整个第三帝国的灭亡，最终该部人员大部战死，少数走进了红军的战俘营。

尽管戈林伞兵装甲师(军)在整个二战德军的王牌师中称不上是特别的出类拔萃，也很少见彪炳史册的赫赫战功，更愧对于其伞兵二字，但笔者能肯定该部是第三帝国历史上令人印象最为深刻的德军装甲师之一，当然这或多或少得益于其帝国元帅的头衔，可该师(军)凶悍的进攻和异乎寻常的顽强防守也给对阵的双方留下了极为深刻的印象，对该部的肯定和好评往往更多地来自于对手，在北非、西西里、意大利、东线，戈林伞兵装甲师(军)的将士们用行动证明了自己、赢得了尊敬和荣誉。而整支部队当中，先后有62人获得了骑士十字勋章，其中6人被授予了橡叶骑士十字勋章，他们中还有一人被加授了双剑，这些殊荣的获得，也为在整个戈林伞兵装甲师(军)的历史上写下了浓墨重彩的一笔。

经占领包岑的红军部队赶出了该市，并继续向北发展，甚至一度还切断了向德累斯顿进发的红军坦克部队的补给路线，可惜这次胜利是如此的短暂，没等德国人在包岑坐热屁股，缓过神来的红军马上从四面八方反扑了过来，不得已之下戈林装甲军所部只能灰溜溜地往西撤退，并试图在德累斯顿地区建立起一条稳定的战线继续顽抗。令人称奇的是戈林装甲军居然又一次得偿所愿，在战况已是日薄西山的情况下硬是把红军死死地挡在了德累斯顿的门口直到战争结束的那一天，而其所依赖的还是我们熟悉的戈林伞兵装甲师和戈林伞兵装甲掷弹兵师(当然这其中也有红军将其精力大都投放在了柏林地区而放慢了别的方向发展的因素)。

就在和平即将到来前一天的晚上，还在德累斯顿苦战的戈林装甲军各部突然接到了来自上级的命令：只要车辆和燃料状况允许，马上出发向南经捷克斯洛伐克转道去向盟军投降。得到指示的戈林装甲军部队马上动身，只可惜这个命令来得迟了点，没等戈林装甲军部队走远，从数个方向穿插过来的红军科涅

赫尔曼·戈林伞兵装甲师（军）中获得（佩剑）橡叶骑士十字勋章及其他荣誉勋章人员名单

(1) 佩剑橡叶骑士十字勋章获得者

时间	获得人员
1945 年 2 月 1 日	埃克里·沃泽尔中校

(2) 橡叶骑士十字勋章获得者

时间	获得人员
1943 年 8 月 21 日	波尔·康拉特少将
1943 年 11 月 23 日	韦尔海姆·舒马兹中校
1944 年 6 月 24 日	约瑟夫·菲特兹少校
1945 年 2 月 1 日	卡尔·罗伯曼少校
1945 年 2 月 28 日	波恩·冯·巴厄尔中尉
1945 年 4 月 15 日	汉斯·奥斯特迈尔少校

(3) 骑士十字勋章获得者（共60人）

时间	人数	时间	人数
1941 年 9 月	1	1941 年 10 月	1
1941 年 11 月	2	1943 年 3 月	3
1943 年 6 月	2	1943 年 8 月	2
1944 年 4 月	2	1944 年 5 月	1
1944 年 6 月	3	1944 年 9 月	3
1944 年 10 月	8	1944 年 11 月	7
1944 年 12 月	1	1945 年 2 月	4
1945 年 2 月	9	1945 年 3 月	4
1945 年 4 月	4	1945 年 5 月	2

夫元帅的坦克部队已将其包围，只有少数部队成功地杀出一条血路来到了美军占领区，绝大部分的戈林装甲军部队的将士都将不得不徒步走进红军的战俘营，但能让他们感到欣慰的是，至少他们熬到了战争结束的那一天。

■ 当德军在1941年6月进攻苏联时，突击炮单位的装备大部分都是Ⅲ号突击炮B型。留意本车早期型号主动轮，以及独特的用S形牵引钩与部队自行焊接的铁条固定备用履带的方式。

德国国防军

——独立第667突击炮兵旅战史

国防军独立第667突击炮连是德军在1940年初组建的一支突击炮单位，随着战争的不断进展，当同时期或在其后组建的其他各支突击炮单位因战斗而消亡，或被整编成新的部队时，第667连却凭借着出众的战绩历经"突击炮营"，"突击炮旅"，"突击炮兵旅"等不同时期进行的部队整编和扩充，始终维持着自"突击炮连"时期以来即拥有的"667"部队番号直至战争终结，可以称为是一支带有传奇色彩的部队。它的发展历程浓缩了整个二战期间德军突击炮部队的诞生、发展、编

制演变、人员和车辆装备的配属更迭等各方面情况；其战斗经历则更充分反映了突击炮战术从探索到确立，直至发生根本性转变。与此同时第667突击炮兵旅丰富多彩更具有系统性的车辆涂装、部队章、战术识别标志也为研究"突击炮"这一只存在于二战时期的特殊兵器提供了绝佳素材。

第一阶段：突击炮连时期

在德国陆军内，由曼斯坦因中将在1936

■ 德国突击炮兵的诞生地——尤塔堡炮兵教导学校入口处剪影。

年起倡导的"尽可能在将来的战斗中能为步兵部队及时提供紧密衔接且行之有效的伴随火力支援"理论下诞生的国防军各独立"突击炮兵"单位最初的规模均属于连级编制。在战术运用上带有一定的实验性目的,大多用于论证"突击炮理论"在战场上的实际效果,为将来的大规模组建及运用积累战斗经验。这些于1940年初期组建的早期突击炮群包括第640、第659、第660、第665、第666、第667、LASSH,共计7个独立突击炮连。

我们可以从德国陆军部队的编制番号序列中观察到以阿拉伯数字"6"起头的各单位中,其三位数部队番号通常不是连续性的,这也反映了陆军上层中对新式的"突击炮兵"部

队的大规模组建,运用在未通过战场评估之前尚持有一丝疑虑。类似的部队也包括"第601弹药输送连"等辅助单位。

德军独立突击炮群组建和投入战场的时间顺序,主要集中在为1940年西方战役前后阶段,第640连和第659连在法国战役初期即投入战场,第660连和第665连于战役的第二阶段投入实战。与此同时作为这些独立突击炮连的上级指挥部,组建了"尤塔堡炮兵教导团第6营":"Artillerie-Abt.Satb z.b.v 600"。

国防军独立第667突击炮连的组建

第667连于1940年7月1日,在易北河畔的小镇岑纳组建(此地距离突击炮兵的诞

生地,被突击炮兵们亲切称为"老巢"的尤塔堡以南50公里)。编成时的战斗力规模根据1939年11月1日制定的K.St.N.445(战斗力定额指数表)共拥有6辆Ⅲ号突击炮,车辆型号按照突击炮的生产批次来判断,全车均为直接使用Ⅲ号坦克G型底盘生产的临时改装A型突击炮(有些资料也称为突击炮B级初期型)。

在岑纳结束武器射击、编队行进和协同

步兵进攻等诸科目战术训练后,第667连在首任连长吕措奥中尉的率领下,和同时期组建的几支突击炮部队一样,作为即将来临的"海狮"战役的突击先锋抽调至法国境内大西洋沿岸地区,为进攻英国本土的计划实施战斗准备。

当德国空军在英吉利海峡及不列颠上空为夺取制空权而与皇家空军打得不可开交时,第667连的突击炮兵们却整日套着沉重的救

■ 独立第667突击炮连时期的首任连长吕措奥中尉(Oblt.1st Lt Lutzow)(照片左侧人物)晋升为上尉后(Hptm.)于1943年春季从尤塔堡突击炮教导营调任第667突击炮营营长,其领口处佩戴着同部队于1941年11月最初被授予的骑士十字章。这里颇为引人注目的是上尉本人戴的帽子似乎是本应于1943年6月正式制定的1943年型军帽。在这张照片拍摄后不久,吕措奥上尉因伤向德意志金十字勋章拥有者第2连连长齐特勒上尉(Hptm Zettler)(照片中央人物)转交了第667营的指挥权后离开了部队回国。伤愈后的吕措奥没有再返回前线,而是成为巴尔干战线上德军东南方向集团军群司令部的一名参谋军官一直任职到战争结束,最终军衔为少校。同时请留意照片中吕措奥和齐特勒的突击炮战斗服上的领章和照片右侧军士长的领章底色存在明显不同。在充足的阳光照射下,我们可以从这张黑白照片中能清晰地分辨出齐特勒左边领章中央的明红兵种色和深绿领章底色所显示出的相当鲜明的不同灰度色差。

生背心，抱着整根大圆木，漂浮在毗邻大西洋的海湾里，伴随着稍远处舟艇上军士长官们的严厉呵斥声，充分享受着充满阳光和沙滩的"悠闲生活"。

数周后，当这些晒脱了几层皮，却也即将成为游泳健将的突击炮兵们被告知渡海作战计划将被无限期搁置时，大多数士兵的心里都有着同样的想法："谢天谢地！船上的那些老家伙们总不见得要我们拽着身后的那些铁疙瘩游过英吉利海峡吧！"1940年圣诞前夕第667连返回德国本土，驻扎在柏林西郊的德伯利茨陆军训练中心里继续进行各项训练。

1941年3月，第667连及装备被从海路运抵位于东普鲁士境内的海依斯堡（地处柯尼斯堡以南）。其后的训练课程使突击炮兵们感到有点异样。涉及射击精度训练的科目被大幅度增加，炮手们被要求发射高爆弹，在1000米的距离上对2平方米大小静止目标的命中率达到80%以上。而这一指标远远超过短身管StuK.37火炮在普通演习射击时的60%精度。甚至在配合步兵进攻训练中需要使用实弹对假想敌阵地进行射击，严格的训练持续了近3个月，其后官兵们被允许短暂休假。但自6月上旬起，士兵们的行动范围就开

■ 1942年8月，刚完成整编和训练，返回东线战场的第667突击炮营。崭新的Ⅲ号突击炮F型以深灰底色（Dunkelgrau）为车辆涂装，留意战斗室两侧竖起的FuG.15及FuG.16用通讯天线，Sd.kfz.252弹药输送车和拖车后部均涂有鲜明白色涂装带部队番号的突击炮部队战术识别标志。在突击炮尾部特别安装的杂物箱后可以观察到一系列带有特征的标志。首先是左侧的国籍标志，白色边框内侧是实心的黑色十字标志。杂物箱中央是由白色带夹持的白色阿拉伯数字"7"。此标记推定为突击炮号和所属连区分标志。以下均为笔者的推测：首先1942年当时一个突击炮连的装备定额为7辆，连长车为"1"，3个排各2辆。因此"7"则表明此车是第3排的2号车（3排2号炮）。判断本车属于第667突击炮营内的所属各连番号则需要借助到观察前方车辆的识别色带。黑白照片上似乎较难准确地判断前方车辆涂带的颜色，但根据德国陆军通常采用的各单位编制序列识别色的惯例，营指挥部为"绿"，第1连为"白"，第2连为"红"，第3连为"黄"。据此判断前方涂有"3"的那辆突击炮为第2连第1排2号车。（至少红色与黄色在黑白照片上存在的灰度色差还是相对容易辨别的。）

始被严格限制在驻地范围内。装填手们在补给仓库前排起长长的队列等着领取弹药，各车被要求在标准基数外尽量多装载弹药，突击炮乘员们一边往车内所剩无几的空间内塞炮弹，一边嘀咕："该不会又是什么劳什子的紧急训练吧。"

■ 当时驻扎于赫尔里希将军指挥的第4集团军战区内的第667突击炮营的某位中士（Wachmeister）车长（Geschutzfuhrer）应陆军第698宣传连PK人员（Propanganda-Kompanie 698）的要求面向照相机摆了个"Geschutz Vor!"（突击炮，前进！）的姿势。陆军各独立突击炮单位的军官和士兵基本上会在肩章上佩戴表明部队番号的徽饰。因此大凡近景照片，在大多数情况下都可以辨识出此人物所属的突击炮单位。但同前一张照片相同，照片中的人物并未佩戴灰白色的领章。（到1944年为止的时期内，即使是同一支突击炮部队中的人员也存在不同种领章的佩戴方法。本应属于较严肃的领章佩戴似乎显得较为随意，尚不明确就此时候存在有关规定）。关于突击炮的涂装色，这张拍摄于1943年初春时期的照片里突击炮和炮兵观察镜镜筒上还保持了白色的冬季涂装。

这一切的答案在6月21日夜间终于公布：所有部署在东部战线的部队于次日凌晨向国境线对面的苏联发动进攻。

1941年6月22日凌晨，德军发动了"巴巴罗萨"行动，苏德战争全面爆发。独立第667突击炮连配属由冯·杜佩尔斯·基尔希中将指挥的第30步兵师，担任攻击先锋。部队在尤拜尔克斯附近渡过梅美尔河，攻入立陶宛境内。

第30步兵师和友邻的第126步兵师共同隶属北方集团军群的第16集团军属下由汉森上将指挥的第10步兵军，该军位于集团军群的右翼。第667连的几个兄弟突击炮连均配属北方集团军群内的各部队，这样的配属也是对北方集团军群战区内装甲部队配置较少的一种补偿。

部队向东北方攻击前进，通过立陶宛以后，于7月初在拉托维亚的利瓦尼（今利维恩霍夫）渡过杜纳河进入俄罗斯境内。7月8日突击炮暂时调离第30步兵师，协同党卫军"骷髅"师所属第3步兵团参加了塞伯朱埃攻坚战，突破苏军仓促间修建的"斯大林防线"。

再次回到第30步兵师战斗序列里的第667连在7月剩下的日子里陆续攻克纳波切卡，诺沃尔鲁杰夫。于8月间在伊利默尼湖以南的斯塔拉雅·鲁加地区进行了一系列的阻击战，当时苏军第34步兵军向在此地域内突入过深的德军第10步兵军背后发起了一系列

144

规模攻势，德军依靠曼斯坦因上将指挥的第56装甲军的支援方得以化解危机。

其后第667连的突击炮伴随大部队向西北方向行军，紧跟着霍普纳装甲集群的足迹渡过鲁加河。参与了北方集团军群自9月8日起向列宁格勒方向发动的攻势。第667连配属维克德林上将的第28步兵军，突破苏军位于

叶捷拉河一带预设防御阵地，于9月16日攻克斯尔茨克。此处距列宁格勒的直线距离尚不足25公里。

但在9月29日，希特勒下令停止对列宁格勒的进一步攻势，妄图以长期的围困，辅之以不断蚕食包围圈内的苏军阵地后，占领"伟大十月革命的发祥地"。于是沿列宁格勒

■ 同为前页照片中"7"号车侧面的近照。从战斗室左侧装甲上的白色"7"即可以判断出，但问题是数字右侧的三角形代表的含义。尽管是倒三角形却也不能完全否认连区分标志的可能性（早期的德军装甲部队连级单位的区分标志中：第1连为"正方形"，第2连为"三角形"，第3连为"圆形"）。但结合前一张照片上尾部杂物箱上白色带的涂装，推测这一"倒三角形"仍旧是一种单纯的涂装标记的可能性较大。（日后如能发现3号车或是第667营其他车辆上相同部位的照片，也不排除笔者会修正此推测的可能性。）由于战斗室左侧安装了兼做附加装甲的两个预备负重轮，因此国籍十字标志从左侧装甲箱移到了前方负重轮的固定圆盖上，这也是第667突击炮营独特的涂装方式，同时请留意预备负重轮两种不同的固定方法。再来观察一下车辆的涂装，尽管此时期仍是以深灰单色为标准的1942年，但这辆Ⅲ号突击炮F型却喷有非常明显的迷彩色涂装。有可能是第667突击炮营当时配属的第5装甲师自1941年起即开始独自采用的非正式北非战区迷彩色。或许是映像的错觉，或许是出于摄影者拍摄的意图，突击炮显得颇为高大，F型的实际车高仅为2.15米，留意用于保护战斗室顶部火炮瞄准器开口处的鸟笼形护罩。

第 667 连部队章

第 667 营部队章

突击炮兵种战术标志（~1943）

667

■ （左）陆军独立第667突击炮连时代的部队章，推测为车辆上涂装的白色盾形边框中的独角兽图案。由于至今尚未发现实车照片，因此笔者在当时印刷物的图案上稍加修改。

（中）陆军独立第667突击炮营时代的部队章，全身像独角兽图案。此为车辆上喷涂的简化版本部队章。而部队此时期的公式部队章为镶白框的红底色盾牌，白色独角兽全身像。

（右）履带内侧标有部队番号"667"字样的突击炮单位初期（1941－1943年使用）兵种战术识别标志。涂装位置在车体左侧前后挡泥板上。

环形方向上的德军全面开始构筑防御阵地，第667连的突击炮和其他几支兄弟突击炮部队一样，被安排在步兵身后的第二线阵地，当苏军部队在坦克的配合下不断尝试冲破包围圈时，突击炮也驰援己方步兵与苏军坦克交火。为了表彰独立第667突击炮连自"巴巴罗萨"战役开始以来的优异表现，集团军表彰了数名突击炮乘员。而连长吕措奥中尉也凭借其卓越的战场指挥能力于1941年11月4日被授予骑士十字章，同时转调尤塔堡突击炮教导营担任教官，负责新组建的突击炮单位的训练工作。11月中旬吕措奥中尉将部队的指挥权转交1排排长伦格中尉后回国述职。

12月初，第667连转调至中央集团军北方战区内的沃尔霍夫战线，渡过冰雪覆盖的拉多加湖与在此方向上实力得到不断增强的苏军进行了一系列战斗。乘员们操纵着短身管突击炮与苏军优势的T-34和BT系列坦克在各种距离上交战。其中第1排的一位炮手——基尔希纳下士凭借着精确的射击技术和过人的勇气成为当时第667连中的佼佼者。下士的姓名和战斗事迹曾连续两次刊登在1942年2月15日和17日国防军战报中，被喻为"短身管的坦克杀手"。稍后更凭借累计击毁30辆苏军坦克的战绩在1942年2月20日被授予骑士十字章。基尔希纳升任军士长后被转调至新组建的独立第341突击炮营，并于诺曼底战役临近尾声的1944年7月31日，在法国境内阿弗朗什地区与美军的作战中阵亡。

1942年1月，第667突击炮连及独立第185突击炮营（指挥官克拉夫特上尉）共同配属给以第1步兵师第43步兵团为基础组建的拉施上校战斗群。在俄罗斯初春的冰天雪地中数次大规模防御战斗以后，1942年3月14日，在德军中央集团军群司令冯·克鲁格签署的嘉奖令中赞扬到"英勇的国防军独立第667突击炮连在'巴巴罗萨'战役开始以来，于本日达成击毁苏军坦克500辆的优异战绩。特在全中央集团军群部队中通报嘉奖！"3月末第667突击炮连向兄弟部队第185营转交了剩余的突击炮和装备，起程返回德国本土。在岑纳进行从突击炮连升格为"突击炮营"的工作。

第667突击炮连的车辆涂装和识别标志

第667连的车辆涂装是1941年东部战线装甲战斗车辆的标准涂装色——深灰单色涂装。

正如第667连在德军突击炮部队中的昵称是"独角兽连"一样（德语表述为"Einhorn Batterie"，具体词意为'Ein'：数字'一'或单独的，'horn'：动物的角，'Batterie'：军队编制中的炮兵连），部队章采用的是古代西方传说中的圣兽——独角兽的头部图案。（独角兽在传说中是一种额头上方长角的类马动物，性格脾气暴躁，但在圣女面前则显得格外温驯善良。而独角兽图案自古以来就是欧洲纹章学的热门题材。）第667连时代的正式部队章为白色盾牌中的黑色独角兽头部图案已广为人知。但笔者至今尚未在历史照片中观察到喷有此标志的车辆。

也就是说，1940－1941年冬季期间标注为第667突击炮连所属车辆的照片几乎等同于无，因此也无法考证此部队车辆的各项识别标志。如果从已知的1942年以后的照片来看，也只确认到国籍标志为线条较宽，尺寸较小的十字。其余标志推测为：部队章（如果车辆上存在的话）喷涂在车体右侧前后挡泥板上，此外车体前部首上装甲左侧喷有部队番号"667"字样的"战术识别标志"。

按照大战初期德军车辆上部队章的喷涂惯例，通常不会直接将正式的部队章喷涂在车辆上，而倾向于采用经过简化后的单色线条图案方式。因此推测为在深灰单色的车体上涂有白色盾形边框内白色实心的"独角兽头部"简化图案。

第二阶段：陆军独立第667突击炮营（1）

当1942年初，原先拥有"600"系列番号的突击炮部队因为改编或是改称而逐渐失去其原有的"部队番号"时，只有第667突击炮连凭借在东部战线的杰出表现而受到陆军上层机构的青睐，被优先扩充为营编制，更被允许保留部队的原有番号。在以前连指挥部的基础上成立了营部，原先的"第667连"成为第1连，并按照相同的编制序列新组建了第2连及第3连。6月中旬，从俄罗斯前线返回的原部人员度过了为期2个月的长期休假后陆续返回岑纳驻地，补充的新兵也配属到位。

1942年6月末，国防军独立第667突击炮营正式成立。换装的车辆都是崭新的长身管型突击炮F型。新型的43口径长身管75mm火炮，在穿甲弹的装甲侵彻能力、低伸的弹道特性以及远距离射击精度都较之以前突击炮B型上24倍口径短身管火炮有了质的飞跃。如果说那些尚未参加过战斗的2连、3连的菜鸟突击炮兵对于这种质的飞跃或许还未体验到它的意义，那么，唯有在东线苏军T-34有如梦魇般强大的火力下幸存的1连老兵们方能真真切切地感受到长身管火炮所带来的信心。类似基尔希纳中士的老兵们不再需要在76mm炮口的威胁下，驾驶着行动缓慢的突击炮遮遮掩掩地利用建筑物或地形的掩护，

■ 摄于1943年夏季东部战线中央集团军群战区内的Ⅲ号突击炮F型，注意战斗室右侧装甲箱前方的预备负重轮固定圆盖上并未涂有国籍标志。这张照片上的重要情报点集中在车体左前方挡泥板附近。首先左侧挡泥板上涂有带部队番号的"突击炮兵"战术识别标志，其次是左侧牵引钩上方的底盘生产序列号阿拉伯数字"91306"。此外请留意本车可能在战损后经过野战维修，因为Ⅲ号突击炮F型在此时期仍是属于新车，但本车采用的却是适用于A、B型上36cm履带的旧式圆空主动轮（可以嵌入增厚垫圈的方式配合40cm宽度履带使用）。为防止敌军炮弹贯穿主炮两侧战斗室上方部位呈垂直面的装甲，德军前先部队采用钢筋混凝土填补此窝弹区。

绕上大半个圈转到 T-34 的侧面或是背后；也不需要死命冲到 T-34 面前，利用 T-34 射速慢的弱点一顿痛打；再也不会发生打光所有 HEAT 弹后仍旧硬着头皮拼命发射对 T-34 正面倾斜装甲丝毫起不到作用的普通穿甲弹。

经过老兵们整整一个月手把手的战术训练，1942 年 7 月底，第 667 突击炮营在新任营长法格德斯上尉的率领下再次登上了东行的军列。度过五天相对安全和平静的旅途，部队抵达中央集团军群战区尔热夫突出部内的维亚济马车站，迎接他们的是远处隆隆作响的炮声。

在这里，简单叙述一下当时尔热夫突出部德苏对峙局势：1941 年 12 月，德军中央集团军群试图夺取莫斯科的"台风"战役失败后，在苏军加里宁方面军和西方方面军的强大攻势下从莫斯科正面方向上后撤了 150 - 200 公里才勉强站住阵脚。其后从 1942 年初开始的大半年里，苏德双方围绕着尔热夫及维亚济马附近地域爆发了数场激战，直至 1942 年 6 月份莫德尔指挥第 9 集团军和友邻的第 4 装甲集团军围歼了维亚济马地区的苏军部队，形成尔热夫突出部后，战线才暂时得以稳定下来。

为配合南方集团军群在 1942 年夏季攻

■ 1942 年 11 月，东部战线尔热夫突出部中的 III 号突击炮 E 型。当德军迎来第二个俄罗斯的冬季时，各种军需供应已经不像 1941 年那样窘困，乘员们均配发了防寒服。当意识到己方车辆防护方面的薄弱之处后，德军前线部队积极采用了多种方法进行补救，例如为战斗车辆挂载备用履带已经成为装甲部队的标准做法。同时突击炮战斗室正面的防御薄弱点也采用混凝土予以填补。

势中斯大林格勒和高加索方向上实施的主要攻势，莫斯科战略方向上的中央集团军群转入防御，辅之以实施局部进攻战役，以达到改善德军战役态势和分散苏军统帅部对德军准备实施主要突击的南部战略方向注意力的目的。

第9集团军在完全占领了尔热夫突出部之后便开始着手修筑工事群，使整个突出部变成了筑垒地域。同时向此地区陆续集结兵力，以对付苏军可能采取的军事行动。而在苏军方面，自德军南方战役开始后就不断地向尔热夫突出部发动攻势，以求牵制住中央集团军群，不让德军将兵力调动至南部。8月4日，苏军加里宁方面军和西方方面军的重兵集团向尔热夫突出部发起了大规模进攻，德军中央集团军群所属各部队在各方向上转入防御。第667突击炮营就是在这样的情况下再次返回东线战场。

8月5日第667营配属给由哈瑟洛夫上校代行指挥的第5装甲师。此战区驻守部队第9集团军的司令官素有"职业消防专家"美称的莫德尔大将于同年6月初患病，正回国疗养。因此属下各部队的指挥官均上升一级，代为执行上级部队的指挥权。第5装甲师师长费恩中将正代行指挥第47装甲军。

而苏军的主要攻势恰恰就落在第47装甲军的防御阵地上。苏军初期的进攻坚决果

■ 1943年初春斯摩棱斯克附近。由于是初春时分，因此车辆上还残留着醒目的白色冬季水性迷彩涂装。留意这辆Ⅲ号突击炮F型车体右侧放置无线电设备的突出装甲箱上的国籍标志。照片后方是一辆Sd.kfz.252弹药输送车。由于不是经常有人攀爬或是摩擦，所以白色冬季迷彩仍然保留得较为完整。

■ 涂有制式白色冬季迷彩的Ⅲ号突击炮F型，本车安装的冬季履带可以提高车辆在雪地的机动能力。

断，德军前线部队遭受到重大损失不得不后撤。匆忙赶回的莫德尔被迫把包括2个师在内的手头上所有的预备兵力调往前线以阻止苏军的突破。连从南线战场撤回斯摩棱斯克休整的大德意志装甲掷弹兵旅也被调往尔热夫突出部充当预备队，并且马上投入战斗。该旅刚完成兵员和装备补充的一个掷弹兵团在切萨河谷的一场遭遇战中遭到苏军痛击，几乎被打垮。但苏军的损失同样惨重，而且也没有达成决定性的突破，2个星期后苏军的进攻势头被遏制，在接下来的整个9月里双方反复进行着拉锯战。

第667突击炮营在尔热夫突出部的防御战中表现得尤为突出，其作战记录也频频出现在国防军战报上。例如1942年8月31日"尔热夫突出部的我军部队在8月29日至30日两天激烈的战斗间，共击毁苏军坦克48辆。其中38辆皆为仅有一个营兵力的突击炮单位（第667营）所取得"。在这38辆的战果中有18辆属于第667营3连连长瓦格纳中尉所指挥的单车所取得的战绩。8月31日，瓦格纳又击毁了5辆苏军坦克，听闻此消息的代军长费恩中将当即决定为其申请骑士十字章。国防军9月1日战报："前日刊登在战报上的该（第667营）突击炮营在昨天的战斗中又创下了超过30辆苏联坦克的击毁数……"在9月4日，瓦格纳中尉在原定授勋当日身负重伤住院，授勋因而改在野战医院的病床前进行。

■ 在这张不甚清晰的照片上包含着极具价值的重要信息,留意车体右侧挡泥板上白色盾形边框中的独角兽部队章图案。非常珍贵的一张第667营时期车辆的照片。盾牌内的底色不是公式部队章里的红色,而是采用了简化版本,底色为车体色。而且盾形框底部也与升格为突击炮兵旅以后的尖底盾牌公式部队章不同,为平滑的圆形底。本车采用迷彩涂装。

接替指挥第3连的营副官巴尔曼中尉于其后的战斗中失去僚车的掩护,陷入单车对抗苏军优势坦克兵力包围的危机,在此紧急时刻,由恩斐尔斯中校指挥的独立第202突击炮营适时赶来驰援。巴尔曼于1943年4月被授予德意志金十字章。

在9月9日的战斗中,第3连维特军士长在负伤前创下了目前第667营单日单车击毁的最高战绩——13辆苏军坦克。亲眼目睹这一幕的营长法格德斯上尉随即推荐军士长申请骑士十字章。但在混战中相关战斗记录的文件遗失而导致此次申请未获批准。当维特军士长1944年6月转调独立第394突击炮旅后在1945年终于被授予骑士十字章。

9月15日,第667营在尔热夫突出部防

御战中诞生了突击炮部队的一名超级王牌——陆军中士雨果·普利莫茨。普利莫茨出生于1914年,时任第2连2排排长,且刚由炮兵转为突击炮兵,仅在两个星期以前才初次驾车参加战斗。但拥有超越常人的敏锐洞察力的雨果·普利莫茨中士于9月15日指挥自己的突击炮创造了单天击毁苏军坦克24辆的惊人纪录。截至1942年9月19日被授予骑士十字章时,在短短的3个星期内,共击毁了45辆苏军坦克。

在授勋的同时越级晋升为军士长的雨果·普利莫茨在其后的时期内更将自己的战斗能力发挥得淋漓尽致。1942年12月苏军发动的冬季攻势中,在营长法格德斯上尉阵亡,第2连连长齐特勒上尉代行指挥时,普利莫茨的个人战绩达到了创突击炮兵当时最高击毁数的 60 辆。1943 年 1 月 25 日,OKH 在决定已经授予的骑士十字章上追加橡叶徽饰。这也是德国陆军士官级别的低级军官首次获得此殊荣,但由于橡叶骑士十字章在制定颁发准则时就已被限定于只准授予军衔在尉官以上级别的军人,为了维持高级军官所谓的颜面及荣誉,陆军上层机构在决定授予普利莫茨橡叶骑士十字章的同时,即将其军衔晋升为少尉。炮手西莫内克中士,驾驶员布朗下士,装填手格特一等兵等三人也于 2 月 4 日一并获颁德意志金十字章。普利莫茨和车组乘员一行四人于 2 月 4 日被召集至总统司令部,普利莫茨本人由希特勒亲自授予橡叶章。随后赶赴 2 月 1 日即已决定调任的"布鲁克突击炮兵学校"担任教官,直至临近战争尾声的 1945 年 2 月才再次披甲上阵,回到前线。

出于鼓舞士气的目的,陆军宣传部门邀请了著名的随军摄影记者及画家——汉斯·李斯卡亲笔绘制了 1942 年 9 月 15 日那天战斗的情景以及普利莫茨被授予"橡叶骑士章"时的情形,随后刊登在二战中极为有名的宣传画刊 "Signal" 1943 年第 7 号 (4 月 1 日发行) 中,李斯卡以丰富的笔调和粗犷的线条生动再现了那一系列过程。为插图搭配的注释则是:"图中的这名战士仅在五个月前还未获得任何勋章,然而现在,他已经成为代表德国军人英勇斗志典范和高级荣誉勋章的'橡叶骑士章'的拥有者。"从李斯卡的插画中还能准确地识

别出普利莫茨在 9 月 15 日的战斗里指挥的那辆 III 号突击炮是 F 型。(这也显示了画家拥有的敏锐的观察力和丰富的武器知识。)有关 Signal 杂志中刊登的各时期宣传画现在已经有了英文的复刻版本名为 Graphic Action。汉斯·李斯卡绘制的 9 月 15 日的战斗场景刊登在《Graphic Action》第 46 期。

陆军第 667 突击炮营 (2)

1943 年 1 月末,接替在去年 12 月中阵亡的上任营长法格德斯上尉,从德国国内委派新任指挥官。当第 667 突击炮营全体人员在代理指挥官齐特勒中尉率领下列队迎接的时候,那些自突击炮连组建时期开始就一直在第 667 突击炮营服役的老兵们惊喜地发现新营长竟是首任连长吕措奥上尉。自然,从知道即将回归老部队的那一刻起,吕措奥也深深为再次能指挥这支国防军中战绩最辉煌的突击炮部队而感到骄傲。

当时中央集团军群战区的大致情况如下:当保鲁斯指挥的第 6 集团军在斯大林格勒铁定了面临即将被全歼的命运以后,中央集团军群则经过一番苦战,再一次熬过了苏军在 1942 年冬季发起的大规模攻势。正如日后德国著名外交新闻官员保尔·卡雷尔在他的著作中《焦土作战》一书中称为"通往克里姆林宫道路上的最后一处壁垒"那般,德军在

■ 这辆突击炮和P60中为同一辆车，请仔细留意装填手的面貌长相。车辆的涂装为深黄色，其上喷涂有橄榄绿（或红褐色）的迷彩。由于车上累积的尘埃无法辨别迷彩的具体图形。固定圆形盖喷有国籍标志的负重轮依旧是车辆主色调变更前的暗蓝灰色。驾驶员左侧窥视孔斜上方留有突击炮生产序列号的 "W.Nr.221" 字样，据此判断这辆突击炮应该是F型中期生产批次。车体首上装甲前方焊有挂载备用履带的自制铁架，因此原先设置在正中央的NOTEK光量管制型前灯被移至左侧挡泥板上，涂装色也仍旧是深灰色。请留意战斗室两侧斜上装甲窝弹区的水泥填补层。

尔热夫地区构筑了仍然可以威胁莫斯科方向上的突出战线。这在苏联最高统帅部看来也是可能再次促发希特勒重新燃起攻击莫斯科的"邪恶的灯火"，只不过为了维持这处飘摇欲熄的灯火，德军必须不断向其中灌注充做灯油的部队。

在斯大林格勒获得巨大胜利以后，苏军统帅部调动莫斯科中央方向上的战略预备队向尔热夫地区集中，试图发动一次总攻，以期彻底消除首都方向上的威胁。面临东线战场各方向上的兵力都处于捉襟见肘的窘态，以及苏军优势兵力随时可能发动的攻击。出于现实战略的考虑，这一次希特勒倒没有再固执己见，相反地不再做兵力的无谓浪费。在他本人的过问下德军决定组织实施一次有限的后撤，把中央集团军群由维亚兹马－尔热夫地域的危险突出部撤出，这次退却行动代号"水牛"，于1943年3月1日开始执行。

"水牛"行动计划周密，执行过程也相当顺利，堪称退却行动的典范。德军首先进行了非常完善的准备工作，细致地调查了退却线路上的各条道路、桥梁和河流渡口，并针

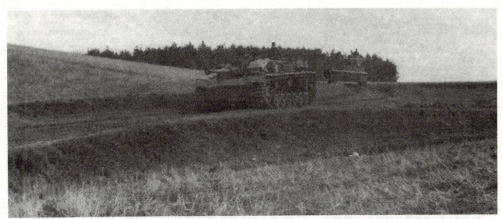

■ 照片有点逆光，是为数不多的突击炮和虎式重型坦克出现在一起的珍贵照片。第667突击炮营的Ⅲ号突击炮和502营的虎。摄于1943年10月的内维尔地区（Nevel），依稀辨别出备用负重轮圆形固定盖内的国籍标志。

■ Ⅲ号突击炮F/8型在野外进行弹药补充的场景。

对主要撤退道路上的各种设施进行了修补和加强；选择好部队各阶段预定集结地域，预先进行伪装；详细计算了需要运走的装备和器材数量，及撤退所需运输车辆。各级指挥所、各固定及流动观察哨在退却行动中与部队保持着密切关系。并根据每一道防御阵地阻滞行动的计划，作好爆破、设制路障和布雷等计划，并将沿途的电话设备全部撤除，以

■ 长着一张娃娃脸的突击炮兵少尉，这辆Ⅲ号突击炮G型的生产序列号是"95078"。本车的车体细节则展示了第667突击炮营的突击炮自1942年夏季以后的共同特征：部队自行焊接在战斗室侧面的备用负重轮固定架，用水泥填平的战斗室窝弹区，安装在底盘侧面的备用履带以及安装在车体后部的大型杂物箱。

便更好地配合阻滞苏军尾随攻击的行动。装甲单位和反坦克炮单位在进行一系列阻击作战后逐次后撤。至3月22日行动结束时，德军成功地达到预定目标。

第667突击炮营在这次撤退行动中的表现依然出众，这阶段的活跃人物是第3连的一位排长奥弗洛斯坎普少尉。率领第3连的突击炮在协助由盖拉耶斯中将指挥的第98步兵师的进行阻击战斗中击毁了十数辆苏军坦克。（少尉本人凭借40辆的战绩于1943年5月15日获颁骑士十字章）。第98步兵师也在每日向军和集团军指挥部递交的战斗报告中经常以褒扬的语气提到第667突击炮营。德国的前线宣传媒体在3月27日向东线战场各部队宣告

了第667突击炮营取得600辆战绩的战报。

3月末赴任刚满两月的吕措奥上尉在战斗中身负重伤，满怀遗憾地离开了这支他深爱着的部队。其后，吕措奥少校调任为参谋军官，再也没有返回到第一线部队。继任营长是老资格的德意志金十字章获得者第2连连长齐特勒上尉。前文已经叙述过，齐特勒在法格德斯上尉战死后曾短暂地指挥过第667营。与此同时，第2连的指挥权交由伤势痊愈后刚返回部队的原第3连连长瓦格纳中尉。

1943年夏季，当德苏双方围绕着南方的库尔斯克突出部调动兵力之时，第667突击炮营则度过了相对平静的4－7月。进入8月份以后，中央集团军群战区内战况急转直下。苏

■ 第667突击炮营的另一位骑士十字章获得者，第1连陆军预备役下士斯蒂尔(Unteroffizier Stier)。在授勋仪式以后应PK人员要求拍摄的战场照片。这张照片摄于1943年8月13日午后时分。请注意斯蒂尔的肩章，他已经被晋升为上士。与普利莫茨不同，斯蒂尔是佩戴着晋升后的肩章和带667番号的徽饰授勋的(8月9日决定授予其RK)。肩章和领章边缘的缝线是代表炮兵兵种的明红色，在午后的阳光下显得格外鲜明。

军挟库尔斯克胜利之势，于8月初在维亚季马地区发动大规模攻势，8月7日苏军在维亚季马西南方向的纳杜施达地带突破格莱纳中将指挥的第268步兵师防线，突入德军纵深。为了堵住突破口，9日，投入了第667营1连的部分兵力。战斗中一辆突击炮的车长斯蒂尔预备役下士，冒着枪林弹雨下车连接好牵引绳将陷入泥泞的僚车牵引回己方阵线，途中又开炮击毁威胁步兵阵地的苏军坦克，同时

■ 值得仔细观察的一张照片，首先是近处突击炮车体首上装甲 NOTEK 灯侧的国籍十字标志。然后是其右侧（突击炮左侧挡泥板和国籍标志之间）的部队章，尽管被沙尘遮盖了不少，但还是能辨别出白色盾牌内的黑色独角兽。战斗室两侧的预备负重轮较较F型时期向前挪动了少许。车体上有比较明显的迷彩涂装图案。停在树荫下的突击炮安装了侧裙装甲，同时用树枝进行了伪装。

解救了数十名掷弹兵。在第268步兵师官兵的联名推荐下，8月13日斯蒂尔预备役下士获颁骑士十字章。

由斯蒂尔牵引回阵地的那辆受伤突击炮上的车长托里加中士在8月15日受伤前，于斯摩棱斯克周围的战斗中也充分发挥了战斗能力，并在8月23日获颁骑士十字章。8月28日的国防军战报中公布第667营的战绩达到800辆。

8月15日，为了表彰第667营在战斗中的杰出表现，第4集团军司令官海因里茨上将亲笔提写了嘉奖令："第667营以2个连的兵力……数次击退了苏军进攻……"当时第2连暂时配属给第56步兵师指挥。

经过耶里涅、洛斯拉维利、库里切夫等地的一系列后退阻击战斗以后，1943年10月下旬第667连在莫格列夫上车，由铁路运输到斯摩棱斯克。在补充了油料弹药后于10月29日配属特拉乌特中将指挥的第78突击师战斗序列。不久，第667营的战绩上升到对于一个突击炮营而言史无前例的高度——击毁苏军坦克1000辆！11月14日，国防军战报以头版头条刊登了："自1942年8月以来，由齐特勒上尉率领的陆军独立第667突击炮营在斯摩棱斯克以西地区取得了击毁敌军坦克1000辆的战绩。"

仅在公告发布的一周后，整个第667营的战绩已经上升到1120辆。其后的几天内营

■ 摄于1944年初夏，中央集团军群战区内实施现地伪装的第667突击炮兵旅装备的III号突击榴弹炮，应PK人员的要求摆了个对空射击的姿态。本车的侧裙装甲安装方式颇具特色，高于底盘的部分被切断后倾斜安装。涂饰于备用负重轮后方，带双重三角箭头旗帜的黑色突击炮兵战术识别标志及战术标志下方书写的部队番号表明本车属于1944年1月以后组建的突击炮兵旅指挥部直属车辆。

指挥部的通信班几乎被兄弟部队发来的众多贺电所淹没。11月18日,为了表彰长期以来在指挥部队方面的杰出表现,齐特勒上尉被授予骑士十字章。这也是第667突击炮营连同以后的第667突击炮旅最后一位此项勋章的获得者。整个二战期间,第667突击炮营共有8人被授予骑士十字章,是所有突击炮部队中获颁人数最多的单位。

此后,有关第667突击炮营的战斗记录渐渐地不再那么引人注目了,依次配属第113步兵师和第252步兵师,转战于维帖布斯克、内维利等地。在此期间,除了第3连连长维尔费恩中尉于1944年1月获颁德意志金

十字章以外,未见留有太多的战斗记录。1943年12月中,第3连的资深突击炮兵们纷纷被抽调出第667营,调任新组建的各突击炮单位,以扩充基层部队的战斗力。第1连基尔希纳军士长在1943年5月即转调至第341突击炮营。

独立第667突击炮营就在充满辉煌战绩的战斗岁月中度过整个1943年。

第三阶段陆军独立第667突击炮旅/突击炮兵旅

1944年2月25日,根据OKH发布的命

■ 向部下颁发二级铁十字章(Eisernes Kreuz II)的骑士十字章拥有者(Ritterkreuztrager)第2连连长瓦格纳中尉(Oblt. Wagner)(照片左侧人物)。照片摄于1943年夏。瓦格纳中尉在1942年9月4日身负重伤后,在医院里躺了整整5个月才痊愈。这张照片可以清晰地观察预备负重轮圆形固定盖上自1942年以后成为标准样式的国籍标志,由于突击炮侧面的装甲较为薄弱,因此乘员们倾向于在此部位挂载备用履带,约可增加相当于10mm装甲厚度的防御。留意本车在底盘侧面也挂有增加的备用履带。

■ 可能是二战中最有名的突击炮兵，"橡叶 (Eichenlaub) 骑士十字章军士长 (NCO)"雨果·普利莫茨 (Hogo.Primozic) (最终军衔中尉) 正照。这张作为德国邮政局正式发行的明信片摄于1943年2月4日或2月5日，尽管在2月1日就已被告知军衔晋升为少尉，但无论在总理府中从希特勒手中接过橡叶章或是拍摄骑士十字章拥有者正照时，普利莫茨都是佩戴着军士长肩章前往的。注意军士长肩章上未佩戴表明部队番号的徽饰。领章的底色是和突击炮兵战斗服相同的田野灰色，领章内侧和周围有明红兵种色的镶边。1942年9月15日的战斗中，普利莫茨座车的Ⅲ号突击炮F型的涂装以他当时担任第2连2排长的职位判断，车号应该是"红色带的4号车"，炮身上表明战绩的环应为红色或是黑色饰带，每10条间隔有较大的间距。1996年3月18日雨果·普利莫茨在德国福尔德市的家中逝世。

令，各独立突击炮单位开始将编制从"营"升格为"旅"。理由是自1943年后期以来陆军各步兵师下辖的一个装备牵引式反坦克炮的坦克歼击营中有一个连换装突击炮。通常番号是第1营的这个坦克歼击营，也被称为"突击

炮营"，因而从名称上与独立突击炮营发生混淆。在同一种称呼下，一方隶属炮兵总监管辖范围，乘员是突击炮兵；另一方隶属步兵总监指挥，乘员是接受反坦克歼击训练的步兵 (坦克猎兵)，所以必须予以区别。自各独立突击炮营升格为"旅"以后，部队的定义逐渐明朗化，"旅"即是指突击炮兵部队，"营"即是指步兵师内的自行坦克歼击部队。与此对应，各突击炮旅虽仍然与营时代一样同为3个连编制，但各排均增加了1辆突击炮，全旅共增加了11辆，战斗力提升了近50%。

在此期间，以第667突击炮旅为代表的少数战绩彪炳的部队得到了特殊的优待措施，在1944年初首批从"营"编制升格为"旅"编制时，额外配属了1个"伴随掷弹兵连"和2个"轻型伴随坦克连"，全旅的战斗力扩充到6个连编制。这些配属"伴随掷弹兵连"后在较大程度上增强了战斗力的受优待部队也在名义上升格为"突击炮兵旅"(Sturmartillerie-Brigade)，有别于普通的"突击炮旅"(Sturmgeschutz-Brigade)。

整个二战期间德国国防军共组建了4个这样编制的突击炮兵旅，其中第667旅下辖2个"轻型坦克连"。这也是对独立第667突击炮旅以往战绩的充分肯定。

1944年6月22日以后随着苏军发动的旨在一举消灭德国中央集团军群的夏季大攻势后，战况不断恶化。地处白俄罗斯首都明斯

■ 摄于1944年初夏，东部战线中央战区内，本车所属单位不明。当时，德军的突击炮单位几乎都被转做反坦克用途，为了给步兵单位提供伴随火力，德军研制了安装105mm主炮的Ⅲ号突击榴弹炮，从1943年夏开始装备部队。从士兵略显悠闲的表情和姿势来看，这张照片的拍摄日期应该早于当年6月22日苏军发动了旨在歼灭德中央集团军群的大规模攻势之前，或是士兵们根本就没有意识到局势的严重性质。因为仅在苏军发起一个月后，中央集团军群就已经被击溃。包括第667突击炮兵旅在内仓促中被推上前线的数个突击炮单位在苏军滚滚而来的钢铁洪流面前，无异于杯水车薪。

克以西战线的第667突击炮兵旅连同德国陆军引以为傲的装备更加精良的独立重坦克营有如"怒涛中矗立的礁石"般拼死奋斗，但中央集团军群的战线最终仍然在以不可阻挡之势攻击向前的苏军钢铁洪流面前慢慢破碎，直到崩溃。包括旅长齐特勒上尉、第3连连长奥弗洛斯坎普中尉在内的大批资深突击炮兵战死，第667突击炮兵旅遭受到前所未有的人员伤亡的沉重打击。

1944年8月，装备所剩无几的第667旅的残余人员好不容易从前线艰难地杀出血路，一路后退到旧波兰境内博兹纳尼（现名博岑），在此地吸收了同样在白俄罗斯前线遭受毁灭性打击的第245突击炮旅残部。由原第245突击炮旅指挥官库纽普林格少校担任重建的第667突击炮兵旅旅长。

9月至10月间，第667旅被抽调至西线战场，在德国西部古都亚琛附近地区战斗，9月下旬，部队接收了19辆Ⅲ号突击炮和12辆Ⅲ号突击榴弹炮。11月，原先配属的2个"轻型伴随坦克连"被解散。部队的战斗力下降到4个连。

1944年12月末，第667旅参与了德军在西线战场发动的最后一次大规模攻势作战"突出部战役"，然而第667旅这次却几乎没有得到出手的机会，部队现存的战斗记录仅为战役开始前配属老上司莫德尔元帅指挥的B集团军群所属SS第6装甲军，担任军预备队，只是在战役临近结束前夕才被匆匆推上前线。其后部队转战德国西部地域，一边后撤一边

■ 这两张照片提供了一个充分展示第667突击炮兵旅部队章的视角。车辆左前方挡泥板上突击炮兵战术识别标志中央的4/667字样，表明了本车属于第667突击炮兵旅第4连数字。但需要注意的是尽管车上的人员是掷弹兵，但战术标志仍然使用的是突击炮兵标志，而非惯例的步兵战术识别标志。

与紧追而来的美军交战。

1945年4月10日，第667旅的装备数量只剩下Ⅲ号突击炮6辆，Ⅳ号突击炮4辆，Ⅳ号自行高射炮4辆，牵引式及自行75mm反坦克炮12门，其中只有半数车辆保持着战斗力。

1945年5月10日，德国宣布无条件向盟国投降后的第2天，为了表彰第667突击炮兵旅长期以来的卓越战斗力和取得的优秀战绩，OKH仍旧授予旅长纽普林格少校德意志金十字章，为整个第667突击炮旅的漫长战斗生涯画上了休止符。

独立第667突击炮营的车辆涂装和识别标志

第667突击炮营于1942年夏季重新回到前线时均装备新出厂的Ⅲ号突击炮F型，车辆涂装是当时德军标准的暗灰色。车辆抵达前线后，部队根据各自的习惯在基本色上喷涂黄色系的迷彩条纹。这也和南方集团军群部队惯用迷彩色是针对非洲军车辆调配的RAL8020色做法相同。

当第667突击炮营从"连"升格"营"以后，部队章似乎也体现着扩充的意味，从"独角兽头部"变更为"独角兽全身像"图案。突击炮单位的部队章通常将图案描绘在盾牌中央，从突击炮单位部队章一览表中了解到，第667突击炮营的公式部队章的文字表述为红色盾牌内白色（或银色）的独角兽，但用于实车涂装时的图案又稍稍不同，从1942年当时的历史照片来看，盾牌底色并非为红色而是白色的盾形框中白色的独角兽，喷涂位置是车体右侧前后挡泥板。

铁十字国籍标志喷涂在战斗室侧面，部队自行设置的预备负重轮圆形固定盖和车体

■ 图为"伴随掷弹兵第4连"装备的跨斗摩托BMW R-75。突击炮战术识别标志喷涂在摩托的前轮挡泥板上,跨斗上的第667旅部队章,再结合照片15中车辆的涂装位置,可以看出第667突击炮营的各项识别标志的涂装还是有一定的规律可循。(但尚不能确定两轮摩托上部队章的涂饰位置。)摩托手穿着的是装甲车辆乘员配发的夏季战斗服。

后部搭载的大型杂物箱两侧(尺寸较小)和后部(尺寸较大)。突击炮兵战术识别标志,喷涂在支援车辆和突击炮的左侧前后挡泥板上。

炮号(车辆号)按照各连内编制定额的7辆以白色的阿拉伯数字"1"—"7"表示,其中"1"为连长座车。炮号连同各连区分标志喷涂在车体后部杂物箱两侧背面。各连区分标志为不同颜色的条带标志,分别是1连

第667旅部队章

突击炮兵种战术标志(1943 −)

■ (左)第667突击炮兵旅部队章。带黑色边框白色尖底盾牌中黑色的独角兽图案。盾牌底部的尖锐形状和突击炮营时期的圆形底存在明显差异。

(右)突击炮兵旅时期的战术识别标志。内侧写有部队番号"667"的新型突击炮兵战术识别标志，用于1943年中期以后。涂装位置：突击炮车体右侧前后挡泥板上，其他辅助车辆则涂饰于车体左侧。

"白"，2连"红"，3连"黄"。

1942年9 − 10月以后，第667突击炮营的主要装备从F型换装为III号突击炮F/8型，1943年初以后则混杂着一些G极初期型。前文提及的突击炮王牌已知的座车有：1.雨果·普利莫茨军士长的F型，炮身涂有45条KILL RING。2.维特军士长的G极初期型，外观识别特征较为特殊，即车体首上制动器检修舱盖为单枚板结构，小型的驾驶员观察栅前方跳弹板。判断为1943年1 − 3月为直接使用III号坦克底盘生产的突击炮。炮身带有42条KILL RING，车辆为冬季白色迷彩涂装。这张照片刊登在"Die Ritterkreuztrager der Deutschen Wenrmacht"《德国国防军骑士十字章获得者》一书的《突击炮兵》篇有关第667突击炮营第3连维特军士长的介绍中。

此外，关于第667突击炮具有自创性的装备品搭载方式为：F型突击炮上，战斗室左侧安装两个备用负重轮和车后大型的杂物箱。G型突击炮上：此部位减少了一个负重轮，代之以兼作附加装甲的备用履带。同时，在底盘两侧诱导轮和负重轮之间安装备用履带也是第667营的特征。

1943年中期以后，G型突击炮的涂装按照规定变为暗黄色单色涂装，但部分车辆上喷有条状绿色迷彩。

国籍十字标志在照片上未能明确地观察到，推测为被备用负重轮或是备用履带覆盖。

■ 安装铸造式防盾的Ⅲ号突击炮G型正从掩蔽处内驶出。在苏联空军极具威力的空中攻击面前，东线德军也十分注意对车辆及驻扎地点的隐蔽工作。

G型不如F型那样在预备负重轮圆形固定盖喷有国籍十字标志。

突击炮兵战术标志从初期的环形履带变为带有箭头的左倾平行四边形，内部有667部队番号，喷涂位置在车体左侧前后挡泥板，（此标记在车辆后部的涂装例未发现）。其中第4掷弹兵连的车辆上采用营/连数字结合的方式"4/667"（这里需要指出的是，各连内突击炮上各排的区分标志和有关炮号(车号)的公式规定目前尚未得到证实。）

自1943年10月以后在突击炮上喷有部队章的照片相当稀少，反倒是兵员输送车和摩托等辅助车辆上常鲜明地涂有"黑框尖底白色盾牌，内有黑色独角兽"的部队章。

第667突击炮兵旅在1944年6月以后的照片和有关记载基本未见留存，故对于大战末期车辆的涂装和特征识别标志等均不明了。

附录是陆军独立第667突击炮连，1942年型突击炮营，1943年型突击营，1944年以后的突击炮旅/突击炮兵旅的《编制变迁表》。最后一栏提示的数字是受优待突击炮兵旅车辆最大编制定额。在德国国防军于整个二战期间组建的4个这样突击炮兵旅中，第667旅甚至拥有了2个"轻型伴随坦克连"的豪华阵容。而这一切只能证明，独立第667突击炮营是整个二战期间德国陆军突击炮部队中最优秀的单位。

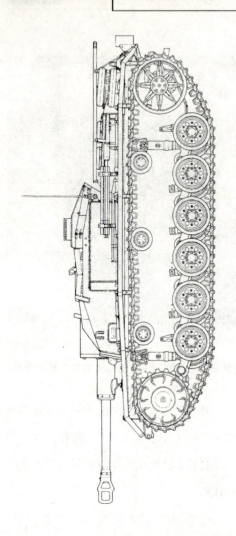

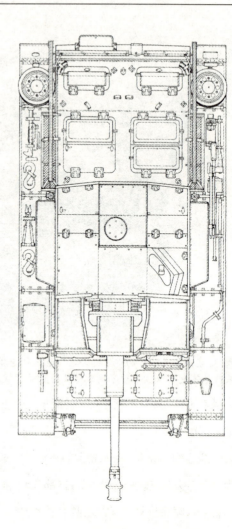

III 号突击炮 F 型四视图

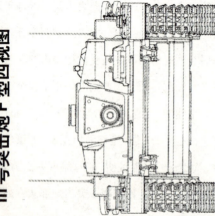

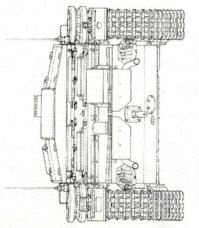

III 号突击炮 F 型

当德军装甲部队在俄罗斯前线遭遇到苏军 T-34 坦克所带来的强烈震撼以后，德国兵器局下达紧急指示，要求各军工制造商对包括坦克、突击炮在内的装甲战斗车辆立即实施主武装以及装甲的强化措施。其中于 1941 年 8 月 28 日下达的指示中具体指出：下一批次投入量产的突击炮必须换装与 IV 号坦克 F2、G 型相同的 43 倍口径长身管 75mm 火炮。按照以往惯例，随着车载主炮的变更，战斗室也必须进行形状与布局的大幅度更改，鉴于前线急需搭载大威力火炮的车辆。因此，F 型的试制车辆只能在现有的 E 型上加以修改。

此外，原先担心由于新型火炮和弹药的搭载以及装甲强化造成车重大幅度增加后致使行驶性能降低。但鉴于突击炮被赋予的战斗任务是伴随支援步兵而非类似坦克的远距离奔袭，即使行驶性能有所下降，其影响也不会太大。故此，新型的突击炮计划几乎毫无拖延地得以实施，同时特殊车辆制式号也变更为 Sd.Kfz.142/1。

F 型从 1942 年 3－9 月总共生产了 364 辆（包括试制车辆在内），分批次地配备到各独立突击炮营，充分发挥了战斗性能。其后，

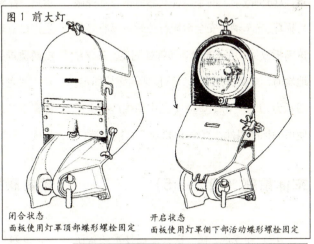

图 1　前大灯

闭合状态
面板使用灯罩顶部蝶形螺栓固定

开启状态
面板使用灯罩侧下部活动蝶形螺栓固定

图 2　1942 年 3 月至 6 月间生产车辆

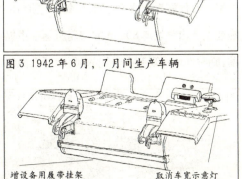

图 3　1942 年 6 月，7 月间生产车辆

增设备用履带挂架

取消车宽示意灯
（1942 年 6 月，7 月－）

随着突击炮的战术运用也由原来的支援步兵逐渐演变到以从事反坦克作战为主。

前大灯（图 1）

由于突击炮的设计思路即是用于紧密伴

随步兵作战，提供近距离炮火支援，因此安装在车体正面的前大灯采用了薄钢板焊接的灯罩，以防御战场上的小口径武器射击及炮弹破片损坏。当车辆在安全地域行驶时可以将灯前罩前板放倒，用下方的蝶形螺栓固定。在战斗地域时，前板关闭后用灯罩顶部的螺栓固定。图示为Ⅲ号突击炮C型-F型中期生产批次所使用的标准组件，直至1942年7月被取消。

甲的基础上采用焊接或螺栓固定附加装甲的方式予以增厚。突击炮的生产厂商在接到指示后，首先在6月下旬改造了11辆，7月以后生产的车辆全数在底盘正前和战斗室正面左右两侧焊接了30mm的附加装甲。需要注意的是：底盘正面的附加装甲如图例所示存在两种宽度和结合方式。但就目前掌握的资料尚未确认到附加装甲为螺栓固定方式的F型。

车体前部（图2－5）

1942年5月，在一次兵器局技术装备研讨会议上，希特勒决定将突击炮前方装甲厚度增加到80mm。兵器局在进行了先期的实施方案可行性调查以后，于6月中旬下达指示：在能生产出整块厚80mm的均制压延装甲以前，临时性地将现有突击炮的50mm厚正面装

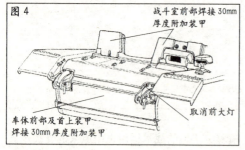

图4

战斗室前部焊接30mm厚度附加装甲

车体前部及首上装甲焊接30mm厚度附加装甲

取消前大灯

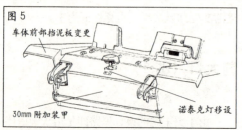

图5

车体前部挡泥板变更

30mm附加装甲

诺泰克灯移设

预备履带挂架（图3－5）

1941年11月，作为前线装甲战斗车辆装甲强化的措施，兵器局指示，在现有的突击炮A型-E型的底盘正面增设一可以挂载11枚履带板的预备履带挂架，车体其余部位的预备履带挂载方式由各部队自行决定。当F型正进行量产时，预备履带挂架成为突击炮的标准装备。（挂架的具体尺寸形状同Ⅲ号坦克J型开始装备的物品相同。）

车体前部维修舱盖（图6）

自Ⅲ号突击炮E型开始将车体前部变速箱维修舱盖(兼驾驶员及机电员紧急逃生口舱盖)的螺栓铰链移至车内，可避免此前外露式铰链在战斗中中弹变形致使舱盖无法开启的情况发生。图示的带旋转固定把手及锁盖的舱盖在右，承重舱盖在左的形式为车辆出厂

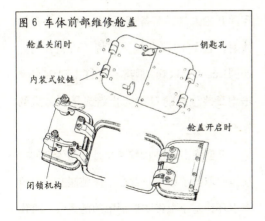

图 6 车体前部维修舱盖

舱盖关闭时　　　　　　　　钥匙孔

内装式铰链

舱盖开启时

闭锁机构

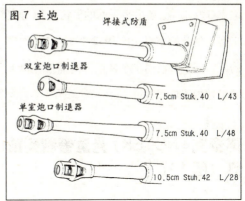

图 7 主炮

焊接式防盾

双室炮口制退器

单室炮口制退器

7.5cm Stuk.40 L/43

7.5cm Stuk.40 L/48

10.5cm Stuh.42 L/28

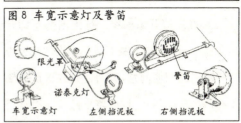

图 8 车宽示意灯及警笛

限光罩

警笛

诺泰克灯

车宽示意灯　　左侧挡泥板　　右侧挡泥板

时的标准安装方式。因左右两片舱盖的尺寸完全相同，也确认到某些在前线经过维修后反置安装舱盖的车辆。

　　此外，此种类型的舱盖成为采用突击炮专用底盘，自 E 型起直至 III 号突击炮 G 型的标准零件。成为与那些采用 III 号坦克底盘生产的 III 号突击炮的一个明显的外观识别特征。例如 III 号突击炮 F/8 型的车体前部变速箱维修舱盖即为单片舱盖构成方式。

主炮（图 7）

　　F 型换装与 IV 号坦克 F2、G 型相同 43 倍口径 75mm Stuk40 L/43 火炮。为了承受成倍增加的巨大后坐力，防盾的内置大型驻退复座装置，外形也发生较大变化。火炮发射穿甲弹，炮口初速 740m/s，弹着角 60 度时，可贯穿射程距离 2000m/63mm，1500m/72mm，1000m/82mm 厚度的均制压延装甲，装甲贯穿威力发生了质的飞跃。

　　此外，从 1942 年 6 月开始，IV 坦克 G 型

生产过程中换装的 48 倍口径 75mm Stuk40 L/48 火炮也开始安装在部分后期生产的 F 型车辆上。由于炮弹尺寸增大，车载弹药基数随之从 E 型的 50 发减少到 44 发。在前线部队强烈要求尽可能多地增加弹药基数的呼声下，制造商修改了炮弹的存放方式，使 F 型的弹药基数又增加到 54 发。

　　炮口制退器：F 初期型的 75mm Stuk40 L/43 主炮同 IV 号坦克 F2 型一样采用了圆形的单室炮口制退器。但其后的生产型号改为双室炮口制退器。

车宽示意灯及警笛（图 8）

　　此型号的车宽示意灯是 III 号突击炮 A 型至 F 中期型的标准配件，其外观形状同 III 号

坦克G型-L型。前段呈平面的警笛自III号突击炮B型开始采用。自1942年6－7月生产的F后期型起取消了车体前方两侧挡泥板上的车宽指示灯和警笛。

诺泰克（NOTEK）光量管制型前灯（图10）

早在二战开始前夕，德国国防军即开始考虑车辆在可能有敌军飞机出没的战区内行驶动时的照明问题，其目的是在保证车辆于夜间的照明指示，同时降低敌军飞机从空中发现的几率。公司总部坐落于慕尼黑的诺瓦技术公司（Nova-Technik）承接了本项开发项目，于1938年研制成功此种光量管制型前灯，安装三级亮度可调式灯泡，并以公司名称NOTEK为其商标。诺泰克灯自1938年起开始大规模装备德军，主要供战斗车辆使用，直至1942年被罗伯特－布施公司生产的Bosch灯取代。但诺泰克灯则到III号突击炮最终生产的G型为止始终是突击炮的标准配件。

F型突击炮自1942年7月开始生产的后期型起取消了原先设置在车体前端左右两侧牵引环钩基座上带防护钢罩的前大灯。将作为车辆夜间主照明光源的NOTEK光量管制灯则从左侧挡泥板上移设至车体前部中央。

战斗室顶部布局（图9）

火炮间接瞄准具：初期的突击炮配合短身管火炮使用的是野战榴弹炮上安装的Rblf.32广角望远式间接瞄准具，4倍放大倍率，10度视角。间接射击时的有效射程为

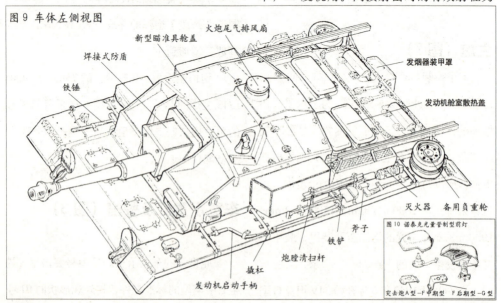

图9 车体左侧视图

火炮尾气排风扇
新型瞄准具舱盖
焊接式防盾
铁锤
发烟器装甲罩
发动机舱室散热盖
灭火器 备用负重轮
斧子
铁铲
炮膛清扫杆
撬杠
发动机启动手柄

图10 诺泰克光量管制型前灯

突击炮A型－F甲型 F后期型－G型

6000米。自C型起，为配合火炮直接射击用途追加了自行火炮上安装的Sfl.ZF1型直射瞄准具，可提供1500米的穿甲弹有效射程。随着突击炮换装长身管火炮，瞄准具本体变更为新型的Sfl.ZF1及Rblf.36型，5倍放大倍率，8度视角，发射穿甲弹时的有效射程延伸到2000米。

炮兵观察镜：俗称"蟹眼"的SF14Z炮兵观察镜，最大倍率为10倍，视角6度。双目观察方式，带升降机构，安装在车长座椅前方。可供车长在不探身出车外状态下观察战场情况及弹着点。此外，火炮瞄准具及炮兵观察镜均可套用遮光管，可防止物镜边缘的散射光影响观察效果，同时也可有效地降低车辆在伏击状态下，因镜片反光暴露自身的几率。

车长出入舱盖（图11）

随着自III号突击炮C型开始的战斗室外形变更，车长出入舱盖的闭锁机构从前半侧舱盖移至后侧舱盖，闭锁机的构造也相应进行了修改，由原先的手柄旋转后带动啮合卡栓向两侧延伸锁定舱盖的方式，改为更简单的手柄沿圆周方向旋转后带动卡栓向一侧延伸锁定舱盖，此举可以减少原先啮合卡栓因外力因素发生变形后咬死，使舱盖无法正常开启，严重影响乘员在战斗中逃生几率发生的可能性，同时也简化

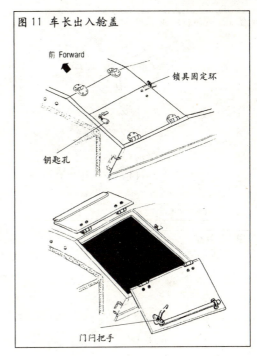

图 11 车长出入舱盖

前 Forward

锁具固定环

钥匙孔

门闩把手

了生产工时。

另外，将闭锁机构移至后舱盖设计思路也吸收了前线部队的教训。由于初期的突击炮未安装车长指挥塔，车长在战斗中观察战场情况时只需要开启前部舱盖，将炮兵观察具伸出车外，而后部的舱盖依旧保持关闭状态，可以有效地减少车长的被流弹及飞溅的弹片击中的概率。

前部挡泥板（图12）

F型后期生产批次的部分车辆基于生产简略化的考虑，于F/8型及G型一样改为长度较短的固定式。

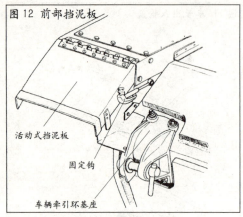

图 12 前部挡泥板

活动式挡泥板

固定钩

车辆牵引环基座

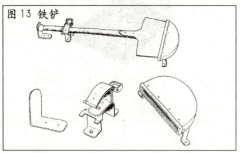

图 13 铁铲

铁铲(图 13)

此类型铁铲固定具在突击炮A型-G初期型上采用。

工具箱（图 14）

在 III 号突击炮上共确认到两种形状的工具箱，F 型采用的多为带挂锁盖板的后期型。支撑架下方配有千斤顶木撑固定具。

火炮间接瞄准具舱盖（图 15）

其开孔部和防御跳弹板也进行了形状的

修改。可有效地减少战斗中流弹，弹片及雨雪天降水进入车内的概率。同时为防止在近距离战斗中从敌军的手榴弹，燃烧瓶从照准具舱盖的开孔中投入车内，突击炮乘员常戏谑地称此开孔处"尺寸大的足以扔得进一只小猪"，所以从F后期型开始，在开孔部上方安装了由铁丝焊接的鸟笼形网罩。但并非全部车辆都有装备，似乎是前线部队的自行修改措施。

通信天线(图 18)

III号突击炮F型的车载无线电通信设备为安装在车长座椅旁的FuG.15接收机以及安装在装填手身旁的FuG.16收发两用通信机。(FuG.16 在 FuG.15 接收机的基础上添加了一个发射功率为10W的送信机)。车外天线可由旋转把手固定在任意角度上。

木制天线绝缘盒(图 19)

通信天线在不使用时可放倒后存放于车

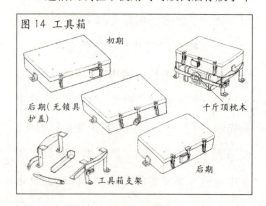

图 14 工具箱

初期

后期(无锁具护盖)

千斤顶枕木

工具箱支架

后期

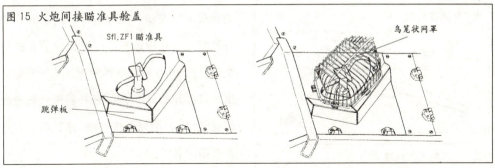

图 15　火炮间接瞄准具舱盖

Sfl.ZF1 瞄准具

鸟笼状网罩

跳弹板

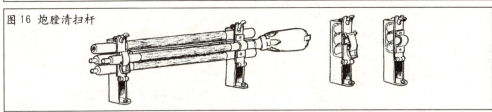

图 16　炮膛清扫杆

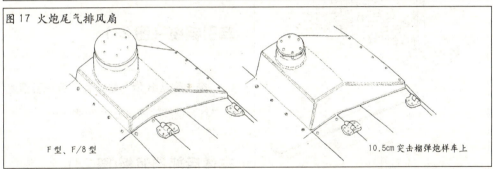

图 17　火炮尾气排风扇

F 型、F/8 型

10.5cm 突击榴弹炮样车上

体后部的木制绝缘盒中。车体右侧为追加的 FuG.16 通信机天线绝缘盒。绝缘盒固定支架根据目前掌握的照片来看存在多种形状及不同的固定位置。图示为大多数车辆所采用的安装方式。

备用负重轮（图 20）

接到兵器局指示，1941 年 12 月 20 日起，突击炮的预备负重轮作为标准件安装到车体两侧后部挡泥板上。已装备部队的车辆在前线的维修场所由部队按照此规定自行追加。

战斗室侧面的构造（图 21）

随着突击炮越来越多地介入伴随步兵攻击以及执行反坦克任务，突击炮部队指挥官原先乘坐的 Sd.Kfz253 轻型装甲观察车已经不能满足作战任务的需要。为了使突击炮也能用于指挥作战，自 III 号突击炮 E 型开始，在战斗室右侧增设了标准件装甲箱，以安放无线通信设备。此装甲箱也可安

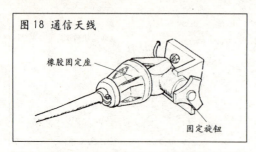

图 18 通信天线

橡胶固定座

固定旋钮

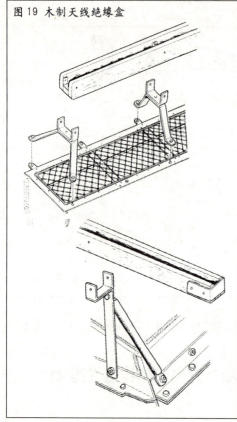

图 19 木制天线绝缘盒

装在战斗室左侧，因此战斗室内部的容积得到扩充。相应地拆除了原先安装在战斗室两侧的9mm厚度跳弹钢板。从F型中后生产批次开始，发动机、散热器维修舱盖追加通气口，以增强散热效果。通气口上方覆盖有防护装甲。

千斤顶（图 22）

千斤顶本体变更为后期型号。

牵引钢缆（图 23）

突击炮从B型开始备有两根牵引钢缆，固定具及钢缆的固定方式如图所示。

车体后部挡泥板(图 24)

车体后部挡泥板取消了原先在固定铰链上的箱形车间距指示灯及圆形尾灯开孔，而采用直接在挡泥板开孔的方法以缩短工时。

箱型车间距示意灯（图 25）

与诺泰克光量管制型前灯同时期被德军各种车辆大规模采用，主要用于帮助乘员在夜间灯火管制区域内熄灯驾驶时估算与前方车辆的间隔距离，以免因过于靠近导致车辆

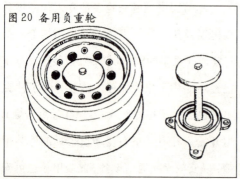

图 20 备用负重轮

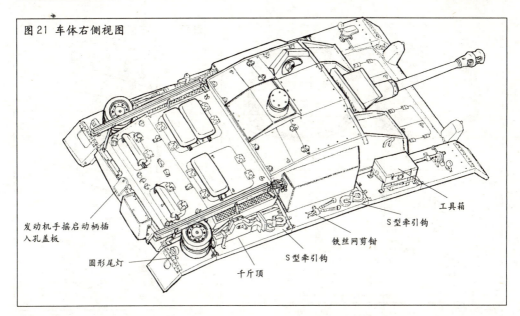

图 21 车体右侧视图

发动机手摇启动柄插
入孔盖板

圆形尾灯

千斤顶

S型牵引钩

铁丝网剪钳

S型牵引钩

工具箱

追尾。本灯分上下两排, 各自具有其含义及用
途。上排主要用于表示车辆间距, 从左至右共
开有四个方形透光窗。两车间距在25米以下
时, 肉眼能清晰地观察到四点光源, 提示驾驶
员车距过近。25 – 35米时, 能观察到两点光
源, 表示本车正与前车保持适当的间距。35 –
300米时, 只能观察到连成一片的单点光源。
本灯为主动发光方式, 采用暖色弱光光源, 灯
泡外罩着绿色透光罩, 接通电源后, 可观察到
黄绿色的灯光。

下排用于正常驾驶时方向车行状况示意,
开有两个半椭圆形的透光窗。左侧为尾灯, 罩
有红色透光罩。右侧为跳灯, 踩下刹车后点
灭, 为橙黄色。箱型车间距示意灯面板中央安
装一片遮板, 可任意遮盖上下排光源。遮板可
由灯罩两侧的弹性插簧钢片固定。通常在战
斗区域的夜间, 遮板翻下, 使用上排灯源。非

战斗区域及昼间, 遮板上翻, 使用下排灯源。
遮板右侧对应跳灯处开有小孔, 可供后车驾
驶员在估算车间距的同时了解前车的行驶状
况。早期示意灯的罩壳采用铝合金材质, 自
1944年中期以后, 在铝合金原材料短缺的情
况下改为薄铁皮材质。本灯通常安装在车辆
后部左侧, 与右侧的反射时尾灯配合使用。

诱导轮轴构造(图26)

自Ⅲ号突击炮B后期型开始, 诱导轮轴
及安装部构造进行了修改。

车体后部（图27）

基本形状: 车体后部的基本装甲厚度为
30mm, 发动机冷却气排放部向后方有所延伸。

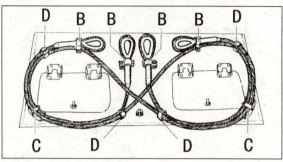

D B B B B D

C D D D C

图 22 千斤顶

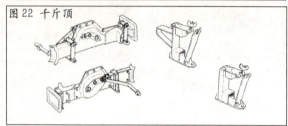

图 23 牵引钢缆

固定具B　　固定具C　　固定具D

图 24 车体后部挡泥板

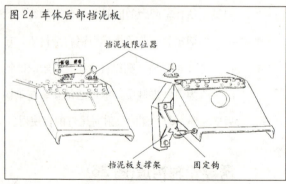

挡泥板限位器

挡泥板支撑架　　固定钩

图 25 箱型车间距示意灯

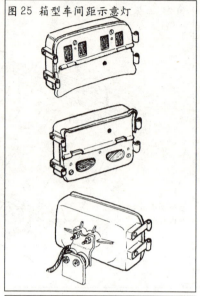

图 26 诱导轮轴构造

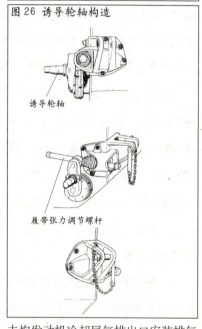

诱导轮轴

履带张力调节螺杆

图 27 车体后部视图

发烟筒箱体

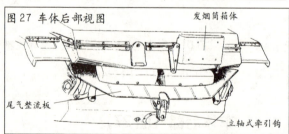

尾气整流板

立轴式牵引钩

击炮发动机冷却尾气排出口安装排气调节板。

发烟筒箱体：1942年5月起，取消了带防御装甲的发烟筒及其支持架。

尾气整流板：1941年12月20日开始在突

立轴式牵引钩：在半球状的维修盖上焊接了立轴式牵引钩。

王牌中的王牌

——德国国防军第501重型坦克营小传

一、诞生

1942年4月，随着第一辆虎式坦克的隆隆服役，这款日后让盟军谈"虎"色变的坦克的编制工作也被提上了德军指挥部门的议事日程。希特勒在1941年便准备为每个准装甲师装备20辆新式的坦克作为"突击的矛头"，但到了1942年，由于虎式坦克过低的产量和许多复杂的技术原因使得德军统帅部改变了他们原先的决定，他们决定将虎式坦克集中使用，这样就催生了之后赫赫有名的德军"重型独立坦克营"，又被称为"独立坦克大队"。

这些部队一般都作为集团军群的直属部队，扮演着进攻中的先锋和防守时"消防队"的角色。而作为所有9个国防军的独立重型坦克营的老大哥，第501重型坦克营的历史无疑也充满了传奇的色彩。

二、装备

在1942年秋季，501重型坦克营得到了首批45辆极初期生产型虎式坦克中的20辆。

由于这批坦克投入使用太过仓促，所以在坦克的细节处理方面非常杂乱，比如平载、

■ 1942年8月，501重型坦克营得到了首批45辆极初期生产型虎式坦克中的20辆。

工具，炮塔储藏箱的位置和样式以及排气管外罩的形状等。

由于早期虎式坦克极低的产量，501营在接收到虎式坦克的同时还接收到了38辆Ⅲ号J型坦克（装备有60倍径口径50mm坦克炮）与8辆Ⅲ号N型坦克（装备24倍径口径的75mm炮，可发射高爆弹和穿甲弹，并在车体两侧添加了装甲侧裙板），第3连于1943年6月接收到14辆虎式坦克后便被转交到了大德意志装甲团。

在经过重建以后，501坦克营又于1943年10－11月再次接收到了45辆新的虎式坦克，这批都属于中期型的虎式坦克。这个型号老虎的生产从1943年的7月开始，最显著的变化是车长的指挥塔由半球状改成了圆形，而主炮的反向助力稳定器也从炮塔的右侧转移到了后部。而这批坦克在交付501营之前还被拆除了泅渡设备和车尾的空气滤清器，但在到达训练营地之后，工程部门却给车体上涂布了具有防磁性的水泥装甲，主要用来对抗盟军的反坦克雷达，此外车体的两个车前灯也只剩下了一个。

最后六辆虎式坦克是在1944年6月提供给501营的，都是虎式的后期型。这一时期的虎式坦

克为了增加产量，对生产的步骤、工艺进行了大幅度的简化。为了减轻后勤部门的负担，还采用许多和虎王、黑豹可以通用的零部件。而这次接收的六辆还采用了虎王的全钢制负重轮，其他一些繁琐的部件也被尽可能地简化。

在经历了1944年夏季东线中路中央集团军群的覆灭之后，整个坦克营又重新接收了45辆虎王式坦克。这是该坦克营历史上第一次也是唯一一次达到满编。

三、涂装与标记

介绍完"老虎"的性能，让我们再来看看它的涂装和车辆上的标记。在501营被运送去非洲之前，整支部队的所有车辆都披上了一层类似于沙漠的黄褐色"外套"，第1连的所有"老虎"都在它们的车体两侧的中部涂

■ 501营同时配备8辆3号N型坦克（装备24倍径口径的75mm炮）。

虎 I 型坦克花絮

作为对在东线给德军带来巨大震撼的苏军KV-1和T-34/85的响应,虎式坦克的设计命令是在1941年同时下达给保时捷和亨舍尔两家公司的,计划于1942年7月正式投入大规模生产。在经过一番激烈的竞争之后保时捷博士的"电驱动"的老虎由于设计太过超前,性能还不成熟,故障率太高而败北,而相对稳定可靠的亨舍尔的老虎则在获得了德军负责部门的首肯后获准投产。

虎 I 型坦克采用了 8 对负重轮和扭杆悬挂装置来承受它 57 吨的庞大身躯,性能优异的KwK36型88火炮和MG34机枪并列安装在了垂直的外部火炮防盾的后面,炮塔后部的装甲板弯曲成马蹄形,塔内后面和右侧还分别装有手枪射击孔和逃生舱口,顶部有带观察缝的圆柱形车长指挥塔也被装上了潜望镜。装有车载电台的虎式指挥坦克在携带的炮弹数量上要少于标准的老虎,其他部分区别不大。

虎 I 型坦克的性能诸元	
乘员:	5人
车重:	57吨
车长:	8.45公尺
车宽:	3.7公尺
车高:	2.93公尺
发动机:	梅巴赫HL210P45
传动装置:	8个前进挡,4个后退挡
最大速度:	38公里／小时
行程:	140公里
无线电:	FUG5型
主要武器:	KWK36型56倍径口径88mm主炮
辅助武器:	MG34型7.92mm机枪2挺
旋转范围:	360度
俯仰范围:	-9度到10度
瞄准具:	TZF9b;后期型TZF9c型
备弹量:	92发炮弹,4800发机枪弹

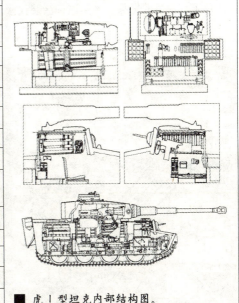

■ 虎 I 型坦克内部结构图。

上了帝国铁十字标记。而为了便于己方识别,营部命令所有虎式坦克的炮塔侧面刻上几乎与炮塔等高、白色轮廓的巨大数字编号,部队的老虎标记则被画在了每辆坦克的车体前装甲上。对于虏获的美军车辆和后续车辆，德军将其重新涂装成更类似于突尼斯北部地区植物的土褐色，这种颜色要比原先的黄褐色更深一些。在501营的两个虎式坦克连被并入第7装甲团之后，将虎式坦克的编号重新编排和涂装自然是必不可少的，炮塔两侧的数字码大小保持不变但使用了红底白边的字样，第1连（此时已被改名为第10装甲师第7连）的大部分"老虎"都在它的车体前装甲右侧还有一很小的字母S，代表了重型装甲连。

在经过重建之后，所有新来的虎式坦克都使用了标准的橄榄绿色的涂装，车体中部侧面的铁十字标记依然可见，炮塔上的编号则改用了红褐色的轮廓，当然这种涂装仅限于夏秋季节，冬季的时候德军坦克开始涂布白色的水性涂装，到了初春的融雪季节，这层已经很脏的白色外衣粘上了一片片的泥土，又恰巧能与周围的景色融为一体。

而之后到来的虎王坦克也同样涂上了标准的橄榄绿色的外套，唯一区别只是适当的斑纹和棕色斑点。红底白边的十字架则被挪到了炮塔的侧面中部，与之前不同的是炮塔上的车辆编号这次只占用了整个炮塔一半的高度。

总之，为了适应多样的战术和地形，501营在装甲车辆的色彩伪装方面还是相当有心得的，非常灵活地安排了部队的迷彩涂装方案，而在两次重建之后营部还能按照各连队

■ 1942年11月运送去非洲的501重型坦克营。

所处情况不同来决定其迷彩形式，为成功地掩护和隐蔽至关重要的装甲部队立下了汗马功劳。

四、编制

在使用虎式坦克的数年中，重型坦克营的编制几经改变。尤其在开始时，所有虎式坦克营的编制有很大的随意性，由于缺乏虎式坦克，按计划新成立的每个虎式重型坦克营都装备有两个坦克连、一个指挥连和一个修理连。指挥连由军官、通信兵、侦察兵、工程兵、防空排、医疗单位和后勤部队组成。而

随着产量的增加重型坦克营的编制扩大到三个坦克连的时候，其修理和后勤部门也进行了重组，并且建立独立的后勤连。随后修理连也进行了扩充，并拥有三个修理排和一个补充排的规模。每个坦克连还都有一个指挥部、救护部门、修理组和训练部门。这样，除了14辆坦克之外，整个坦克连还有22辆轮型车辆，一共113名作战人员，而一个完整建制的重型坦克营共有28名军官、274名士官、694名士兵、7名军部人员以及90名除苏联外来自不同国籍的志愿人员。到了战争后期，整个重型坦克营部队的实力有所下降，每个坦克连下降到了88人（4名军官，46名士官，38

■ 虎式坦克的炮塔侧面刻上白色轮廓的巨大数字编号，车体中部侧面的铁十字标记清晰可见。

■ 可清楚看见虎式坦克的排气管以及下方备用的履带。

第 501 重型坦克营

—— 1942 年 10 月

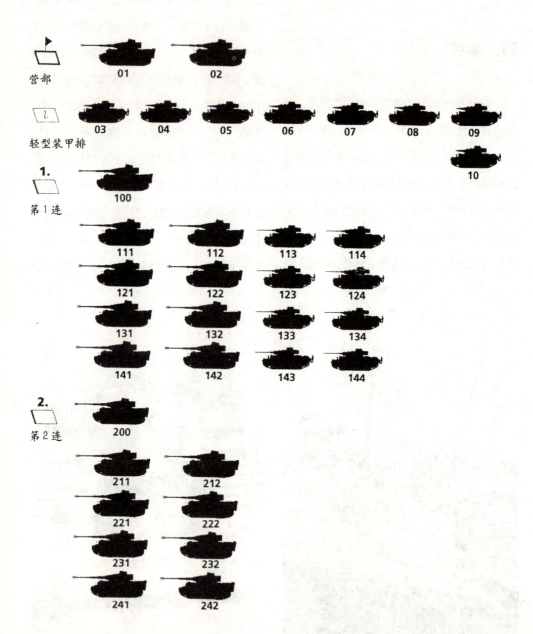

营部
01　02

轻型装甲排
03　04　05　06　07　08　09　10

1.
第 1 连
100
111　112　113　114
121　122　123　124
131　132　133　134
141　142　143　144

2.
第 2 连
200
211　212
221　222
231　232
241　242

■ 轻型装甲排配备 8 辆 III 号 N 型坦克（装备 24 倍径口径的 75mm 炮）第 1 坦克连的两个 III 号坦克排配备 III 号 J 型坦克（装备有 60 倍径口径 50mm 坦克炮）。

名士兵）。这主要是由于战斗训练被统一转移到了后勤连中（拥有5名军官，55名士官，188名士兵）。指挥连的实力是9/37/130，总计176人。修理连人数相应变为3/37/167，共207人。整个营一共897人。

对于本文的主角国防军第501重型坦克营而言，起初该营装备两个各有4个排的虎式坦克连（包括两个虎式排和两个Ⅲ号坦克排），并且每个虎式连连部都有一辆虎式坦克。在营部也有两辆虎式。而该营的坦克编号也是相当有规律的。1942年底，由于作战需要随营部主力先行坐船抵达突尼斯的第1坦克连由两个满编的虎式坦克排和两个Ⅲ号坦克排，外加连部的两辆虎式坦克，整个连达到满编。该连虎式坦克炮塔上编号分别为(100，200，111，112，121，122，131，132，141，142)，Ⅲ号坦克编号为(113，114，123，124，133，134，143，144)，而直属营部的两辆"老虎"编号分别为"01"与"02"。一同抵达的其他8辆Ⅲ号坦克都集中在轻型装甲排中，编号分别从"03"到"10"。而当时还在法国进行训练的第2连的8辆虎式坦克的编号分别为(211，212，221，222，231，232，241，242)，编成两个排，每排有4辆坦克。由于在1943年1月的行动中失去了两辆坦克(121和142)，第1坦克连又重新编成为3个坦克排，每排有5辆坦克。在1943年2月两个坦克连随501营一起转入第7装甲团作为它

的第3营（而第1、2连也分别改称为第7装甲团第7连和第8连）并再次重新进行改编。第7连仍然拥有每排5辆坦克的3个坦克排，第1和2排有3辆、第3排有2辆虎式坦克，其余7辆均为Ⅲ号坦克。结果，8辆虎式坦克的编号分别改为"711，712，714，721，722，724，731，732"，3号坦克的编号为"713，715，723，725，733，734，735"，而第8连同样拥有三个排，只是构成有所不同，虎式坦克编号为"811，812，813，821，822，823，831，832"，其他均为Ⅲ号或Ⅳ号坦克。在突尼斯贝加（Beja）的战役之中，损失了7辆虎式、4辆Ⅳ号坦克和8辆Ⅲ号坦克，大多来自原第2连。（故此贝加也有了虎冢之称）。不久，原501营的所有虎式和Ⅲ号、Ⅳ号坦克又于1943年3月17日转属到第504重型装甲营，但出于混淆视听的目的，此后501营仍被称为是一个独立存在的装甲单位，其实此时504装甲营已经接收了501装甲营建制内所有的战斗车辆。

经过1943年秋的重建，501营获得了规定建制内的坦克数量，共有45辆"老虎"。

它的编号系统也得到进一步的完善。即使是日后接收到虎王坦克的时候，也是照此编制和编号。此时营部坦克的编号为"001，002，003"。到了1944年夏，德国中央集团军群遭遇毁灭性打击，1944年8-9月装备虎王坦克的501营也在利沃夫前线遭受重大损失，但随着大约20辆来自509重装营的虎式

坦克并入，501重装营的实力总和居然达到了53辆虎／虎王坦克，甚至在一个排中也出现了虎与虎王混编的现象。而其余的坦克则被编入营部（编号为102，202，302等）。

五、部署非洲

第501重型坦克营于1942年5月10日由第9军区的第1和第2补充训练营的两个连组成，按计划该营将装备虎（保时捷型）坦克，并从5月23日起其所属技术人员和驾驶者在尼伯卢根威克开始进行训练，而到了8月份，501营又奉命改装亨舍尔型虎式坦克。8月底，终于有第一辆虎式坦克交付到了部队的手里（其他已经生产的都优先给了502重装营）。直到1942年10月，501重型坦克营才终于全部

得到了计划中的20辆"老虎"与16辆Ⅲ号坦克，并将这些坦克组成两个坦克连，营里所有坦克兵都已经为即将开始的战斗作好了准备。而第2连的部分部队（第1排与第2排）还奉命转移到法国南部进行训练。

终于，希特勒坚守其在非洲最后的桥头堡——突尼斯的决定给了501重型坦克营表现的机会，11月10日，部队在缺少第2连的情况下准备用火车运送到意大利的雷吉奥。11月18日，满载501营士兵的第一辆军列抵达了雷吉奥（Reggio）。两天后，部队终于踏上了前往非洲的征程，营里所有的装备通过海运运抵突尼斯，步兵则将通过Ju52运输机运抵，在此后的日子里，他们将给予英、美装甲部队血淋淋的教训，盟军"谈虎色变"的历史也将从此开始。到了23日，第一批3辆虎

■ 501营步兵则透过Ju52运输机运抵突尼斯。

式坦克总算顺利抵达比塞大（Bizerte）。而在所有虎式坦克到达之前，由第501营营长鲁德尔少校率领的这第一批虎式坦克，再加上从第190反坦克营的两个连和一个来自第10装甲师的坦克连组成的战斗群于25日11点在朱代伊德（Djedeida）便已对英军展开行动，到傍晚的时候，已经进行了一次成功的反击，并在第二天撤回圣·塞浦瑞恩（St Cyprien）至朱代伊德一线。27日，鲁德尔的部队在朱代伊德重新完成集结后，战斗群又对泰博拉地区发起了大规模的进攻，与英军防御部队的战斗一直持续了好几天。与此同时由于北非的维基法军不战而降，在摩洛哥登陆的英美军队已经顺利控制了阿尔及利亚，在突尼斯

的德军不得不陷入两线作战，令德军统帅部门稍感安慰的是相当数量到达非洲的501重型坦克营的坦克已在突尼斯完成集结，蓄势待发。12月1日，来自第1坦克连（指挥官冯·诺德尔）的3辆虎式和4辆Ⅲ号坦克也从德斯切代伊德（Dschedeida）以东7公里的集合地域开始了一场救援自己受困同胞的战斗，在这场首次完全由501重型装甲营的部队进行的战斗中，虎式坦克初露锋芒，9辆美军坦克被击毁。但令人沮丧的是，连队的指挥官在战斗中阵亡，O.迪屈曼接过了指挥鞭，然而他也是一位短命连长，在击毁两辆英军坦克之后，自己也命丧英军狙击手的手中。一天以后，鲁德尔的坦克部队受第10装甲师的

■ 501营轻型装甲排Ⅲ号N型坦克，可看出07编号字样。

指挥从北面经过舒伊古 (Chouigui) 向在泰布勒拜 (Tebourba) 一带突破的美军进行反击。尽管付出了 16 架斯图卡、4 门战防炮和 3 辆 III 号坦克的惨重代价，反击却成功阻截了美军向西的突破。而由于配合作战的掷弹士兵缺乏作战士气，攻势不得不告一段落。到了 3 日，在刚刚登陆比塞大就直接开赴埃尔贝坦 (EL Bethan) 南部集结的 3 辆虎式坦克的配合下，鲁德尔完成了对泰布勒拜的包围。一天以后，泰布勒拜便被由斯图卡战机支持下的德军攻占，虎式坦克的包抄无疑起到了至关重要的作用，盟军至此损失了在该地区 182 辆坦克中的 134 辆。而表现突出的鲁德尔坦克群也于当天被解散。到了 1942 年 12 月 9 日，在

又得到一辆虎式坦克和一辆 III 号坦克的补充之后，已经投入战斗的第 501 重型坦克营的部队达到了 9 辆虎式坦克和 5 辆 III 号坦克。第 2 连的部分作战单位 (第 3 和 4 排) 正从法灵博斯特尔直接运往意大利的特拉帕尼，而连队中的法国志愿兵也直接从西西里坐船来到了突尼斯。尽管兵容不整，但整个营的作战士气相当的高昂，部队在 10 日又 配合第 10 装甲师的部分作战单位，沿着前往梅德斯切兹·艾尔·巴布 (Medschez El Bab) 的方向突进，他们以 2 辆虎式坦克为先导，在连续一天的战斗中向前推进了 13 公里，并消灭了 14 辆史都华轻坦克。而坦克营完成了在南部侧翼攻击之后，于 11 日傍晚转入距离德斯切代伊德东

■ 装甲兵乘员利用休息时间清理尘埃，这是北非战场的特色。

■ 1943年1月初拥有8辆虎式坦克的第2连总算也悉数抵达突尼斯。

部7公里地区进行休整。德军缓慢的补充速度简直让人无法忍受，到了12月25日，身处一线作战的501重型坦克营仅仅得到了12辆虎式和6辆Ⅲ号坦克，连续进行运动作战的虎式坦克也没能得到应有的维修，唯一能令人感到兴奋的是第1连此前所有在突尼斯的战斗中，还没有一辆虎式坦克被除籍，而第1连的装甲兵们依靠自己为数不多的坦克已经取得了相当不错的战绩，显然盟军在"老虎"面前还只有挨打的分。

到了1943年1月初，501重型坦克营终于结束了其只有一个连在非洲孤军奋战的日子，拥有8辆虎式坦克的第2连总算也悉数抵达突尼斯。1月中旬，齐装满员的501重型坦克营奉命转移到蓬迪·法赫斯·扎格万地区(Pontdu-Fahs-Zaghouan)，从而备战即将开始的"埃尔博特"行动，并且从此刻开始隶属于韦伯少将指挥的334步兵师。而韦伯将334师

所属的756团分割成各有4辆虎式和4辆Ⅲ号坦克支援的两个战斗群。而剩下的5辆虎式和10辆Ⅲ号坦克则去增援在蓬迪·法赫斯南部的第69装甲掷弹兵团的第2营。

1月18日进攻开始以后，756团顺利夺取了曼索尔山的东部一带。到了中午，在突破了敌军有雷区掩护的强劲的防线之后，控制了横跨凯比尔（Kebir）河西南的湖泊。在突破过程中，一辆老虎撞上地雷而不得不被报废。这是整个营损失的第一辆虎式坦克，而这要"归功于"在突尼斯极度缺乏的修理维护设备。第二天，鲁德尔的部队又转向南面占领了希尔穆萨，并在那摧毁了25门战防炮。而在第2连沿着罗拜（Robba）的道路向前推进的过程中，第231号虎式坦克遭到一门英军6磅炮的偷袭而毁。至此，营里所剩可以运行的坦克还剩12辆虎式和14辆Ⅲ号坦克。

（501营战斗报告，除籍2辆，余18辆（该

报告仅限虎式坦克)。)

　　到了21日，在成功夺取从克塞尔提亚到凯鲁万的交通要口之后，第1连第2排击退了一支由12辆英军坦克发起的反击，并且击毁其中的3辆坦克，而德军也在战斗中付出了1辆Ⅲ号坦克。而敌人于次日试图夺回该交通要口的第二次进攻也被击退了。由考达尔指挥的轻型装甲排（8辆Ⅲ号坦克成功地击退了敌人从侧翼的包抄，但令人遗憾的是，该排的指挥坦克却在战斗中被敌军击毁。此刻，坦克营与进抵苏拜亥(Sbikha)和凯鲁万一带的友军部队取得了联系。而在当天晚些时候的一场与英军部队的遭遇战中，编号"121"的虎式坦克由于被击中发动机而不得不报废，从编号中可以看出这是第1连第2排的指挥坦

克。在整个"埃尔博特"的行动中，虎式坦克击毁7辆敌军坦克与30门战防炮，自己也付出了相当的代价。

　　(501营战斗报告，又有一辆除籍，余17辆。)

　　1月31日501重装营又继续追随韦伯少将指挥的战斗部队，参加即将开始的"坎尔伯特2号"行动。此时，整个营有11辆虎式和14辆Ⅲ号坦克可以开动，其他的坦克尚在修理之中。再一次，501营被分散到了两个不同的攻击群（第69装甲掷弹兵团的第2营和第756兵团）。在随后的日子里，敌军强大的反坦克力量和密布的雷场使得攻击部队不得不停下来。在这里，也是第一次有2辆虎式坦克的装甲被击穿（其中一辆由于发动机起火

■ 在1943年2月两个坦克连随501营一起转入第7装甲团作为它的第3营（而第1、2连也分别改称为第7装甲团第7连和第8连）。

而不得不彻底弃车），为避免落入英军之手，德军在坦克内装满炸药将其炸毁。这一次，以往攻无不克的"老虎"群终于首次败退下来。

（501营战斗报告，发动机起火自毁一辆，余16辆。）

2月8日，为了配合在苏拜亥的第10装甲师代号为"春风"的作战行动计划，第1连被调到了该师的编制下，经过几夜急行军后，第1连（6辆虎式坦克和9辆Ⅲ号坦克）加入了位于布特迪（Bouthadi）附近森林地带的雷曼战斗群，在这里——突尼斯的卡萨林山口，501营的虎式坦克及老辣的非洲军团将给初生之犊的美军装甲部队上最为生动的一课。

在14日开始的这次行动中，伴随第501

重型坦克营这支令人生畏的装甲部队一起前进的还有第7装甲团和第86装甲掷弹兵团，目标是美军第1装甲师A战斗群（相当于旅级规模）控制的两个战略要地——勒西达山和克萨瑞山。德军兵分四路，在北面，第10装甲师的格哈德战斗群从勒西达山北侧突破，配有第1连虎式坦克的雷曼战斗群直接从法德隘口沿公路攻击前进，以便吸迎正面美军的注意力；而负责南侧包抄的第21装甲师的部队在穿过马扎拉隘口后分两路从北面和西面迂回包围西杰布吉特村。德军的进攻大大出乎了盟军的意料之外，到了下午就分割包围了部署在勒西达山和克萨瑞山口美军第168团的2000多人部队，不明敌情的美军指

第10装甲师第7团第3营

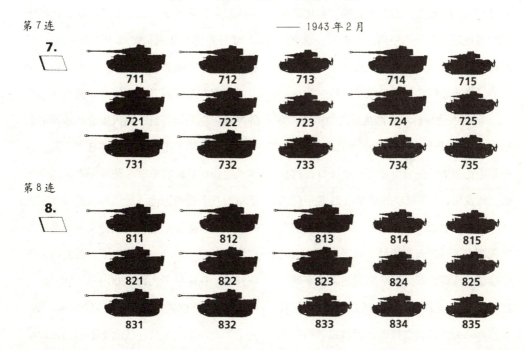

第7连 —— 1943年2月

7.

711 712 713 714 715
721 722 723 724 725
731 732 733 734 735

第8连

8.

811 812 813 814 815
821 822 823 824 825
831 832 833 834 835

挥部门在正午的时候决定由隶属于A战斗群的第1装甲团第3营的51辆M4雪曼坦克对从至关重要的法德隘口突破的德军装甲部队展开了反冲击，营长路易斯·海托尔中校亲自指挥了这场战斗。但美军的反击恰巧撞在了虎式坦克的炮口上，其KWK36型56倍径口径88mm炮，再配上德国人举世闻名的观瞄系统，对美军坦克形成了压倒性的优势，而德军坦克兵丰富的作战经验也更是不会给初来乍到的美国人任何的机会。在经过近一个小时激烈的面对面坦克对攻战之后，美军为他的鲁莽付出了高昂的代价，44辆坦克被摧毁，兵员损失超过50%，而德军仅有数辆IV号坦克在战斗中被毁，强大的"老虎"则无一受损，更令人感到神奇的是，在这次战斗中来自501营第1连的士官长奥古斯丁的虎式坦克居然在2700公尺的距离上击毁了一辆正在败退中的雪曼坦克，经此一役盟军部队中弥漫的"虎式恐惧症"更加愈演愈烈。

随着A战斗群坦克部队反击的惨败，美军在整条战线上的抵抗很快就失去了组织。德军坦克和步兵共同组成了一个开口大约16公里的铁钳，左翼进攻的德军第21装甲师的部队成功地利用战斗里扬起的沙尘作掩护很快就攻占了西杰布吉特村。负责右翼迂回的格哈德战斗群的部分部队则到达了位于勒西达隘口以西16公里的道路交叉口附近。尽管主力部队遭到毁灭性打击，但被包围的美军

168团第3营表现相当地顽强，仍牢牢地固守着在加特·海迪德山和克萨瑞山上的阵地。

尽管第一天的战局以美军的惨败而告终，但当时作为美国第2军军长的劳埃德·弗雷登多尔少将并不甘心（因此次作战失败，被大名鼎鼎的小乔治·巴顿将军代替），14日晚，他命令由詹姆斯·阿尔基中校指挥的C战斗群（主力为美军第1装甲师第2营）从在哈德杰巴·艾尔·艾奥的集结地点星夜赶来支持A战斗群，夺回西杰布吉特村。但不幸的是，德军的侦察机飞行员早已将美军的行动意图传达给了德军指挥部门，他们马上用突破法德隘口的德军精锐装甲部队代替驻守在那里的第21装甲师的掷弹兵，将装备虎式坦克的部队隐蔽在村子东面，来自雷哈格战斗群的25辆IV号坦克则奉命沿公路从北向南，隶属于第21装甲师的斯坦霍夫战斗群将从南向北，在美军抵近西杰布吉特村以西的开阔地带的时候两面夹击C战斗群，而从中路突然杀出的虎式坦克无疑将给予陷入南北两线作战的美军以致命的一击。15日下午3点左右，一路风尘仆仆赶来的美军C战斗群在接连拿下德军的几个前哨阵地之后（典型的隆美尔式的拖刀计），如德军预料的那样来到了西杰布吉特村以西一带，一场类似于狩猎的战斗即将打响。在离村子大约5000公尺远的地方，美军首先与在北侧的雷哈格战斗群的装甲部队交上了火，没过多久，从南面杀出的斯坦霍

正在路上修理的虎式坦克，北非战场轮轴缺乏相当严重。

夫战斗群的坦克部队又一鼓作气冲入了美军作战队形之中，一场混战已经开始，而正在村内高地上进行观察的501营的指挥官们惊讶地发现此时美军的坦克部队正把全部的注意力都放到了南北两线和友军部队的战斗之中，全然不顾自己脆弱的侧翼正暴露在虎式坦克的88炮面前，机不可失，501营的坦克兵们马上一个个精神抖擞的发动起自己的"老虎"，此时双方相距还有2500公尺，为了保证一击必中，他们利用前方布下的一道道弹幕作掩护，神不知鬼不觉地向前推进了近2000公尺，营长一声令下，全部的坦克把早已上膛的穿甲弹悉数齐射出去，顿时地平线上黑烟滚滚，爆炸声不绝于耳，阿尔基中校惊恐地发现自己的装甲部队已经陷入到了一

个经典教科书式的圈套之中，等待着他的将是一场灾难。此时，三面出击的德军坦克部队已经彻底压垮了C战斗群，战场上燃烧着的雪曼坦克的残骸随处可见，"屠杀"还在继续，到了夜幕降临的时候整个战斗群只有4辆来自第2营的坦克撤回到了友军阵地上，就连阿尔基中校自己也成为了501营的战利品。值得一提的是虎式坦克在15日又两度上演了2000公尺外击毁美军装甲车辆的好戏，不同的是这次的目标是两辆位置靠后的美军自走炮，不难想象当时周围美军士兵惊慌失措的表情。

无奈之下盟军指挥部不得不命令已经消耗殆尽的A、C战斗群所有剩下的部队向法德隘口以西的凯萨林山口撤退。短短两天之内

美军精锐的第1装甲师便损失了98辆坦克和约1000名士兵，而其中有近40辆的坦克将被记录到501营的成绩册上，而整个营自身在凯萨林之战中的损失几乎可以忽略不计。

2月16日为了支持隆美尔向加夫萨(Gafsa)发动的攻势，部队不得不停止了进一步的攻击，将攻击的矛头转向了特贝萨山。此时，第1连又加入到了第7装甲团的序列之中，并且与散布在迪迪·布·兹德(Didi Bou Zid)交通在线的敌军进行了激烈的交火。战斗中，营高级指挥官O.S.博纳右斯遭伏击身亡。此后几天第1连和第2连都在各自的作战区域与盟军部队激烈交火，但损失不大。

到了2月26日，出于进一步军事行动的需要，两个连又接收到了15辆IV号坦克，并且与第7装甲团的第2营一块组建了一个新的战斗群。501重装营也被重新命名为"第7装甲团第3营"，而该营所属的第1连则成为了第7装甲团的第7连，第2连也被改称第7装甲团第8连。当天，新组建后的第7装甲团就向贝加发起了进攻，并且于晚些时候成功夺取了塞迪·恩·西尔(Sidi Nen Sai)。27日，进攻仍在继续，但由于泥泞的地形和盟军猛烈的空袭，部队不得不在本戴拉山一带放慢了他们前进的步伐。当天，还有一辆虎式坦克触雷。28日夜晚，休整一天后的德军利用夜色再度吹响了进攻的号角，而在距离贝加12公里远的地方，居然连续有7辆老虎由于触雷而无法动弹。此时，整个营只有2辆虎式、3辆III号和2辆IV号坦克还能继续行动，更不幸的是，营指挥官鲁德尔少校、科达尔和哈特曼又在位于塞迪·恩·西尔南15公里地区相继负伤，但令人稍感安慰的是，有2辆新抵达北非的虎式坦克及时赶到了战场。

（501营战斗报告，由于有2辆新坦克到来，数量又回到18辆。）

■ 北非战场的开阔相当适合坦克作战。

■ 为了配合在苏拜亥的第10装甲师代号为"春风"的作战行动，501营第2连改编为第7装甲团第8连编号813的虎式坦克。

到了3月1日，由于盟军的猛烈反击，德军不得不停止攻势，撤出战场，所有不能动弹的坦克也不得不被放弃。只有1辆完成了修理的老虎得以逃过一劫，这一天无疑是501营建军以来最为黯淡的一天。时至今日在突尼斯的贝加仍然树立着一块刻有"虎冢"之意的墓碑，以纪念当年在此处所发生的这场战斗。

（501营战斗报告，由于放弃了7辆不能动弹的"老虎"，营属虎式坦克数量骤降到11辆。）

此后的半个月的时间里，损失惨重的501营不得不撤出战场进行休整，整个部队的所有作坦克辆几乎都需要进行修理，而在此期间部队奉命抽调出其所有能够出动的坦克——3辆虎式、10辆Ⅲ号和5辆Ⅳ号坦克加入到了步兵部队的行列中，并配合友军成功地进行了几次防御作战。

在3月17日当天，德军指挥部门将剩余的11辆虎式和该营其他的部队都转移到新到达非洲的第504重装营旗下，开始随同504重型坦克营作战，501营的第一次出征就这样画上了句号。大约两个月之后，整个重装营剩余的部队在提卜角向英军投降，而501重型装甲营还在德国进行训练的第3连（成立于1943年3月6日，所部人员抽调自第5装甲师），也奉命转调给了"大德意志"装甲掷弹兵师，成为了该师的第10连。

六、重建

1943年9月，德军最高统帅部决定以150名原501重装营的老战士为核心，重建了第501重装营，而营指挥官变成了罗威少校，9

第501重型坦克营

—— 1943 年 11 月

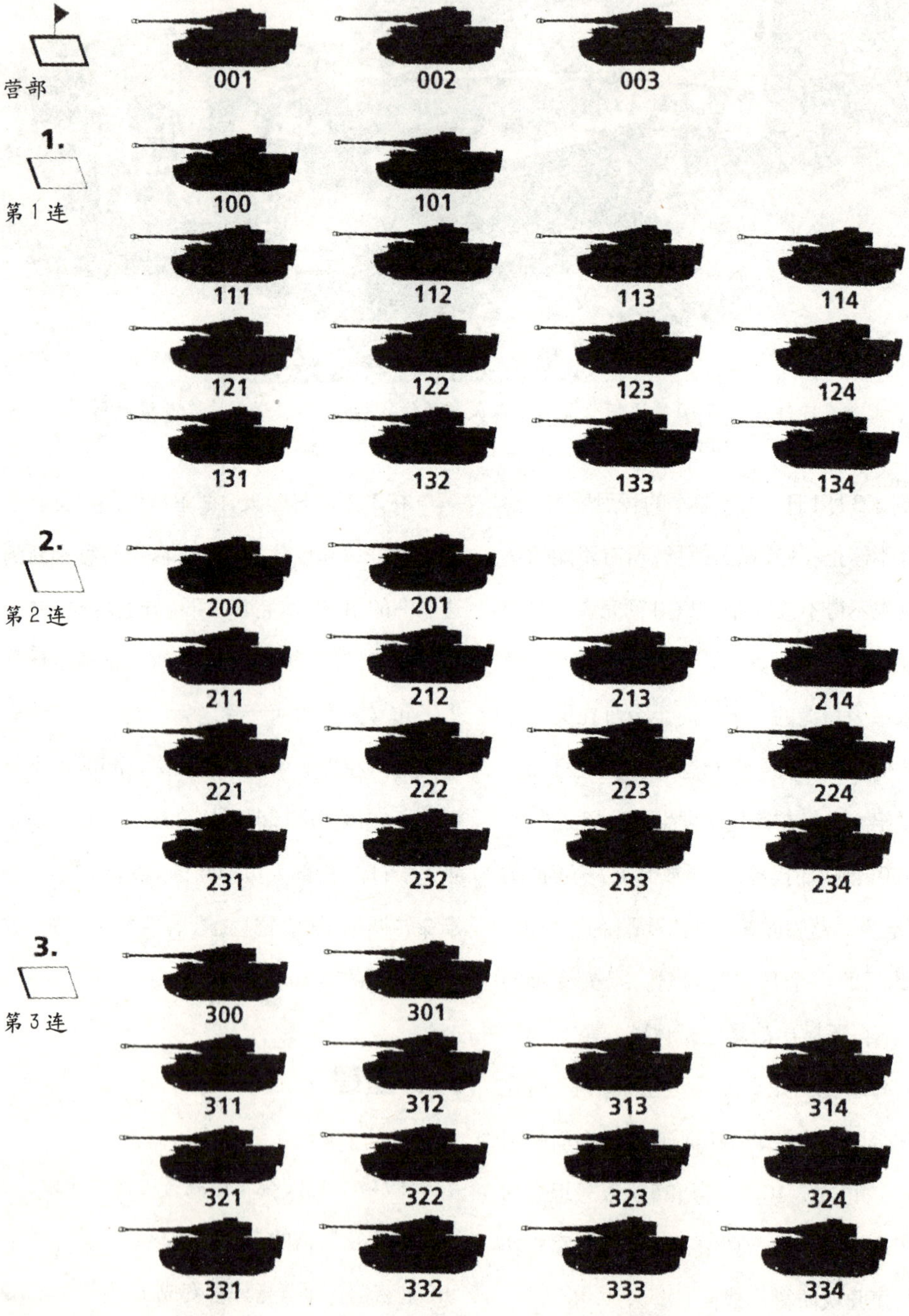

营部

001　002　003

1.

第1连

100　101

111　112　113　114

121　122　123　124

131　132　133　134

2.

第2连

200　201

211　212　213　214

221　222　223　224

231　232　233　234

3.

第3连

300　301

311　312　313　314

321　322　323　324

331　332　333　334

东线的战斗终于开始了。第二天，501营又在洛苏乌卡发起了进攻并成功地击溃了一支正在集结的苏军坦克部队，战场上留下了21辆被击毁的苏军坦克。初战告捷之后，部队乘胜追击并且成功地摧毁了苏军防线

■ 1943年9月以150名原501重装营的老战士为核心，德军重建了第501重装营。

月18日，部队转移到SAGAN并从第15装甲营中抽调人员来填补所空余编制的人员，在之后的两个月里，部队被用火车运送至位于法国境内的训练营地，并在那里接收了45辆新的虎式坦克。12月5日，完成了重建和作战准备的第501重型坦克营奉命开赴形势吃紧的苏联前线，每个501营老兵的心里都明白，等待着他们的将是比在非洲更为残酷的考验。12日，火车将整个营送到了维帖布斯克，3天之后部队在靠近森瑟考瓦(维帖布斯克以西10公里)处完成了集结准备的工作。19日，部队在洛苏乌卡(Losovka)配合第14步兵师对试图逼近维帖布斯克－威利斯切之间公路的苏军进行反击，

上几个火力点，并击毁28门战防炮，但由于伴随作战的步兵未能及时跟上，部队不得不后撤，在这次战斗中尽管损失了第1连的2辆虎式坦克，但却取得了相当不错的战果，重建的501营的战斗力得到了统帅部的认可。此后激烈的战斗又持续了好几天，几乎营里所有的连级指挥官都在战斗中受了伤。到了23日，坏消息传来，在当天的一次反击中，营指挥坦克被苏军击毁，罗威营长不得不改换

■ 在经过重建之后虎式坦克在冬季开始涂布白色的水性涂装。

了他的"坐骑",好景不常,他的新换"坐骑"再次被苏军击毁,然而这次他没有上一次那么好运,未能逃过一劫。H.汉默斯坦成为继任营长,截至12月24日,从19日在东线打响第一炮开始短短几天之内,501重装营便共计确认摧毁了81辆苏军坦克,战果辉煌。

(501营战斗报告,一天营指挥车二次被毁,再加上前两天战损的两辆老虎,共有4辆除籍,余41辆。)

经过一年的辗转作战之后,501营的将士们终于在东线的战壕里迎来了1944年,整个一月上旬,部队一直在维帖布斯克南部一带进行着防御作战,而在连日作战中先后有2辆老虎完整地落入了苏军的手里。最值得一提的是,13日全营在成功地击退了敌军的一次进攻后清点自己损失的时候,居然发现在

战斗中有一辆虎式坦克的炮塔顶部被苏军的炮弹击穿,这可能是历史上第一次成功对坦克进行攻顶作战的记录。

(501营战斗报告,接连两辆"老虎"落入敌手,再加上一辆被来自车顶的炮弹摧毁,又有3辆除籍,余38辆。)

从1944年1月14日至月底,501营又在奥尔沙地区进行几次作战,而在此期间冯·雷加特少校成为了该营新任的指挥官,到了2月1日,该营又接到命令转属于第6装甲军,此时营里大概有一半的坦克可以出动,其余都在维修之中。12日,该营坦克又奉命去支持在诺维卡桥头堡一带进行反击作战的第131步兵师,由于坦步配合不协调以及苏军成功的防御,这是一次失败的反击,并导致9辆老虎被苏军的战防炮摧毁。

■ 1944年3月12日501营奉命参加代号为"赫伯土斯"的攻击行动。

（501营战斗报告，战损的9辆坦克除籍，余29辆。）

诺维卡（Nowiki）桥头堡的作战失利并没有挫伤501营士兵们的士气，2月下旬该营的虎式坦克又成功地配合第481掷弹兵团肃清了位于维奇尼（Wichni）以东的一个灌木丛区域，战斗结束后便及时撤退，到了3月1日虽然营里还有17辆虎式可以出动，但连日的作战已经使维修部队后备的零部件变得极度的缺乏，士兵们也很需要时间进行休整，但501营还是在12日奉命参加代号为"赫伯土斯"的攻击行动，并在第256步兵师的北部发起进攻，在突破了苏军在东南方向上的萨伯利（Sabory）一带的防御之后，成功地配合友军部队将大量苏军围困在瑟思维兹库（Ssiwizkue）一带，并在第二天非常完美地结束了这次行动，被困的苏军全部向德军投降。此役之后，部队也终于迎来了久违的休整时间。

4月1日，在经过此前一段得到大量零件补充和近半个月的整休之后，终于501营又有27辆虎式坦克可以出动了，又经过几乎没有战事的一个月之后，501营所剩的全部29辆坦克都已维修一新，随时可以出动，在此期间，该营又改归第3坦克集团军指挥。令人感到有趣的是，第2连的指挥坦克的通信员居然是一名俄国人。而唯一不幸的是第3连的连长在当月的一次伏击中遭伏击身亡。到了六月，部队又走马灯似的调到了第4集团军帐下，此时带去的是20辆整装待发的"老虎"，有9辆"老虎"此前被奉命转交给了第509重装营。

（501营战斗报告，调走9辆后，余20辆

■ 在东线春天融雪后的泥泞是坦克的天敌。

完好的"老虎"。)

1944年6月23日，随着苏军著名的"巴格拉季昂"战役拉开序幕，501营于当天被紧急调到吃紧的奥尔沙要塞附近。而也正是这次调动促成了该营的第二次灭顶之灾。在接下来的日子里，部队在要塞东北部一带竭力抵抗苏军坦克潮水般的进攻，这其中还包括了刚刚装备苏军的JS-2斯大林型重型坦克，营里损失之惨重可想而知，在顽强抵抗了数日之后，部队不得不撤出了他们所在的防御阵地。俗话说祸不单行，部队在撤退途中经过奥尔沙大桥时，由于大桥连年失修而突然坍塌，而当时正在桥上的201号虎式坦克也就

成了这座大桥的殉葬品，而在同一天，先后有好几辆虎式坦克由于缺乏燃料而不得不自行放弃。28日，营部又突然接到命令，从所剩不多的坦克中调出数辆状况较好的虎式坦克转交给第78突击师。与此同时，部队沿着公路撤至德鲁季河一带，并不断与渗透过来的苏军先头部队交火，但就是在这种不利的情况下，部队仍然井然有序地从特特林（Teterin）渡过了该河。6月30日，撤退中的501营的部队还奉命在谢普雷（Schepele）—威特斯奇（Witschi）一带进行了阻击性防御，为友军部队的撤退争取时间。而有一部分坦克则跟随第110步兵师到达了贝雷斯纳河

■ 1944年6月23日，"巴格拉季昂"战役拉开序幕，501营于当天被紧急调到吃紧的奥尔沙要塞附近。这次调动促成了该营的第二次灭顶之灾。

(Beresina river)，并在靠近斯霍克维兹 (Schokowez) 森林地区集结，在7月1－2日，跟随110师的部队中只有很少一部分坦克渡过了贝雷斯纳河，大部分坦克由于缺乏燃料而不得不被放弃，留在了河对岸，成了苏军战利品。而负责作为整个集团军群后卫的第501重型坦克营的主力部队则被淹没在了苏军的坦克潮之中。但也有许多该营的官兵成功地突破了苏军的包围圈，回到了德军的阵地上。

（501营战斗报告，在撤过贝雷斯纳河之后，德官方记载501营尚余6辆"老虎"，其余均已除籍。）

7月2日下午，逃出苏军包围圈的部队抵达明斯克火车站附近，上级给营里配给了许多与自己部队失散的作战人员，部队战斗力稍有恢复，可是到了第二天，集团军部又给501重装营下达了一项不可能完成的任务，命令他们去保护从维尔纽斯 (Wilna) 到莫罗德特斯奇诺 (Molodetschno) 漫长的公路线，尽管知道不可能完成，但501营的将士们还是不得不勉为其难，4日，部队出动了它们可以出动的所有在明斯克地区修复的坦克，包括一辆由第742驱逐坦克营调来的阿诺德下士指挥的"老虎"和5辆由501老兵控制的"老虎"。部署到了距离明斯克城以东20公里左右的地方，而在出发前，就有一辆"老虎"由于机械故障而不得不留在了后方。在当天激烈的战斗中，初次作为车长指挥虎式坦克的阿诺德下士初生牛犊不怕虎，连续在战斗中击毁了4辆T-34/85型坦克。而德军在当天的战斗中也有2辆"老虎"被苏军击毁。

（501营战斗报告，又有2辆因战损除籍，余4辆。）

而在5日，2辆奉命前往莫罗德特斯奇诺附近执行防御任务的虎式坦克，在用完了他们所携带的所有燃料之后，不得不被德军放弃。而士官尤班的"老虎"在向西后撤的途中遭袭击被毁。车上乘员也一同丧命。最令人感到可笑的是，营里硕果仅存的最后一辆"老虎"居然是由于为了试图避免堵塞交通而不慎陷入沼泽不能动弹，最后为不落入苏军手里而被德军的工程兵用炸药炸毁。501营的第一次重建就这样悲惨地结束了。

七、再次重建

1944年7月14日，德军最高统帅部决定以原501营的作战人员为班底于奥赫尔多夫再次重建国防军第501重型坦克营。从7月中旬到8月初，统帅部给501营拨去了45辆比虎式坦克具有更强大的攻击力和防御力的虎王坦克，这也是第一个整编制接收虎王坦克的重型装甲营，此前只有装甲教导团中装备过6辆虎王坦克。8月5日，由于战事吃紧，刚刚再度获得重生的501重装营（欠第1连）

第501重型坦克营

（配备虎王坦克）

—— 1944年8月

营部
001 002 003

1. 第1连
100 101
111 112 113 114
121 122 123 124
131 132 133 134

2. 第2连
200 201
211 212 213 214
221 222 223 224
231 232 233 234

3. 第3连
300 301
311 312 313 314
321 322 323 324
331 332 333 334

被运送到了布拉诺瓦（Branow）桥头堡，而火车下来之后部队又经过50公里的急行军，在杰德瑞克兹诺（Jedreczewo）一带不得不停了下来，而这主要是因为大多数虎王由于性能不成熟的原故而不断出现了机械故障，需要进行修理。11日，部队又被调到第16装甲师，奉命沿赫梅尔尼克（Chmielnik）经过希德沃维兹（Szydlowiec）向东对迎面而来的苏军发动反击，在路上，他们与自东向西推进的苏联红军数十辆T-34/85型坦克展开了一场激烈的遭遇战，只不过由于先于对方进行了隐蔽，又依仗着威力强大的71倍径口径88mm炮才成功地将成群的T-34打退。

到了12日，由于严重而频繁的机械故障使得整个营居然只有8辆坦克可以出动，雷加特营长为了能尽快赶到上级指定的作战区域，不得不挑选了2辆状况良好的虎王加上自己乘坐的002号指挥坦克率先出发了，可是令这位少校万万没有想到的是，这次冒险的举动实际上是将自己推上了一条不归之路，其实昨天的战斗已经告诉了雷加特附近有红军大部队在，他之所以敢对此毫无顾忌相信应该是出于对虎王坦克性能的过分信任吧？时至中午，这支德军虎王坦克小分队来到了奥格莱德村附近，由于事先未能对周围地形进行充分的侦察，隐蔽在村外道路旁高大、茂盛的向日葵丛中的苏军T-34/85型坦克给了冒冒失失杀过来的虎王以当头一棒，聪明的苏联坦克兵先是用钨心穿甲弹从侧面敲掉了位于当中的那辆虎王坦克，没等德军反应过来又向在最前面的那辆虎王连发4弹，总算最后一炮将其炮塔掀翻，雷加特一见这么快就报销

■ 1944年8月统帅部给501营拨了45辆比虎式坦克更强大的虎王坦克，这也是第一个整编制接收虎王坦克的重坦克营。

了两辆虎王不由大吃一惊，但经验老到的他马上命令将炮口指向向日葵地里烟雾升起的地方，而苏军成功的伪装使他毫无发现，于是他在将炮塔对准可疑方向的同时也全速倒车，但他的对手可没有见好就收的意思，"大脑袋"T-34利用虎王坦克炮塔转速慢的缺点迅速地绕到了雷加特的后面，砰砰两炮击穿了虎王的车体后部，骁勇善战的少校营长雷加特也就此一命呜呼。实际上在这次战斗中，虎王坦克炮塔中所储备的多余弹药是引发这三辆坦克被击中后车体整个爆炸的根本原因，造成了重大人员伤亡（15名乘员无一幸免），从此，德军没有再在虎式/虎王坦克的炮塔中储备多余的弹药，并将弹药储存基数减至68发。

（501营战斗报告，遭苏军T-34偷袭，3辆虎王被毁，余42辆。）

再度重建后首战失利的501营从8月13日开始又连续与苏军进行了激烈的交火，又有几辆虎王被毁，其中还有一辆虎王完整地落入苏军手里，损失相当惨重。22日，部队在普鲁斯（Prusy）以及比德兹尼（Bidziny）一带巡逻，并且给每辆虎王都辅以大量的掷弹兵，成为了一个坚实的据点。然而，由于这一带地形不适合坦克行动，这也造成了几辆虎王的损坏。几天后，又有一位新任的指挥官少校史密兹上任，这也是501营的最后一任营长。

9月1日，希特勒将501营调给了第38装甲军，就在当天营里还可以出动的虎王坦克是26辆，其他很多还在修理之中，在这个月里，501营再一次执行了糟糕的任务（向有苏

■ 1944年12月501营被德军统帅部重新命名为第424重装营，并且归第24装甲军使用。

军重兵把守的森林地带发动猛烈进攻）之后，又有相当数量的虎王坦克战损，而令人庆幸的是上级将第509重装营的近20辆虎式转归第501营所有，反而使该营在编制上比起以往任何时候都要强大。虎式与虎王的总数达到53辆。

（501营战斗报告，尽管出师不利，有相当虎王由于战损而除籍，而509营的加入使得营里坦克数达到空前的53辆。）

在10月1日当天，501营总共有36辆坦克可以出动，这也包括从509营转来的一部分虎式。营里还装备了3辆虎式修理坦克，而到11月的第一天，就有49辆可以出动，这主要是由于这段时间在对面的苏军没有采取大的动作，501营才得以拥有充分的时间进行休整和补充。12月1日，已经休整一新的501重型装甲营奉命转隶给了第12集团军，就在这个月的21日，501营被德军统帅部重新命名为第424重装营，并且归第24装甲军使用。

1945年1月上旬，部队接到集团军下达的命令，离开原来的集结地点，转到一个地形对使用坦克相当不利的地区进行重新集结，而这里与前线又距离太近，这也使得作为整条战线上"救火队"的501重装营在此后苏军的大规模攻势中变得相当被动。1月12日，苏军朝华沙－波兹南一带的总攻开始了，有250万苏军和大约7000辆坦克参加了这次进攻，而作为集团军预备队的501营却在整个白天没有接到任何来自上级的作战指示，除了第3连的部分部队自行向靠近战场的克林茨南部地区集结移动之外，其他部队碌碌无为地度过了一整天，而到了傍晚，营里突然接到上级下达的一个不可能完成的任务，去解救一个深陷苏军后方被围的步兵师师部，在苏军攻击初期德军指挥系统之混乱和反应之迟钝可见一斑，应该说，随着战争初期德军有经验的作战部队不断损耗，1945年的德军就整体战斗力而言已不能与1941－1942年的德军同日而语。到了13日，在遭受苏军前一天的当头一棒之后，德军的指挥部门终于在第二天回过了神来。424营接到命令取消救援行动，改将矛头指向利苏夫（Lisow），以阻止在那里苏军已经形成的突破口进一步扩大。在向利苏夫行军的途中，编号"323"的虎王在通过路上的一座12吨的桥梁时，由于小桥突然坍塌而沉入河底，尚未交战便已损失一辆，全营官兵心头不禁蒙上了一层灰蒙蒙的阴影，当天中午部队一进抵前线便以战斗队形展开攻击，第1连在左，第3连在右，第2连殿后，向利苏夫一带苏军展开了凶猛的反击。整整一个下午，双方沿着利苏夫东南一线反复争夺，突击与反突击，战斗激烈之程度让双方士兵都充分感受到了战争的残酷。沿着左路突破的第1连有几辆老虎为躲避苏军的炮火袭击而陷入一旁的沼泽中不能动弹而不得不被放弃。在利苏夫的南部，又有一辆编号为"111"的虎王坦克被苏军坦克击毁，而一同损失的还有一些辅助车辆。尽管损失惨重，但整个营一下午至少摧毁了超过20辆的苏军坦克。仅殿后的第2连确认就摧毁了7辆以上的T-34，但自身损失也在上升，编号"202"的"老虎"及"221"的虎王两辆坦克在试图与友邻部队建立联系的过程中，在距离城镇200公尺的地方被苏军的炮火击毁，而在利苏夫城内，整个营遭受了来自苏联斯大林型坦克的猛烈冲击，还得时刻提防着苏军战防炮的偷袭，整个营付出了惨重的代价。就连营指挥坦克也在战斗中被苏军坦克击毁。除此以外，由于乘员的操作失误，还白白损失了"334"号坦克。但是，在绝望中拼死一搏的424重型装甲营也充分表现出了一支王牌部队的本色，整整一天的战斗中至少击毁苏军50-60辆坦克，其中还包括了相当数量

的JS-2型坦克。部队在成功地阻击了苏军的突袭部队一天之后，由于损失实在太过惨重，不得不放弃了利苏夫向后撤退，但应该说，他们已经尽了力，并为友邻部队争取到了整整一天的撤退时间。但在撤退过程中，又损失了"332"号坦克。

（501营战斗报告，由于营部在利苏夫的战斗中遭到了毁灭性的打击，部队的资料已缺乏详细的统计，但能肯定的是此战之后营里所剩的坦克已经寥寥无几，官兵也遭受很大损失，也许称它为一个连，甚至一个排更合适一些。）

与此同时，第3连原先滞留在克林茨一带的几辆虎式坦克也没闲着，配合在该地的德军步兵进行了顽强的抵抗，但在像潮水般涌来的苏军面前这无疑只是杯水车薪。克林茨当天还是被苏军占领。营里仅存的

■ 1945年2月424营奉命解散，所属人员转交新成立的第512重型驱逐坦克营（装备猎虎驱逐坦克）。

几辆虎／虎王坦克还是奉命作为后卫掩护大部队向西撤退，并在苏军即将形成的包围圈里苦战了好几天，最后由于弹尽粮绝而不得不放弃。营里撤出苏军包围圈的部队重新在西里西亚一带进行了集结，并且在那里接收一批刚出厂的装甲车辆，包括2辆豹式坦克、3辆Ⅳ号坦克、2辆犀牛驱逐坦克以及相当数量来自布拉格工厂里的"追猎者"。

（501营战斗报告，搬到西里西亚的424营已经没有了一辆老虎／虎王坦克，只能以其他装甲车辆来代替。）

1月22日，残余的部队奉命转移到纳姆斯劳（Namslau）附近。501营所属的两辆Ⅳ号坦克还成功地救出了被困在奥劳（Ohlau）桥头堡一带的友军，并掩护步兵撤过奥得河。25日，尽管损失殆尽急需休整，但由于德军在整个战线上部队到处都捉襟见肘，所以424营不得不以仅存的兵力和装甲车辆参加了对苏军在林登（Linden）一带桥头堡的反击，并击毁了相当数量苏军的战防炮。到了2月5日，已经连续作战一个月的424营终于等到了喘息的机会，部队通过铁路从索拉被运送到了帕德尔伯恩（Paderborn）进行休整。

2月11日，接到统帅部的命令，424营奉命解散，所属人员转交新成立的第512重型驱逐坦克营（装备猎虎驱逐坦克），国防军501/424重型装甲营的历史也就此宣告结束，只有第3连被保留下来并奉命留守帕德尔伯

恩。从那时到战争结束为止，第3连剩余的装甲部队，包括从别的部队转来的2辆虎Ⅰ、1辆豹式及1辆Ⅳ号坦克配合友军步兵部队一直在帕德尔伯恩－萨尔兹－科藤一线作战。而且在帕德尔伯恩火车站一带又有一辆老虎被击毁，这也是该营最后一辆被击毁的虎式坦克，剩余部队在赫克斯特一带投降。

（最后的501营战斗报告，在整个501营的战斗史中，在北非他们获得了超过150辆的击毁记录，在东线有超过300辆，其中装备虎Ⅰ时击毁200辆，而装备虎王时超过100辆，总计战果应在450辆以上，请大家注意，这个数字仅仅是军方确认的，当然还有许多未经确认的击毁，所以501营的总战果应在500－600辆左右，而501营先后装备过的坦克数在160辆左右，但其中有将近一半是由于缺乏维护和燃料，又或是撤退时来不及修理补给而不得不放弃的。这样501营与敌方坦克的交换率至少应在1∶6以上，一个相当不错的战果。）

时过境迁，二战的阴影已渐渐从人们的心头消失，尽管作为当时战争中非正义的一方，但德国国防军501重型坦克营的将士们以其惊人的战绩永远在战争的历史舞台上画下了浓墨重彩的一笔。

羽化的战神

—— 德军第101重坦克营代营长魏特曼之死

米歇尔·魏特曼SS上尉（SS-Hauptsturmfuhrer Michael Wittmann，一级突击队中队长），德国武装党卫队（SS）第1"阿道夫·希特勒警卫旗队"师（缩写LSSAH）第101重坦克营代营长，是第二次世界大战中最著名的坦克指挥官。他的战绩不是坦克王牌中最高的，但名声却是最响亮的，被纳粹宣传部吹捧为"装甲战神"、"帝国的希望"，这可能源自于他的两次被阿道夫·希特勒亲自授勋、波卡基村孤胆英雄般的单车突击和其神秘的最后一战。

波卡基村之谜

1944年6月13日晨，从东线回国后进行休整并准备对盟军诺曼底登陆进行反击的由魏特曼指挥的武装党卫队第101重坦克营2连的6辆虎I型坦克到达波卡基村，为了不耽误战机，魏特曼单车疾进，将英军第7装甲师22装甲旅第4伦敦自由民郡团A集群和第1来复枪旅A连合计将近一个加强营的兵力全歼。

据英军第7装甲师战史记载，其整个纵

■ 1944 年 6 月 13 日之战后的波卡基村。

■ 德军SS第101重坦克营的虎 I 型坦克等待出击。

队的合计 20 辆克伦威尔坦克、4 辆萤火虫坦克、2 辆斯图尔特轻型坦克、14 辆半履带车和 14 辆布伦式装甲运输车全部被"一辆堵住通道的虎I型坦克"击毁、200 多名官兵阵亡，此战之后英军该部的军、师、师炮兵、旅等各级军官全部被撤职。关于此次战斗的过程我们已耳熟能详，各军事网站和书籍中都予以大肆渲染，不再赘述。

时至今日，令人感兴趣的问题只有当天魏特曼的突击座车的编号究竟是多少？这一点尚未有定论。当时 2 连编制中的虎I型坦克有 204、205、211、212、213、214、221、222、223、224、231、232、233、234 共 14 辆，205 号车是魏特曼的指定座车，但半路抛锚；204、211 号的驾驶舱处的迷彩与波村之战被毁的那辆魏特曼座车不同；213 号没有出现在行军照片中；214、221 号已知是在以后的战斗中被击毁；222号曾有波村之战后拖救231号的照片，魏特曼在波卡基之战后曾用231号拍过一段宣传片（这也是所谓"波卡基之战"是231号车这一广为流传的错误说法的起源）；223、224、232车身侧面的十字标志与波村之战被毁的那辆魏特曼座车不同；而233、234号车至今未发现照片存在，只有212号车与被击毁的"老虎"很相像（几处可辨认的迷彩，侧车身的十字大小样式等都吻合），所以在没有新的资料出现以前只能认为212号车是魏特曼的波村座车这种可能性最大。除此以外，波村之战的谜团亦不少，比如村外有一辆第1连被击毁的虎I型、是否车长都是乘坐自己的座车参战等等。

临危出击

1944年7月初，英军突入卡昂后被奥尔尼河对岸的德军阻止，卡昂以南至法莱斯之间的德军在奥尔尼河和第夫河之间布置了可以说是诺曼底地区最强的防线，但由于南线美军进展神速，卡昂地区的德军不断被抽调，导致实力大损。8月7日，蒙哥马利组织了加拿大第2步兵师、第3步兵师、第4装甲师、第2装甲旅、英军第51步兵师、第33装甲旅和波兰第1装甲师，合计2个装甲师、3个步

■ 被魏特曼摧毁在波卡基村的英军第7装甲师的克伦威尔坦克，"一辆堵住通道的虎I型坦克"造成200多名英国官兵阵亡。

■正在讨论作战心得的SS第101重坦克营官兵。

兵师和2个装甲旅的兵力向法莱斯攻击前进；德军的防御兵力只有国防军第89掷弹兵师和第271掷弹兵师，武装党卫队第12装甲师与LSSAH师第101重坦克营作为预备队。德国国防军第89掷弹兵师的防线由乌集（La Houge）至圣·马丁－枫丹尼（St.Martin-de-Fontenay）西北方的奥尔尼河，第271掷弹兵师则沿奥尔尼河延伸至杜黑－阿赫古（Thury-Harcourt）北方两公里处布防，兵力极为薄弱，许多支撑点形同虚设。

8月7日23时，英军对卡昂－法莱斯公路沿线村落进行轰炸，半小时后，盟军的坦克和步兵开始沿卡昂－法莱斯的N158号国道攻击前进。英军第51步兵师和第33装甲旅负责公路东侧，加军第2步兵师和第4装甲师负责公路西侧。当晚，第51掷弹兵师防线内的加赫塞拉（Garcelles）、圣·艾尼纳（St.Aignana）与克哈梅斯尼尔（Cramesnil）都已被攻克，圣·艾尼纳南方的树林于8月8日清晨被攻占。在盟军的炮火攻击下，德军防线已摇摇欲坠，如果不投入预备队的话，被突破只是弹指之间的事情。

7月初，德军LSSAH师第101重坦克营在波赫谢（Bourguebus）附近集结，该营当时有28辆虎I型坦克，19辆可动；其下属的1连早先已回国换装虎王坦克，波卡基村战斗后声名大噪的魏特曼则于7月10日代理营长。之后，该营战损3辆坦克，7月14日武装党卫队第12装甲师温舍尔（Wunsche）SS中校战斗群所属14辆坦克被调入，3连另有6辆在加赫塞拉－塞格城（Carcelles-Sequeville）附

■1944年1月，苏联战线，党卫军第1 "LSSAH" 坦克师重坦克连王牌魏特曼座车，火炮炮管上涂有88个战果标志。

■这是一张不得不登的照片，在波卡基村被抛弃的虎I型坦克112号车，该坦克被萤火虫坦克直接击中动力室而告损毁。

近值勤。8月1日，第101重坦克营的兵力报告书如下：2连、3连共10辆虎I型坦克，营部5辆。8月8日，第101重坦克营的温多尔夫SS中尉（Wendorff，魏特曼的老战友）指挥下的2连（计5辆虎I型）正在古林布斯克桥头堡与英军血战，这时候的魏特曼只有8辆虎I型。

8月8日清晨，武装党卫队第12装甲师师长库特·梅耶（又称Panzer Meyer，即"装甲梅耶"）开车赴前线视察敌情；清晨7时，魏特曼和军医拉贝（Rabe）SS上尉开车前往营部，再转往3连视察；11时，魏特曼来到萨托镇（Cintheaux）与师长梅耶

举行战前会议。当时在场的还有重坦克营的威利·艾利欧（Willi Iriohn）SS少尉、弗兰茨·赫伊里希（Franz Heurich）SS军士、鲁尔夫·冯·威斯特哈根（Rolf von Westernhagen）SS军士、彼得·基斯特斯（Peter Kisters）SS军士、奥托·伯拉斯（Otto Blase）

■1944年6月28日，英军好奇地观察一辆在半路中被击毁的虎I型坦克。

SS军士，以上人员均属3连；营部通信官赫尔穆特·多林格 (Helmut Dollinger) SS少尉、营部作战官汉斯·霍夫林格 (Hans Hoflinger) SS少尉。

梅耶要求原有守军固守萨托镇，并倾尽所有剩余兵力沿N158国道发起反击，以打乱敌军进攻节奏，争取防御时间，攻击发起时间原先设定在12时30分，但因为有一架盟军侦察机在附近上空徘徊并投下信号弹，梅耶为使部队预先脱离轰炸区，命令即刻展开攻击。会议结束后，梅耶拍了拍魏特曼的肩膀，提醒他注意当前的危急情况，魏特曼再次裂开嘴露出他那举世闻名的憨笑，利索地敬礼离开。

结束与梅耶的会议后，11时30分，魏特曼与作战官霍夫林格、通信官多林格一起讨论任务细节，突然间，魏特曼说："我必须一起去，因为上任不久的3连连长赫伊里希可能无法妥善应付突发事件。"回到萨托镇后，魏特曼又要霍夫林格一同前去，霍夫林格被这一举动弄得有点紧张，因为他原本以为不用一起去，他后来回忆时描述发现魏特曼在下这个命令时显得有些犹豫不决，不像自己平时所习惯的营长风格。

当天魏特曼车组的乘员为：驾驶员海因里希·雷莫海恩 (Heinrich "Hein" ReimersHein) SS军士、炮手卡尔·瓦格纳 (Karl Wagner) SS军士、机电员/机枪手鲁迪·希尔舍尔

(Rudi Hirschel) SS突击队员、装填手京特·韦伯 (Günther Weber) SS突击队员。其中驾驶员海因里希·雷莫海恩和炮手卡尔·瓦格纳都是以前武装党卫队第1装甲师第13重坦克连中作战经验极为丰富的老兵，机电员鲁迪·希尔舍尔也曾在东线服役，随同魏特曼一同参加反击的另外6辆虎I型坦克的车长是多林格、艾利欧、基斯特斯、霍夫林格、威斯特哈根与赫伊里希。

这些"老虎们"首先隐蔽集结，随后魏特曼在12时30分带领多林格、艾利欧、基斯特斯共4辆虎I型坦克沿N158号国道右侧北进，赫伊里希的"老虎"跟在他们右后方约100米，霍夫林格和威斯特哈根的"老虎"在公路左侧伴随。这7辆虎I型坦克沿着N158号国道两侧前进，公路两侧是平坦的农田，在圣·艾尼纳到克哈梅斯尼尔南边有约6公顷的果园，而村落南方约250米处则有成排的树林向南延伸，大致与公路平行；魏特曼在看到它之后立即通过无线电提醒大家注意这片可疑的树林，他在东线历练出来的直觉告诉自己，碰到这种地形一定要警惕，有一种焦躁的预感从早晨起就一直在困挠着他，但为了执行任务他也无暇顾及许多。

流星陨落

此时，英军第33装甲旅第1北汉普敦团

（Northhamptonshire）A连则在圣·艾尼纳南部的果园和树林中建立了一条向南的"反坦克陷阱"——该连4辆装备76.2毫米发射脱壳穿甲弹的长炮管谢尔曼坦克（绰号"萤火虫"）中的一辆已瞄准了魏特曼所在的右路纵队。

12时40分，双方相距700码时，该连通讯官波特曼（Boardman）上尉下令由戈登（Gordon）中士任车长的萤火虫坦克开火，该车炮手乔·艾金斯（Joe Ekins）对第三辆"老虎"（艾利欧的座车）连发2炮将其击毁，魏特曼这时发出无线电讯号："移动！注意！注意！右侧，敌反坦克炮！后退！……"后面的话语因为战场的嘈杂而无人能够听清；随即第二辆虎I型（即魏特曼的座车007号）发现了萤火虫，便转向右侧连开数炮击伤了萤火虫，打伤了车长戈登中士。12时47分，A连连长詹姆斯中尉继任戈登车长的位置并指挥炮手乔·艾金斯还击并击中那辆"老虎"。

当时的战场情况是：打头的一辆"老虎"（多林格的座车）被英军A连其余的普通型谢尔曼坦克击中主动轮而原地打转，12时52分又被炮手乔·艾金斯击毁。魏特曼右路纵队的第4辆"老虎"（基斯特斯的座车）停在克哈梅斯尼尔西南方由贾卢斯（La Jalousie）通往克哈梅斯尼尔的道路上，已被击毁或遭遗弃。这时，霍夫林格的座车也被击毁，他看到魏特曼的"老虎"被击中后不久便发生了大爆炸，爆炸的气浪把炮塔吹翻到车身右后方数米远的地方，他立刻爬进威斯特哈根的座车，和拉贝军医以及赫伊里希无损伤的虎I型一起，试图靠近被击飞炮塔的魏特曼座车，但因英军火力太猛而寸步难行（一位法国公民在战斗结束后不久拍下了当时战场上唯一一张照片，照片中的007号车炮塔翻落在车身后方，证实了这一可怕过程），只好匆忙撤退。

■虎I型坦克007号车，它原来是鲁尔夫·冯·威斯特哈根的座车，1944年8月8日魏特曼就是在这辆坦克中被击毙的，次日他的战友们为他报了仇，就在这里摧毁47辆盟军坦克，其中38辆为加拿大军队所属，而自身毫无损失。

■盟军遏制"虎I恐怖"的经典作品——以谢尔曼底盘改造成的萤火虫坦克，其17磅炮为许多德国坦克王牌敲响了丧钟。

13时55分，盟军一波约600架轰炸机在准备掩护加军及波军的攻势时遭到德军高射炮猛烈反击，不得已提前扔下炸弹而误击友军，之后加军沿N158号国道向萨托镇前进，德军武装党卫队第101重坦克营军医拉贝SS上尉自告奋勇，率领残余3辆虎I型、1个步兵营、武装党卫队第12装甲师的10辆IV号坦克组成的战斗群由圣·艾尼纳西方发动反击，并将盟军的攻势阻止住，到傍晚时分，萨托镇周边地区才被加军夺走，盟军的"法莱斯口袋"计划因德军的顽强抵抗而险些流产。

战斗结束后，魏特曼和他乘员的下落不明，让每一个德军士兵和高层紧张不安而又充满希望，武装党卫队第12装甲团参谋霍斯特·伯格斯穆勒 (Horst Borgsmuller) SS少尉奉温舍尔SS中校之命，在N158号国道左右两侧展开搜索，因盟军的攻势猛烈而未果，故德军于8月16日将魏特曼列为作战失踪人员——纳粹生怕立刻宣布"战神"的陨落会对国民与部队士气造成沉重打击。

大约一个多月后，纳粹德国军方为米歇尔·魏特曼SS上尉举行隆重纪念仪式，武装党卫队一级上将、魏特曼的老上级、前LSSAH师长约瑟夫·"赛普"·迪特里希的评价最有代表性："他永远处于战斗状态！他是一名真正的战士！"是的，他是一名真正的战士，不仅同僚对他的个人品质、战斗精神、战术素养给予了高度赞扬，他的敌人——无论是东线的苏军还是西线盟军都对他给予了极大的尊敬。1983年3月，二战阵亡德军丧

米歇尔·魏特曼记事年表

1914 年 04 月 22 日	生于德国巴伐利亚上普法尔茨地区的拜尔格里斯镇弗格尔塔尔村
1934 年 02 月 01 日	加入"第三帝国劳工组织"(FAD/RAD)
1934 年 10 月 30 日	以列兵身份加入德国国防军第 19 步兵团第 10 步兵连
1935 年 11 月 01 日	晋升国防军下士
1936 年 09 月 30 日	国防军服役期结束
1937 年 04 月 01 日	加入"阿道夫·希特勒警卫旗队"师 (LSSAH) 第 17 连任 SS 队员
1938 年 03 月 13 日	获颁"奥地利回归"纪念章
1939 年 04 月 20 日	晋升 SS 下士
1939 年 09 月 03 日	指挥 SdKfz.232 装甲车参加波兰战役
1941 年 04 月 06 日	参加南斯拉夫－希腊战役
1941 年 06 月 22 日	在乌克兰方向参加"巴巴罗萨"行动
1941 年 07 月 12 日	因在希腊的战功获颁二级铁十字勋章
1941 年 09 月 08 日	因其当年 7 月于乌曼作战时击毁 7 辆苏军坦克而获颁一级铁十字勋章
1941 年 11 月 09 日	晋升 SS 军士长
1941 年 11 月 21 日	因参加了 25 次以上突击行动获颁银质坦克突击纪念章
1942 年 12 月 21 日	晋升 SS 三级突击队中队长 (SS 少尉)
1942 年 12 月 25 日	在 LSSAH 师装甲团虎 I 型坦克连任轻坦克排排长
1943 年 02 月	在哈尔科夫争夺战中击毁 8 辆苏军 T-34 坦克
1943 年 03 月 31 日	调任 LSSAH 师虎 I 型坦克连第 3 排排长(拥有自己的"老虎",车号 1331)
1943 年 07 月	参加库尔斯克会战,击毁苏军 30 辆坦克和 28 门火炮
1943 年 08 月 05 日	任 LSSAH 师第 101 重坦克营第 3 连第 2 排排长 (车号 S21)
1943 年 12 月 30 日	任 LSSAH 师第 101 重坦克营第 3 连代连长
1944 年 01 月 14 日	因以虎 I 型坦克击毁敌坦克 60 辆、总战绩 88 辆获颁骑士十字勋章
1944 年 01 月 30 日	因击毁超过 100 辆敌坦克获颁橡叶骑士十字勋章并晋升 SS 中尉
1944 年 02 月 02 日	希特勒在"狼穴"亲自为魏特曼颁发第 380 枚橡叶骑士十字勋章
1944 年 03 月 01 日	与希格达·鲍姆斯特在埃尔贝斯多尔夫结婚,证婚人是他的炮手沃尔

1944年04月	任 LSSAH 师第 101 重坦克营 2 连连长
1944年06月13日	单车于波卡基村全歼英军先头部队
1944年06月21日	晋升 SS 一级突击队中队长（SS 上尉）（车号 205）
1944年06月22日	获颁双剑橡叶骑士十字勋章
1944年06月25日	阿道夫·希特勒在贝尔格霍夫（Berghof）为其正式授勋
1944年07月10日	任 SS101 重坦克营代理营长
1944年08月08日	在诺曼底地区的圣·艾尼纳－克哈梅斯尼尔公路阵亡（车号 007）

总战绩：138 辆坦克、132 门火炮及数百辆其他车辆（某些资料称是 121 辆坦克或自行火炮，其余不详）

■（左）后人根据各种资料制作的 1944 年 8 月 8 日战斗方位图。（中）米歇尔·魏特曼上尉与妻子希格达·鲍姆斯特依偎在一起。（右）米歇尔·魏特曼上尉在法国阵亡德军墓地的墓碑。

葬委员会（German War Graves Commission）在该战遗址墓穴中找到一些骸骨和残留的制服碎屑，有黑色的制服、皮靴、腰带、军官的腰带扣环及穗带、魏特曼的假牙等证物，所有骨骸一并被迁葬在法国刚贝（La Cambe）的阵亡德军墓地，魏特曼和他的车组成员长眠在 47 区第 3 排第 120 号墓穴中。

魏特曼的老搭档——巴尔塔萨尔·"勃比"·沃尔（Balthasar "Bobby" Woll）SS 少尉于 1944 年 7 月底因伤病由魏特曼签署命令回国休养而没有参加此次战斗，他活到了二战结束并在战后当了一名电工，死于 1996 年。令人费解的是，他从来不跟人谈论起米歇尔·魏特曼的事情，也拒绝承认自己参加了波卡基之战（但他的 212 号座车的确抵达了波卡基村）。是出于对战争回忆的恐怖？是痛心于战友的早逝？是自责于因伤没有参战、未能保护好老长官？一切都不得而知，这也许会是一个永远的秘密。其另一个战友——德国武装党卫队第 101 重坦克营拉贝军医当时给魏特曼的遗孀希格达·鲍姆斯特（Hildegard Burmester）写了一封信给予安慰，希格达·鲍姆斯特小姐在战后改嫁，后来她拿出了几张魏特曼自己在波卡基村之战后拍摄的照片（老魏的拍照技术比起他的虎I型坦克车长技术来可实在不怎么样），我们可以在"Tiger in Combat 2"这本书里看到。

迷雾渐解

关于魏特曼之死，由于当时复杂的战场情况及当事人从各自角度的叙述不一而长时间地导致了战史学家的困惑，但现在随着各种档案资料的开放和研究，我们已经能够大致地勾画出这位二战德军的传奇人物、也是二战所有参战国中最显赫的坦克王牌在其最后一战中的历程，基本即如上文所述——即当天参与战斗者的描述和战斗日志充分证明了魏特曼死于英军萤火虫坦克的攻击，即便从007号虎I型的照片上来看其炮塔没有明显的贯穿弹痕，其右侧车身也无法复查，但几乎可以肯定地说魏特曼的坦克在英军开火击毁第一辆"老虎"后向右转了一下，这几乎是意味着魏特曼的坦克已经转向右45度角，面对着英军的威胁并且88毫米炮管也指向"1点钟"或"2点钟"方向，这一情形使得萤火虫的17磅炮得以瞄准007号虎I型坦克炮塔的右侧，又以和虎I型坦克炮管相平行的角度避开了炮塔工具箱，击中了它的发动机后舱，依次洞穿了发动机舱和燃料箱引发大火、升起

一团火球，炮弹爆炸的短暂冲击波将炮塔轻微掀起并偏移，随后当大火和溢出的燃料进入坦克战斗舱时，弹药发生了爆炸，杀死了车中全体乘员，之后受震的炮塔反复颠簸终至被炸飞。至于照片中的坦克下面为什么一点爆炸的痕迹都没有，那也许是战后的清理工作比较及时而已。人们目前还有一些揣测和疑问，现总结如下：

台风式战斗机击毁说

这是迄今为止讨论最为热烈、广泛的说法，其原因首先不外乎是人们普遍不愿意承认像魏特曼这样的坦克王牌不应该死于敌人的坦克之手，而应该死于使之无还手能力的战斗机的攻击。

魏特曼在陆地是无敌的，纳粹德国宣传部长戈培尔长期卓著而有效的宣传工作的确已经做到了家，没有人能够在陆地上与魏特曼匹敌、没有人能够在陆地战胜德国装甲部队的战神——尽管这是不切实际的幻想。其次是梅耶在战后的报告中说当他与魏特曼商量进攻计划时确实有一架盟军侦察机在他们的野战阵地上飞过几次并投下了燃烧弹做标记，在阿克特（Agte）的书中——研究德国装甲王牌的最权威书籍之一，《LSSAH师的虎I型坦克指挥官米歇尔·魏特曼》或其他史料对这架飞机也没有更多的评论。德国人的阵

地肯定被空中侦察和随后的地面战斗透露给了盟军空军，而且这些虎I型坦克残骸没有反坦克炮等直射武器的贯穿痕迹，反而在魏特曼座车的发动机盖上发现格状裂痕，诸如此类等等；但这种说法最大的不足是当天参与地面战斗的德军和英军部队的战斗日志都没有提到有台风式战斗机飞抵战场，如果有战斗机在场的话其巨大的轰鸣声双方人员是不会没有注意到的，而且台风式战斗机火箭弹的威力是否大到足以掀翻20吨重的虎I型坦克炮塔也是个未知数（在二战战例中，如果坦克遭到空军摧毁，一般都是毁于轰炸而非火箭弹——当时空中发射火箭弹的准头实在令人难以恭维，即便是被空军击毁的坦克数量也极少，比例极低）。实际上，盟军战术空军对德军装甲部队的影响主要在于它们严重地干扰了装甲车辆的油弹补给和战损维修，这才是对装甲部队最致命的打击，失去行动自由的装甲部队比一堆废铁强不到哪去。至于空军对地攻击的具体战果，当时哪个参战

国没有夸大过呢?

加军与波军装甲部队击毁说

由于加军与波军的攻击在大约14时才开始，故这种说法本来是不值一驳的。

关于魏特曼007号车的具体型号

根据现有的资料，按照标准编制，德国武装党卫队LSSAH师第101重坦克营应有虎I型坦克42辆、另加3辆指挥型，1943年7月时他们收到27辆虎I型坦克，其中25辆非指挥型，2辆指挥型（给LSSAH师第13连），那么它应该再接收18辆才满编（17辆+1辆指挥型）。第101重坦克营于11月收到10辆，12月至1944年1月收到8辆，而后补充的1辆指挥型就是胶轮指挥型，其他新收到的全是钢轮型。因此指挥型中是2辆钢轮和1辆胶轮，已知007号车和009号车都是钢轮型，所以008

■ "Tiger I on the Western Front" 刊登的虎I型坦克007号车侧视图。

号车是胶轮中期型，阿克特那本书中的数字有误，会多算一辆出来。有当事人回忆说第101重坦克营于1月收到10辆虎I型（2辆指挥型），但记录是8＋1（卖给日本的那辆）。

这是很久以来令军史学者和军迷爱好者孜孜不倦地研究的一个颇感兴趣的问题。以前的说法是魏特曼的007号"老虎"是中期型，其根据是第101重坦克营唯一接收的一批虎I晚期型（即因战争后期橡胶供应不足而换装了内置缓冲橡胶的钢缘负重轮的虎I型坦克）是于1944年4月20日驻扎在法国北部的古赫纳－昂－布哈伊（Gournay-en-Bray）的时候，第2连完全装备了这批新坦克，还加上了第1连加强给第3连的指挥型"老虎"，编号为009，第3连专门有两辆指挥型虎I，编号为007、008，并在7月以前就从已完全精疲力竭并回国整编准备接收虎王坦克的第1连手中接收了一批数目不详的中期型虎I。但在《LSSAH师的虎I型坦克指挥官米歇尔·魏特曼》这本完全是在第101重坦克营老兵回忆的基础上写成的、在今天看来其资料来源是极为可靠的书中，在"SS第101重坦克营"一章里叙述说有26辆晚期型虎I（也可以叫它加强晚期型——40毫米顶部装甲、单孔式炮长瞄准镜、更小的炮口制退器和诱导轮、燃料箱加装木制内衬等都是1944年3－4月间开始制造的，而不是6月生产的极晚期型产品）加入该营，这是在1944年1月虎I型坦克由中期型转产晚期型产品后

的唯一一次交货记录，其中有2辆指挥型虎I。另外，在007号"老虎"仅有的一张照片中，能够见到它的履带扣链和两个逃生舱铰链螺栓，这对于中期型老虎是不可能的；如果我们仔细地观察其后部，可以看到有水平的卵型小盖子盖着的用于冬季的发动机辅助点火装置，这在1944年2月以后生产的底盘号为250823号以后的虎I型坦克上都有，所以我们可以肯定007号是后期型而不是中期型。

007号车的以下几个特征说明它是后期型的可能性非常大：逃生舱门的固定座是后期的初期型，下部被削薄但是没有被切掉、没有空气滤清器的固定座，直径600毫米小型诱导轮，1944年2月引入生产线的烟道设备（用来避免发动机启动时着火，这在中期型没有），车后的星型天线的收纳筒挂法是后期型的标准挂法，1944年1月引入生产线的鹰钩型拖救钩座。

那么为什么会出现这种资料与实况相矛盾的情况呢？在诺曼底的德军中由于实战的需要，虎I型坦克指挥官在公平、规则的基础上借用或交换坦克这种情况虽然不是经常发生，但是却是极有可能、以前也曾经发生过的，像魏特曼这样的指挥官可以调换任何一辆他觉得合适、称手的坦克！至于考证派们甚为关注的007号虎I型的涂装色，在已知的黑白照片上能够分辨出"007"这3个白色数字是完整的，它们下方还有黑色区域；可能

是在盛夏的天气里坦克车身弄脏了，看起来整车都有杂色；可以肯定地说，007号车的迷彩是非常典型的德军三色迷彩，条纹较淡、分布散乱，当时这种迷彩在诺曼底的德军装甲车辆中非常常见（可参见香港协和集团所出《D日坦克战》一书中的复原图，不过此类复原图并不十分准确，只能是有此一说）。

　　笔者手中有一些较为权威的英文原版资料，并希望在这些资料的基础上从多个侧面对模棱两可的观点进行一次力所能及的整理与精炼。在现有阶段，只能以手头的资料尽全力去复述逆推当时的战斗情况并对一些较为肤浅的细节问题进行所谓的"考证"（请读者原谅，笔者无法像拥有经费和地理优势的研究者那样进行实地考察或对当事人进行采访）。我们可以暂且相信以上的说法，但或许可以并不满足于此；如果没有任何新的资料来源的话，也可以在这一问题的研究方面挖得更深，因为我们都已进入到建立理论并推测到某一事件适合某一论点的地步，从中即可以抓住真实

■ 武装党卫队中尉米歇尔·魏特曼（左面背对镜头站立者）正和他在德军SS第101重坦克营的战友们讨论坦克战术问题。当时他们刚刚抵达诺曼底地区。魏特曼身着传统的黑色装甲兵制服，其他人则穿着新的迷彩外套，魏特曼左边的是亚珀·瑟尔泽，右起第二位（佩带骑士十字勋章者）就是魏特曼的炮手巴尔塔萨尔·沃尔。照片来自于科布伦茨的联邦德国档案馆。

的信息加以分析和解释历史。以一种对历史的虔诚与不倦之精神进行一场充分的、吸引人的讨论并充分享受这种更进一步的研究，这些积累将会拓展我们对1944年8月8日那天真相的领悟和理解。

　　在此，笔者特别感谢知识渊博的网友Cliffx、Nuts和zhangji，无私地向笔者提供当年参战部队番号、装备编制等战史资料，中肯地指正我在装甲车辆技术细节上的问题。没有他们的帮助和指点，本文是无法写成的，再一次表示衷心的感谢。

SS 第 101 重坦克营编制 1944 年 8 月 1 日

■ 本图为 101 重坦克营在 1944 年 8 月 1 日的编制表，其中除第一连装配虎王坦克，其余为虎 1 型坦克。

犀牛坦克歼击营

——88炮与IV号坦克的联姻——SdKfz 164

开发背景

　　早在 1939 年德军入侵波兰的战役中，德军装甲部队就意识到需要一种自行反坦克炮伴随部队作战。最初是把捷克斯科达兵工厂生产的 47 毫米 PaK（t）反坦克炮装载在 I 号坦克底盘上以满足部队的需求。它与牵引式 88 毫米高射炮 FlaK 18、36/37 型等一起混装部队。虽然在 1940 年初的法国战役中英法联军在德军的进攻面前几无还手之力，但这更多的是取决于双方的战术水平而非技术优势。事实上，德军当时装备

的任何型号的反坦克炮都不能摧毁英军的马蒂尔达坦克，德军不得不用 88 炮来对付这些盟军坦克。

　　这可怕的一幕在1941年入侵苏联的"巴巴罗萨"行动初期重现，虽然德军的战术等各个方面水平都远胜苏联红军，但偶尔出现的 T-34 坦克和被称为街道怪物的 KV 系列重型坦克仍给德军装甲部队造成很大麻烦。德国人认识到这些坦克在以后的战斗中必将成为红军装甲部队的主心骨，也必将给德军带来更大的威胁，而德军现役的反坦克炮最多只能敲掉KV坦克上的油漆。为了填补新型反

■ 大黄蜂/犀牛车体侧面照片。早期型Ⅲ号坦克使用的主动轮清晰可见。

坦克炮装备前的空间，德军采取了一系列的权宜之计：把威力更大的反坦克炮架设在过时的旧坦克底盘上。比如，把大量缴获的苏军76.2毫米炮——PaK（r）放在Ⅱ号D型和38（t）坦克底盘上；把PaK 40/2型75毫米反坦克炮放在Ⅱ号底盘上（即有名的貂鼠Ⅱ型）以及把PaK 40/3型反坦克炮放在38（t）H坦克底盘上。这些临时产品到1942年投入现役，在实战中它们的表现非常不错，能有效抵御越来越多的T-34和KV-1。它们被统称为"坦克歼击车"（Panzerjager），"坦克歼击车"与后来出现的"驱逐坦克"（Jagdpanzer）相比，在火力相差不远的情况下，只对乘员提供轻装甲防护。而驱逐坦克如斐迪南、猎虎、猎豹等因为给乘员提供了良好的防护而在战争后期成功地扮演了它们的角色。

虽然在1942年，早期的自行反坦克炮取得成功，但前线部队一直要求开发更有效的装备，这便是犀牛开发的背景。FlaK 18、36/37型88毫米炮在二战初期已经充分表现了它们的威力，如上所述，1940年当盟军的"重装甲"坦克在德军装甲部队面前大展威风时，德军只能用88毫米高射炮来扫平他们，这是本文主角——犀牛（Nashorn）坦克歼击车最终选用88炮的一个原因，虎I、猎豹、虎王、犀牛等采用88毫米炮的坦克家族的构想就是这个时候开始的。

据郑明伦先生所言，犀牛应该是试验性生产的IV号自行火炮A型（Panzer Selbstfahrlafette IVa Dicker Max）的进一步延伸。IV号自行火炮A型算是成功的设计，但是由于它所载的105毫米 K 18L/52型主炮过重，所以机动性不是很好。只制出了2辆原型车供第521反坦克营在东线使用。

开发经过

提到犀牛的开发，不得不提到它的姊妹系列——SdKfz 165熊蜂（Hummel）。事实上，犀牛的开发除了上述提到的部队需求外，其实是开发熊蜂自行火炮的副产品。德国阿尔凯特公司于1942年秋开始研制熊蜂自行火炮和大黄蜂（Hornissen）坦克歼击车。

底盘的选择

　　1942 年时德军拥有的底盘共有 4 种，I、II、III、IV 号坦克底盘。停产的 I、II 号坦克底盘被认为已陈旧过时，但仍以 II 号坦克底盘开发了蜜蜂（Wespe）自行火炮。III 号底盘又要用于全力生产 III 号突击炮，因此 IV 号坦克底盘成为了唯一可用于生产自行火炮的底盘。为了能充分利用已经生产出来的部件，阿尔凯特厂设计了一种混合底盘：Geschutzwagen III/IV。这种底盘最初是为 SdKfz165 熊蜂自行火炮而开发的。它的车体、诱导轮、负重轮、托带轮、悬挂装置、履带和履带调节装置等都来自 IV 号坦克底盘。而主

动轮、发动机（梅巴赫 HL120TRM）、传动装置（SSG77 型）、刹车、驾驶设备等都来自 III 号底盘。只有排气管、传动轴、储油箱、输油管道和一些为在东线寒冷地带作战而专门设计的部件是新开发的。从上面可以看出，犀牛其实是一种典型的临时型产品。

火炮的开发

　　和底盘一样，犀牛所搭载的火炮——PaK 43/41 也是一种临时产品。由于 PaK 43 的炮管生产相当简单，而它的车架却相当费时，于是便采取了一种临时举措：在 PaK 43 的身管上配用水平滑动式炮栓（术语"横楔式炮栓"，根据习惯一般是右楔式炮栓），这种炮栓类似于 PaK 40，并使用简化的 PaK 43

■当犀牛歼击车选择底盘时，IV 号中型坦克似乎是唯一可行的方案。

的半自动闭锁装置。这种火炮虽是应急之举，但威力惊人，曾有在3500米外击毁6辆T-34的记录。

生产

1942年10月，阿尔凯特公司制造出熊蜂和大黄蜂的软钢模型，得到希特勒的欣赏和批准。大黄蜂于1943年2月开始投入生产，正式编号为SdKfz 164，由德国制铁厂在苏台德的分厂进行总装。起始序列号为310001，终于310494。底盘是德国制铁厂在杜伊斯堡生产的，而装甲部分来自采矿及制铁工会在奥地利的分厂。大黄蜂的月定产量为20辆，但是要优先满足熊蜂自行火炮的生产，加上行军固定架的不足，直到1943年6月只生产出了85辆大黄蜂，没有达到最初希特勒要求的数量：在5月份前为即将到来的库尔斯克战役生产出100辆。大黄蜂/犀牛在1943年共生产了345辆，1944年为133辆，生产持续到1945年（当年为16辆），总产量为494辆。

大黄蜂/犀牛的改进持续于整个生产期，因此很难区别所谓的早晚期型号。主要的改进有：替换了行军架，新的行军架可在车内操控；去掉了排气管上的消声器；去掉了炮尾固定锁；去掉了后挡泥板；2个车前灯变成了1个；后期使用III号J型的主动轮。与熊蜂不同的是，大黄蜂/犀牛的前装甲板

■德国将已过时的III号坦克底盘投入到生产III号突击炮的工程中。

■以38(t)坦克为底盘改装的貂鼠II型歼击车，在东线作战时成为德军抵挡苏军坦克洪流的必备武器。

一直没有变化。但这些只是大致的改进，现存的犀牛往往能同时找到早、晚期的特征。关于大黄蜂的产量，就笔者所看到的兵力报表来看，至少有140辆，而不是20辆。

最初犀牛的称呼为"大黄蜂"。1944年1月27日，希特勒命令其改名为"犀牛"以体现它的进攻性和威力（为行文方便，以下均统称"犀牛"）。事实上在自然界中，大黄蜂远比犀牛富有攻击性。

装备犀牛的各营战斗简史

与配属各装甲师下属的其他反坦克武器不同的是，犀牛大多是以独立营的形式成建制装备部队的。只有在需要的时候才临时划归各前线部队，这一点和重驱逐坦克营很相

■更换履带中的犀牛，其后挡泥板仍未被废除，大型排气管清晰可见。

■纳粹德军第519营的"虎"号犀牛歼击车。

似，如装备斐迪南/象的第653重驱逐坦克营。只有军部或者集团军部才有调配这些独立营的权限。因为这些训练精良的独立营本身对各装甲师并不存在什么附属感，因此各师也往往忽视它们的重要性。

理论上一个满编的犀牛独立营有45辆犀牛，下辖3个连，每个连14辆，营部3辆。这点和其他的重坦克营完全一样（如著名的虎I型重坦克营），但事实上满编的情况很少。

根据现有的文献来看，犀牛全部配发国防军，武装党卫队没有得到一辆犀牛，这与

■进食中的犀牛歼击车的无线电手，图中可见后期型犀牛的行军架是如何工作的。

■（左）犀牛歼击车正面照，已更换行军架，采用后期型主动轮。（右）装填手正在装弹，如图所见，犀牛的工作空间比较宽敞。

■（左）这辆犀牛很可能属于德军第655营，它仍使用早期型的行军架，但已经使用后期型Ⅲ号坦克的主动轮。这张图上还可以看到炮管上的"击破环"和前车身的附加装甲。（右）装填手正从弹药箱中取出炮弹，图中弹药箱右侧可见中波接收器Fug8的架子，配发部队的犀牛是否都有这么一个架子至今还是个谜。

德军"蜂类坦克"称呼商榷

目前网络上关于纳粹德军几种以"蜂"命名的坦克翻译相当混乱和不准确。以下是几种常见的"蜂"的昆虫学称呼：Wespe(即wasp)泛指蜜蜂类总科(superfamily)以外的蜂，尤其是独居性的蜂多半称为"wasp"，狭义有时也指"胡蜂"。Hummel即bumble bee，指"熊蜂"。这些德军装甲坦克的称谓网络上很多是胡乱翻译的，被翻成"大黄蜂"、"大雄蜂"、"野蜂"、"雄蜂"等等。Hornisse即hornet，指"大黄蜂"(或称"虎头蜂")，胡蜂科里面的亚科(Vespinae)。Nashorn就是"犀牛"，德文nas是"鼻子出气"的意思，horn是角，而英文rhinoceros叫"犀牛"，rhinos也是"犀牛"，字源是rhino—(nasal，鼻的)+keras(相当于horn，角)，合起来翻译就是"犀牛"。

■犀牛歼击车的炮长正在观看战场情况。

■德军第560营在开往库尔斯克的途中,非常典型的犀牛早期型照片。照片显示早期型的行军架、主动轮、诱导轮以及醒目的排气管。

在维帖布斯克奋战时所摄。

根据1944年3月的德军《装甲部队纪要》,犀牛往往没有得到正确的使用,惊慌失措的部队指挥官往往不听各营长或车长的建议,要么把犀牛配属地过于靠前,要么当做固定的火力点。此书强调要正确意识到犀牛的灵活性和大威力,应在敌军坦克猛攻时把犀牛作为战术上的增援。

第560重反坦克歼击营

其前身来自1942年9月20日东线成立的第27装甲师下辖的第127反坦克营。1943年2月8日,第27装甲师解散,127营残余被第7装甲师下辖的第42反坦克营吸收。1943年春,西线最高统帅部为组建第37、41、42三个反坦克营而各成立了1个连。但是1943年4月3日,这3个连组建成新的第560重反坦克歼击营。整个4月,第560营都在驻守法国的第7集团军第1装甲师下完成建制。4月23日,第560营的第1、3连和30辆犀牛被

它的姊妹车——熊蜂不同。至少SS第2"帝国"装甲师,SS第3"骷髅"装甲师,SS第9"霍亨施陶芬"装甲师等武装党卫队曾装备过熊蜂自行火炮。曾经被认为是武装党卫队使用过犀牛的证据照片近年也已得到澄清。一张被认为是配属武装党卫队LSSAH师的犀牛照片,其实是第560营在开往库尔斯克的路上所摄;另一张则被证明是第519营

■德军第655营于库尔斯克作战时所摄，注意左边的营徽和右边的战术标记（自行履带反坦克炮）。

■同样是在东线作战的德军第655营的犀牛歼击车，车体上布满了用于伪装的树枝。

■通过隘口的德军犀牛坦克歼击车。

送往南方集团军集结地，为即将到来的库尔斯克战役做准备。5月，2连和剩余的15辆犀牛也被运送至此。6月17日，肯普夫兵团下辖的第560营在陆军总参谋长的一份报告中被认为由于许多技术上的缺陷而不适合作战。7月，配属第42军的肯普夫兵团所辖的第560营成为第一个参加实战的犀牛单位。虽然第560营并没有参加库尔斯克的进攻，但为保护第3装甲军的右翼发挥了重要作用。第560营一直隶属于肯普夫兵团（于1943年9月被改编为第8集团军）参加防御作战直到1943年末。1943年12月到1944年1月间，第560营配属于第52军为攻占基洛夫格勒而对红军侧翼作战。1944年4月，第560营退出东线，送至米劳（Mielau）的训练营地，准备换装猎豹，但最后成为一个同时使用猎豹和IV号驱逐坦克L/70（V）的混装营。

第655重反坦克歼击营

成立于1943年4月15日，来自于在斯大林格勒战役中被歼灭的521、611、670

■被英军俘获的犀牛，应该属于德军第525营。

■在意大利作战时的德军犀牛歼击车，这辆属于第525营的211号坦克照片流传较广，相当著名。

■在意大利北部休整中的德军犀牛坦克部队。

反坦克歼击营残部。第655营在1943年4－6月间于西线总部组建受训。6月末，第655营被送至中央集团军群。第655营同样没有参加库尔斯克战役，但被配属于第2集团军，为阻止苏军攻破库尔斯克突出部而在德塞纳河(Dessna)和德吉佩河（Dnjeper）间奔波。1943年11－12月，第655营在普里皮亚特沼泽间为第56装甲军的多个装甲师提供支持。1944年2月，第655营与第56装甲军被送至第9集团军。4月，第655营又被送回第2集团

229

军，因为中央集团军群的前线当时平安无事。5月30日，第655营和第56装甲军又被送至北乌克兰集团军群下的第4集团军。1944年6月12日到8月间苏军的进攻使第655营退至卢布尔(波兰)附近的维斯瓦河。8月，第655营来到米劳准备换装猎豹。但最终也是一个使用猎豹和IV号驱逐坦克L/70(V)的混装营。出发前，1、2连把剩余犀牛交给第3连，后者留在东线作战。11月，新成立的地方守军替换下第3连，第3连于同月25日改编成第669重反坦克歼击营。

第525重反坦克歼击营

成立于1939年4月26日，来自于第4军区第1装甲师第37反坦克营的3连。1939年

9月，第525营被送至C集团军群下的第1集团军，部署于"西墙"后。同年秋末，第525营换装，成为第一批少数装备了用于反碉堡和反坦克的FlaK 18改型的"重"反坦克营。在法国战役中，第525营受辖于第302步兵军在马其诺防线作战。此役之后525营再次换装，混装了Pak 38和Pak 36。在巴尔干战役中，它是唯一参战的反坦克营。第525营一开始没有参加在南俄罗斯的作战，1943年4月17日，第525营受命从东线后撤，换装犀牛。同年6月8日，第525营在驻守法国的第15集团军下作为科特魁丹 (Coetquidan) 的地方守军。7月末，第525营来到法国南部 (第19集团军驻地)，下辖于第715步兵师，其第1连下辖于第60"统帅堂"装甲掷弹兵师。8月末，第525营转至意大利北部，至1943年12月止，

■ 德军第519营的犀牛歼击车，绰号"水牛"，这是维帖布斯克作战的照片。

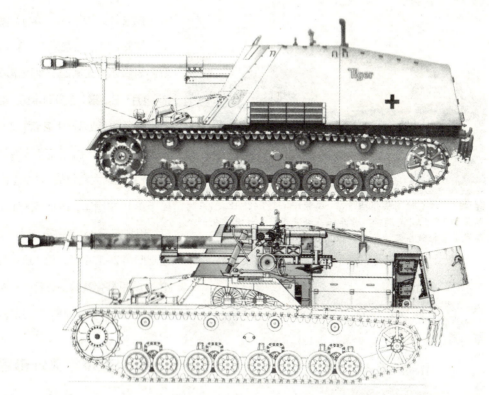

■（上）1943－1944年的犀牛，德军第519营的"虎"号坦克，在东线维帖布斯克附近作战，隶属于中央集团军群。（下）犀牛指挥车，车上有多余的无线电设备和天线。

曾分别下辖于第90装甲掷弹兵师、第371步兵师和武装党卫队突击旅"RF-SS"，此时第525营是海岸防御部队。1943年12间，第525营被运至罗马，隶属于第3装甲掷弹兵师。同月末，划归第1伞兵军所属。1944年1月3日，第525营第3连于卡西诺前线作战（隶属于第14集团军第10军29装甲掷弹兵师）。余部于1月中旬来到波特卡沃（ponteocorvo），23日，1连和2连来到安奇奥地域作战（配属于第1伞兵军第3装甲掷弹兵师）。

2月9日，第525营与第56装甲军一同为15日在内图诺（nettuno）的进攻做准备。第3装甲军先于第525营一天到达。5月14日，第

■该照片源自德国联邦档案馆，编号BA689/199/25，系德军第519营的"波美拉尼亚"号车，拍摄于1944年1－2月间的苏联斯摩棱斯克，第519营的营徽清晰可见。

231

■该照片源自德国联邦档案馆，编号BA691/242/12a，系德军第519营的"美洲狮"号车正在补充弹药，注意它把一个备用负重轮放在驾驶舱侧，采用后期型的行军架。

■可能是德军第519营的犀牛歼击车作战时的情景。

■有趣少见的犀牛雪地涂装，出处不详，车身的"51"号待查。

525营回调至卡西诺前线，配属第1伞兵师和第90装甲掷弹兵师，其间损失惨重。5月28日到6月20日，第525营划归第26装甲师，

撤至拉提科法尼（raticofani）地带。剩余的犀牛全数移交第1连，余部划归北意大利的德军西南总部。9月9日，第1连来到米劳，准备换装猎豹（结果同上各营）。2连获得1连所剩犀牛。第525营第2、3连一直在意大利作战，基本上配属于第10集团军。1945年3月10日，曾划归第76装甲军。4月，2连划归第26装甲师，而3连划归第29装甲掷弹兵师。最后少数犀牛因无法越过波河而向美军投降。

第93重反坦克歼击营

最初来自1935年为第23步兵师建立的第23反坦克营。1942年10月19日，第23营被改编为第93营，此时在法国受训的第23步兵师改编为第26装甲掷弹师。1943年6月16日，第93营在科特魁丹（Coetquidan）的部队训练场换装犀牛。意大利战局的变化使第26装甲掷弹兵师开拔意大利，而第93营却并未完成战备。7月23日，第93营从第26装甲掷弹师划归法国西部的第7集团军，与第21装甲师（后期）一同结束训练。9月，第93营送至南方集团军

下的第6集团军，掩护友邻部队撤到德吉佩河。10月30日，参加了重占克里沃罗格(Krivoi Rog)的战斗，并稳固战线到1943年底。1944年2月，掩护第24装甲师与第6集团军残部逃过布格河。第93营与南乌克兰集团军群下的第6集团军度过了一个平静的夏天。8月29日苏军的猛烈进攻使第93营败退至赫斯基车尼(Husikichinew)附近的普鲁特河岸，而第93营和第6集团军的大部都被歼灭。11月，第93营和第3反坦克预备营被列在重组名单上。随后，第93营第2连参加了反击法国第1军进攻莱茵河的作战，余部的最终命运不得而知。

第519重反坦克歼击营

1943年6月1日，纳粹党所属的"霍普劳动指挥部"于第3军区成立，8月25日改编为第519重反坦克歼击营，并开始接受犀牛的训练。第519营于1943年11月接收到最后一辆犀牛，向东线开拔，直接划归中央集团军群下的第3装甲集团军。为阻止苏军攻占维帖布斯克而掩护第20装甲师下的第21装甲团作战。1943年12月到1944年1月间，第519营多次挫败苏军进攻。在使用犀牛的装甲兵中，最出名的莫过于"维帖布斯克之虎"(Tiger of Vitebsk)——第519营第1连排长阿尔伯特·恩斯特少尉。他于1943年12月23日在维帖

布斯克遭遇战中，一日之内用21发炮弹击毁了14辆苏军坦克。他的外号便是由此而来。12月底，他的总击毁数为19辆，1944年1月22日获得骑士勋章。后来他调任第512重反坦克营("猎虎营")的1连连长。维帖布斯克战线稳固后，第519营度过了宁静的上半年。直到1944年6月22日，苏军对中央集团军群发起进攻，第519营为第3装甲集团军下的第6步兵军提供支援。因为苏军的进攻切断了第6步兵军和第3装甲集团军的联系。6月23日，第519营被配属到第4集团军。到6月30日，第519营已摧毁112辆苏军坦克。7月1日，第519营余部划交霍普装甲战斗群，同月4日，霍普装甲战斗群与第3装甲集团军撤退下来时只有15辆犀牛和7辆坦克/突击炮了。霍普装甲战斗群支持第212步兵师在第319保安师的防区发起反击，到15日，第519营耗光了所有的犀牛，被作为第3装甲集团军的预备部队。8月，送至米劳，换装猎豹，最终成为一个使用猎豹和III号突击炮的混装营。

第88重反坦克歼击营

成立于1940年10月29日，前身是第4军区下的第4反坦克预备营，后分别成为第52步兵师第14连和第101步兵师第14连，再转隶新成立的第18装甲师。第88营与第18装甲师一同作战，直到第18装甲师在1943年9月29日

犀牛的优劣

优势 火炮威力强大，超过2000米外仍能有效杀伤敌方装甲车辆；火炮的弹药威力超群，穿甲力惊人，在10000米外仍能起作用；当集中使用时，能有效压制敌方坦克部队；良好的无线电通信设备使各连间和连－营级能有效交流；优良的预警系统，营下属的信号排所有的4个无线电机组能尽可能地提供预警；在作战时，各连会事先埋下好几里电线，通过有线电通信获得第一手的战况。

弱点 高大的上部结构不利于伪装，尤其在平原上；装甲薄弱，不能被当作突击炮使用（指伴随步兵作战）。反坦克步枪都可穿透犀牛的装甲从而对人员和装备造成杀伤；无顶部防护，面对迫击炮和敌空军杀伤时不能对乘员提供保护；火炮射界有限，只能向两侧转不超过15度，在近战时，一旦目标超过射界，就不得不利用车身转动来射击；弹药有限，最多只能带56发炮弹（其中只有16发放在弹药箱里）。因此需要频繁地补充弹药；机械故障频发。这种特殊的混合底盘最大行程为950英里，而且发动机经常出力不足；除了装填手外别的乘员都要经过特训，难以补充；早期的犀牛的行军架需要乘员手动操作，尤其面对敌方坦克时相当危险；维修困难，使用手册不提倡犀牛远离整备连作战，因为哪怕是很小的故障都是车组乘员无能为力的，这往往导致弃车，所以手册强调整备连要伴随各营作战。

使用心得 伴随步兵作战时，犀牛要保护进攻部队的侧翼，万不得已的情况下可以临时作为突击炮，但这么做往往因为它薄弱的装甲而使车组乘员损伤惨重；防守时，在防守地带前要布署别的装备以避免不必要的损伤；撤退或者脱离与敌接触时，可作为后卫部队，但要有大量的步兵伴随，伴随的步兵受犀牛车长指挥；过桥时要注意桥的载重能力。犀牛全重24吨。

总结 一定要听取车长的意见，否则不能命令犀牛行动。直到1944年12月30日，仍有165辆犀牛在德军中服役，大约是总产量的30%，考虑到犀牛设计上的缺陷，这是个让人吃惊的数量。犀牛能奋战到战争结束，应该归功于德军装甲兵的素质，而不是它本身的设计。

被歼灭。同年10月和11月间，第88营配属第18装甲掷弹兵师。随后第88营回到米劳，重组并换装犀牛。1944年2－3月，第88营被送至北乌克兰集团军群下的第1装甲集团军，在那里伴随第3装甲军作战。3-4月间的凯门茨—波多茨克（Kamenez-podolzk）的战斗中，第88营支援第6装甲师和第17装甲师作战。5月，第88营的犀牛在第506重坦克营退走的地方首次击毁苏军IS-2重型坦克。7月15日，第88营与第48装甲军一同驻守布罗迪（Brody），在那里和乌克兰集团军群（后来的A集团军群）一直呆到1944年末。1945年1月苏军的冬季进攻中，第88营伴随第21装甲团在普雷斯魏茨、西里西亚等地作战。据报告，第88营在卡特维茨（Kattowitz）一带测试了IR夜视装置。3月，第88营在马茨多夫（Marzdorf）配属第17集团军，第1连的贝克曼中尉在4600米距离上摧毁了苏军IS-2重型坦克。4月，划归第17集团军所属第8步兵军。最后，第88营退至布拉格东北，向苏军投降。

第669重反坦克歼击营

1944年8月，第655营残余的24辆犀牛全数交给第655营第3连。第3连被改编为第655预备连，与A集团军群下的第4装甲集团军一直在东线的桑多梅日（Sandomierz）桥头堡待到年末。11月地方守军替换下第3连，第3连于同月25日组成第669营。1945年1月苏军的冬季进攻中，第669营配属第24装甲军旗下的第17装甲师，在波德边境的克林茨（Kielce）一线的"内林（Nehring）奇迹口袋"作战中几近全

灭。2月重建，此后一直到战争结束都配属第17装甲师，于布拉格以北向苏军投降。

其他采用犀牛的部队

1944-1945年西线使用单位

1944年11月，法国第1军突袭莱茵河岸，使德国最高统帅部狼狈不已，并把手头所有可调动的部队都划归上莱茵河集团军以阻止法军越过莱茵河。第93重反坦克歼击营的2连和第525重反坦克歼击营第1连的人员在没有任何重装备的情况下被送至第19集团军。最高统帅部本打算以第2装甲团下的第2连部、第7连、第525营的第1连，再加上一个反坦克营重建第103装甲旅，但第103装甲旅的旅部实际被送至第1集团军。第93营的2

■战地修改型的犀牛，发动机进气口加上了金属网，左边为进气口，右边的窗口为排气口。

■苏联、巴尔干和意大利地区的泥泞地形"折磨"着犀牛歼击车的机械性能，犀牛的运行可靠性受到最严酷的考验。

■战争后期，德军的重型反坦克歼击车混装犀牛歼击车和Ⅳ号驱逐坦克。

连于11月27日抵达内芬（Neifern）。第525营的1连于29日获得10辆犀牛，第93营的2连于12月1日获得12辆犀牛。12月初，第2装甲团下的第2犀牛连（属于汉尼拜尔·冯·鲁提希奥战斗群）越过莱茵河划归第106装甲团。第93营的第2连和第525营的第1连在"科尔玛（Kolmar）口袋"作战直到12月27日，并且自身毫无损失。29日，这两个连划归第654营并在"科尔玛口袋"的北部作战。1945年1月中旬，这两个连被配属于第280突击炮旅。从1月中旬到2月中旬，第525营1连损伤惨重，而第93营2连却损失

不大。这两个连撤回莱茵河后，第1连把所余犀牛交给了第2连，自身转为第654营的第4连并换装老式猎豹。2月18日，第2连（此时被命名为第93重型反坦克歼击连）与106装甲团船运至B集团军群，月底抵达科隆。3月6日，在科隆附近的小镇，第93连一辆犀牛首发击毁美军第3装甲师的M26潘兴坦克。第93营和第654营的第4连最终在鲁尔区被困，于4月向美军投降。

第1装甲师中的犀牛1944年10月，德军第1装甲师接收了一些犀牛，其来源是个谜。陆军军务处并没有直接拨给第1装甲师任何犀牛。但是犀牛的确出现在第1装甲师1944年12月到1945年的兵力报告里。这些犀牛可能是配发第37反坦克营的。因为第37反坦克营自1942年5月起就使用貂鼠Ⅱ/Ⅲ等自行反坦克炮，积累丰富经验。而在1945年4月初，第37反坦克营被送往格拉芬沃尔（Grafenwohr）换装Ⅳ号驱逐坦克L/70（V）。

第664重反坦克歼击营（机械化）

成立于1943年4月1日，来自于第3装

■ 犀牛歼击车的车体前部特写。

■ 德军第519营的犀牛歼击车在维帖布斯克会战间隙时。

■ 1943年，纳粹德军第560重坦克歼击营的犀牛歼击车通过铁路运往库尔斯克战役的途中。

甲集团军的指挥部,由第291反坦克营1连和第263反坦克营3连组成。第664营装备了3个连的PaK 43型88毫米牵引式反坦克炮。1944年6－7月间第3装甲集团军损失惨重,第664营也丢失了所有反坦克炮。1月后,重整后的第664营在没有满编的情况回到东线(2个装备PaK 43型牵引式反坦克炮的连)。1944年11月的一份文件显示,第664营1连被列为回到米劳重装犀牛的单位。第1连如何得到它们的犀牛是个谜,因为德国陆军军务处并没有拨发犀牛的计划,但是9辆犀牛却出现在第664营1944年12月的兵力报告里,第664营与第3装甲集团军一起在1945年退出历史舞台。

独立配备犀牛的第424营

1945年1月的苏军冬季攻势中,第424营与第669重反坦克歼击营以及第24装甲军一同在克林茨(Kielce)前线被围,很快都被歼灭。数日后,此营残余人员在西里西亚的戈隆堡集结,用2辆犀牛和其他坦克阻击苏军在

■荒野中被遗弃的犀牛歼击车。

■犀牛歼击车正面特写镜头。

奥得河上的桥头堡的扩张。2月5日,第424营残部被船运至帕德博恩,组建第512重反坦克歼击营(装备猎虎)。

库门斯多夫装甲连

在1945年3月31日德国武器局库门斯多夫后勤站的一份详细目录里,除某些坦克外还有1辆犀牛,这辆犀牛是提供给库门斯多夫装甲连第2排,4月21日,库门斯多夫装甲连划归莫文斯(Moews)战斗群。

德军预备役部队

德国陆军军务处曾给2个预备役单位配发了犀牛,位于斯普雷堡的第43反坦克预备营和位于波茨坦的第3反坦克预备营。第43反坦克预备营采用第519和第655重反坦克歼击营替换下来的犀牛。而第3反坦克预备营则是第93和第560重反坦克歼击营替换下来的犀牛。这2个预备营都于1945年1月出发至格洛古(Glogau)地带,但并不清楚它们是否携带犀牛前行。

■ 德军第519营的"美洲狮"号车正在补充弹药，此图原为德国联邦档案馆 BA689/242/4a 照片。

■从后车身上那红白条的长短可区别到底是犀牛还是熊蜂，如图所示，较长的是犀牛，熊蜂的要短一些。

重点评论犀牛

虽然SdKfz 164大黄蜂/犀牛在军事及模型爱好者心目中是一款人气很高的坦克（从威龙模型公司把它选做自己1939－1945年系列的头号产品，去年又推出了全新模具的新版大黄蜂/犀牛这点上可以充分看出大黄蜂/犀牛受市场欢迎的程度）。但从犀牛所处的历史背景上来看，它在德军中的地位远远低于军事/模型爱好者心目中的地位。

从开发的动机上来看，它就是一款应急之作。事实上，二战德军坦克歼击车（Panzerjager）系列大都是应急产品或是废物利用。先天上的缺陷(装甲薄弱、开放式战斗室、小车扛大炮往往导致坦克出现马力不足等)使它们慢慢退出历史舞台。此外，犀牛被淘汰也和德军反坦克战术变化有关系，随着战争变化，对坦克歼击车的要求也从开始的支持步兵和坦克部队转为伴随步兵作战。随着德军节节败退，装甲部队也从最开始的进攻转入防御为主，以尽可能更多击毁对方装甲力量为目标。此时对遂行反坦克任务的坦克要求是拥有低矮车身，能良好隐蔽自己；

它的正面要拥有强大的装甲能对抗越来越强大的敌方装甲部队，而犀牛已经不能满足这些要求，加上德军通过使用 III 号突击炮的经验，在1942年底开始设计专门的驱逐坦克（Jagdpanzer）系列，它可视为成功结合了突击炮和坦克歼击车的最终进化产物。底盘要优先满足熊蜂自行火炮使用（德国武器局的这一要求，笔者认为是非常有眼光的，毕竟熊蜂自行火炮仍不算过时）、替代产品的迅速出现（1943年12月IV号驱逐坦克投产）、不能再胜任新

■难得一见的犀牛歼击车弹药箱打开的照片。此图原为德国联邦档案馆 BA691/242/5a 照片。

形势等原因使犀牛成为了坦克歼击车系列的绝唱！

　　另外根据郑明伦先生的考证，德军二战中的"Panzerjager"和"Jagdpanzer"的区别远比想象的复杂。一般大众认知的，多半是战后战史学家自己阐释历史让大家得到的印象。事实上1944年9月才开始有"驱逐坦克"的称呼，那时候斐迪南/象式、猎豹、猎虎等都已经存在，而且改名并未通用到所有形式的坦克歼击车。像斐迪南/象式就从来没有

"驱逐坦克"的官方称呼。而以上所有车辆共同的官方名称却都有"新型突击炮"或"坦克歼击车"的历史。为了方便分类，本文还是采取了传统的说法。

　　（本文的撰写得到了台湾地区郑明伦先生的指导，网友元首卫队、坦克兵汉斯、Cat为本文提供了大量的德语翻译和专业指导，在此特表示衷心感谢。）

帝国夜鹰

——德国空军夜间战斗机部队简史

　　1940年7月10日，不列颠战役爆发，在此后的16个星期里，500多名皇家空军战斗机司令部的飞行员为保卫他们的祖国而献出了生命；德国空军则损失了5倍于此数字的飞行员和机组人员。但就在这一著名战役爆发的前夕，欧洲的天空中正进行着另一场战役——除了少数亲身参与的人们之外，这场战役在当时几乎无人知晓，其持续的时间也不仅仅是16个星期，而是长达5年之久。战役结束时，已经有3000多名德国空军夜间战斗机机组人员失踪或丧生，轰炸机司令部则

为赢得这场战役付出了50000名机组人员的生命。

　　1940年7月8日，64架英国轰炸机飞入北海上空的薄暮中，攻击位于荷兰和德国北部的目标。第10中队的轰炸机于20点58分从约克郡的迪什佛斯（Dishforth）起飞，任务是轰炸基尔的德国海军基地。第二天凌晨1点45分，该中队的一架惠特利发出了最后一条无线电信号，5分钟之后，也就是在当地时间1940年7月9日凌晨2点50分（比英国夏令时间快1个小时），它在赫尔戈兰岛

■（左）1939年11月，一个连的88毫米炮正在战斗中，随着战争的不断延续，防空火炮的布阵将更为复杂。

（右）这是一款最典型的防空探照灯 Flakscheinwerfer37型，装备有直径150cm的镜面，在战争早期这些探照灯统一由一个团来掌控。

（Heligoland）附近海域被一架德国夜间战斗机击落。这架惠特利（N1946）的坠落将会在二战航空史上留下一个简短的注脚——它代表了仍处在萌芽期的德国夜间战斗机部队的首次"官方"击落记录。

历史，尤其是航空史的进程并不总是像大事年表显示的那样精确细致，德国夜间防御力量的早期发展历经了一个漫长而复杂的过程，早在那架无助的惠特利沉入北海之前很久，德国夜间战斗机部队的先驱们就已经历了他们的首次胜利和失败。

两战期间，各国列强受到轰炸机决胜论和诸如意大利人朱里奥·杜黑所宣传的"制空权"理论的影响，试图通过改进声波定位器，探照灯和高射炮来加强地面防御力量。但对于魏玛德国来说，即使是如此的小动作都不被允许，凡尔赛和约将德国的防空部队削减到7个高炮连，每个连4门77毫米车拖高炮，总共才28门。希特勒上台后才真正开始重整防空军备。虽然军方一边倒地支持对德国的重新武装，但仍有一些谨小慎微的军官预见到，光是发展进攻性力量的扩张主义对外政策所蕴含的危机，由于在防御力量方面缺少相应的投入，德国将无法应对敌人的报复性攻击。而此时，英国和法国已经开始装备"重型"夜间轰炸机（分别是1933年亨德利·佩奇的海福德和1935年阿莫伊特（Amiot）的143M），有人提出，对付夜间轰炸机的最

■一架于1940年被派往挪威的第2里希特霍芬战斗机联队第4夜间战斗机大队的Bf109D型，这是一张宣传照。

好武器就是夜间战斗机。

1937年，德国人开始进行一些夜间试验性飞行，比如训练驾驶Ar 68的II./JG 132（"里希特霍芬"战斗机联队）飞行员与柏林的探照灯配合，协力搜索敌机。不过，其起降条件仍处在一战末期的原始水平——火堆标识出的草皮跑道，参加试飞的飞行员开玩笑说，他们总能知道元首什么时候会有下一个领土要求：就在他们被赶去参加保卫首都的夜间防御训练之后一个星期！

玩笑之中不难看出事情的本质，就在1938年9月，苏台德危机最紧张的时刻，在杜布里兹机场成立了一个使用Ar 68的试验性中队，由坚定的夜间战斗机鼓吹者）——布鲁门萨特（Blum-ensaat）中尉指挥，番号是10.(N)/JG 132（德国空军夜间战斗机第132联队第10中队，在简略写法中第1个罗马数字表示联队番号，第1个阿拉伯数字表示中队番号，N表示夜间，JG表示战斗机联队，最后1个阿拉伯数字表示联队番号）。5个月之后，当希特勒准备占领捷克斯洛伐克的剩余部分时，该中队番号改为10.(N)/JG 131（其父系

"里希特霍芬"战斗机联队的番号由JG 132变为JG 131）。随着战争日益迫近，踌躇满志的德国航空部决心建设一支真正的夜间战斗机部队，很快该中队转为正式编制，并用Bf 109D替换了过时的Ar 68。1939年5月1日，其番号又跟随父系，变成了10.(N)/JG 2。3个月之后，德国空军两个作战训练部队之一的第2教导联队组建了一个专门的夜间战斗

■沃尔夫刚·法尔克，摄于1940年10月，安亨。从1940年6月起他担任了三年的第一夜间战斗机联队队长，但他没有取得击落记录。

机中队——11.(N)/LG 2，用以执行试验任务并制定夜间空战的战略战术。

虚假战争

国防军的大部正在波兰鏖战之时，德国最高统帅部的另一只眼睛仍焦虑地盯着西线的盟军。但想象中的夜间轰炸机编队并没有出现，自从30年代中期以来，装甲厚重的昼间轰炸机及其互相掩护更受皇家空军轰炸机司令部的推崇。不过在战争的开头几周，仍有多次夜间空袭警报在德国城市上回荡，当然几乎全都是虚警。9月16/17日晚，柏林的空袭警报造成了夜间战斗机的首次事故，一架 I./JG 2 的 Bf 109 和一架 10.(N)/JG 2 的 Ar 68 在应急起飞后坠毁，飞行员全部丧生，有人怀疑探照灯的炫光曾造成飞行员暂时性失明（资料上绝对没说是相撞坠毁）。

但几周后，II./JG 52 又违心地重温了一次旧梦。此时，盟军的侦察机偶尔也在夜幕的掩护下稍带进行一些对地攻击，虽然没有造成什么损失，但这显然是德国空军最高司令部不愿看到的，于是命令 II./JG 52 将一个中队的 Bf 109 换成 He 51 双翼机，去执行夜间巡逻飞行。奥古斯特·舒曼（August Schumann）上尉的 5./JG 52 就是这个倒霉的中队，由于他的强烈反对，该中队的 Bf 109 最终得以保留，但他们仍得接收一打过时的双翼机。在此后的

■ 地勤人员正在维护一架 Bf110f 型夜间战斗机的 MG17 型机枪。

两个月里，5./JG 52 面临着独特而尴尬的处境——白天驾驶梅塞施密特，夜里驾驶亨克尔。

随着夜间目标的减少，德国航空部认为没有必要继续扩充夜间战斗机部队，所以在1939/1940年冬，将原来各自独立的3个夜间战斗机中队合并成一个单独的大队——IV.(N)/JG 2，由布鲁门萨特中尉指挥，该大队最初被配置在德国的北部海岸：大队本部和11中队（原11.(N)/LG 2）在耶弗尔（Jever），10中队（原10.(N)/JG 2）在朗格沃克岛（Langeoog，荷兰弗里斯兰省的一个岛屿），12中队（原10.(N)/JG 26）在吕讷堡（Lüneburg），后转移到马克斯（Marx），该大队还在波罗的

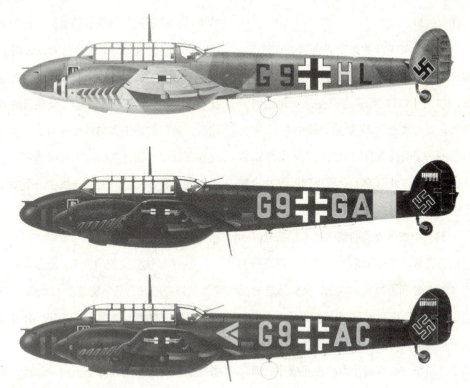

■ 第1夜间战斗机联队的 Bf110C 型。

海沿岸的罗斯托克（Rostock）设立了一个临时分遣队。

　　1940 年春，IV.(N)/JG 2 的一部分被重新部署到内陆。1940 年 4 月 20/21 日晚，战争爆发大约 8 个月之后，威利·施马勒（Willi Schmale）军士长取得了德国空军夜间战斗机在二战中的首次击落记录：在克莱尔斯海姆（Crailsheim）附近击落了一架驻扎在法国的第218中队的飞机，当时这架隶属于AASF（前沿空中突击部队）的飞机正忙着散发传单，该机的三人机组中只有飞行员——加拿大人 H. D."汉克"瓦德尔（Wardle）幸存，但他个人的对德战争还远没有结束，后来他因为从声

名狼藉的 IVC 军官战俘营成功逃脱而一举成名，该战俘营有一个更通俗的名称：寇地兹堡（Pyro Studios 出品的电脑游戏"盟军敢死队 II"对这座号称"只有死人才能出去"的战俘营有极为细致的刻画）。

　　5 天后，赫尔曼·弗洛斯特尔（Hermann Fröster）军士长在斯尔特岛（Sylt）南部海域击落了一架第 49 中队的汉普顿 P1319，获得了该大队的第二个击落记录，这也是德国空军夜间战斗机击落的首架皇家空军轰炸机司令部的飞机。当时有 28 架汉普顿被派往基尔湾布雷，其中有 3 架未能返回。不过，IV.(N)/JG 2 在入侵挪威和之后的闪击战中并没有取

得任何战绩。

这时，英国开始重新思考其轰炸战略：1939年末对德国沿海地区的昼间轰炸损失惨重，12月18日的德意志湾空战更是达到了顶点。参与攻击的22架威灵顿中有12架被击落——证明仅有自卫火力的昼间轰炸机编队脆弱不堪，此后除了众所周知的例外，轰炸机司令部的出击将仅限于夜间。

第一个遭到夜袭的德国城市是慕尼黑－格拉德巴赫，1940年5月11日晚，它遭到了37架汉普顿和惠特利的攻击。虽然造成的损失微不足道，但仍对德国空军最高司令部造成了很大的震动。现在是他们改变战略的时候了，组织一支有战斗力的夜间战斗机部队变得十分紧迫，但布鲁门萨特少校战绩寥寥的 IV.(N)/JG 2 已经提不起航空部策划人员的兴趣，他们桌上摆着另一份报告，起草人是一位驻扎在丹麦的29岁驱逐机大队指挥官。

沃尔夫冈·法尔克（Wolfgang Falck）上尉的 I./ZG 1 是为入侵挪威而组建的，1940年4月从杜塞尔多夫迁至赫斯维格（Scheswig），而后是丹麦的西奥尔堡（Aalborg-West）。正是在西奥尔堡，这个大队耳闻目睹了飞行途中的皇家空军夜间轰炸机，而且他们自己的机场也遭到过夜袭。法尔克自信，他手下的大队就足以对付这些扰人的不速之客。他

首先从训练驱逐机飞行员的夜间飞行能力入手。一些"老鸟"的非正式试验也证明了 Bf 110 的夜战潜力，他们发现，在明亮的夜空衬托下，飞机仍清晰可见，与白天使用的战术相反，最好的攻击方向是自下而上。法尔克还和附近海岸雷达站的同僚共同制定出了一个作战流程：先让一架战斗机在一个固定的等待区内盘旋，然后在地面雷达的导引下攻击入侵的轰炸机。

为了尽快验证他的理论，法尔克和他手下5位最好的飞行员施特莱伯（Streib）、艾勒（Ehle）、维克特·莫德士（Victor Mölders）、鲁兹（Lutz）和特耶尔（Thier）组成了暮光战备航空队（Dämmerungsbereitsc-haftsflotte）。4月30日/5月1日晚，皇家空军轰炸挪威南部和丹麦，法尔克、施特莱伯和特耶尔应急起飞追击返航的轰炸机，在没有地面控制的情况下，他们还是尽力截击轰炸机并与其接战。不过等到这3架飞机开火时，敌机已经

隶属于第3夜间战斗机联队第1大队的Bf110D型战斗机。

■ 在早期战争中，德军夜间战斗机经常会在一些防空火力覆盖地区战斗，免不了遭受损失。

躲进低空云层和海雾中，虽然没有击落敌机，但法尔克已经证明了其想法的可行性。3天后，I./ZG1被调到鲁尔区的基尔希海伦（Kirchh-ellen），为闪击法国和低地国家作准备，所以有关夜间战斗机的实验不得不被耽搁下来，直到法国沦陷后，英国轰炸机司令部开始轰炸德国城镇，柏林终于想起了这位地位卑微的上尉和他超前的报告。1940年6月22日，法尔克和I./ZG 1的其他人员奉命回到杜塞尔多夫，组建德国空军史上第一个夜间战斗机联队。

夜间战斗机联队的诞生

1940年6月26日，沃尔夫冈·法尔克上尉被任命为NJG 1的指挥官，这是德国空军历史上首次将一个联队的指挥权授予一位上尉（虽然不久后法尔克被提升为少校）。当时还没有夜间战斗机学校，所以法尔克的飞行员在居特斯洛（Gütersloh）参加了一个简短的盲飞课程。当然，不是所有的飞行员都愿意放弃昼间作战，因此法尔克不得不去航校搜罗志愿者，大队暂时由君特·拉杜希（Günter Radusch）上尉接管。

沃尔夫冈·法尔克不仅为德国空军夜间战斗机部队的创建做出了贡献，他还引入了后来得到广泛使用的联队标志。早在当年春天首次接管I./ZG 1的时候，他就充分认识到了单位标志的重要性，为此还组织了大队标志的设计招标，最终维克特·莫德士赢得了设计：浅蓝色的盾牌底部是地球一角——北海地区，上面有一只俯冲的白鹰（取自法尔克的族徽）紧握着红色闪电，劈向英格兰南部。当该大队发展成后来的夜间战斗机联队时，法尔克只是把浅蓝色的天空背景改成了黑色（见本章题图）。

法尔克解释说："这个徽章不仅用在飞机上，还用在联队的车辆上，我还把它做成小领章发给联队成员佩戴，不要低估这一外在的隶属标志，联队的每一位新成员经过几个星期的试用后，会在检阅的时候获颁这个领章作为正式接收的标志。同样地，如果有人违反纪律，这个领章也会被收回，作为一个整体，个人的违纪会对整个单位造成不良的影响。"随着夜间战斗机力量的日益强大，不断有新的联队以及高射炮、探照灯和信号部队加入进来。这个徽章被用在所有单位中，仅有一些小的改动，比如NJG 1的盾牌边缘为白色，NJG 2为红色，NJG 3为黄色。一些联队为了区别内部的大队，在盾牌的顶部添

上第二或第三条横杠，另一些则添上一个罗马数字。

NJG 1在其诞生的头几周内孤立无援，但仍在这一时期取得了夜间战斗机的首个"官方"击落记录，正如本文开头所述，在1940年7月9日黎明击落那架惠特利的正是原IV.(N)/JG 2的"老鸟"赫尔曼·弗洛斯特尔军士长。

而法尔克虽然被提升为少校，但仍只是个联队指挥官，缺少必要的影响力来掌控新组成的夜间战斗机部门。1940年7月17日，柏林要求建立一个夜间战斗机航空师来协调所有夜间战斗机的活动，一周后，在布鲁塞尔设立了师级参谋部，8月1日，在荷兰蔡斯特（Zeist）的一座17世纪城堡设立了作战指挥部。原本只是德国空军权宜之计的夜间战斗机部队最终拥有与其任务相称的指挥架构，

■阿尔波特·凯塞林中将接见法尔克。

■维尔纳·施特莱伯，于1940年10月获得骑士十字勋章，当时他拥有65个夜战记录，成为战绩排名第6的夜战飞行员。

■ 隶属于 NJG3 的 Bf110C。

43 岁的约瑟夫·卡姆胡贝尔准将被任命该航空师的指挥官。

在卡姆胡贝尔到任之前，法尔克也已竭尽所能。他手下的飞机缺乏专业无线电设备，甚至是连最基本的消焰器都没有，只是简单地把标准型 Bf 110 昼间型驱逐机涂成亚光黑。缺乏地面控制系统迫使法尔克不得不设计一套自己的作战法则，他把紧挨着鲁尔部署的探照灯部队向前移到威斯特伐利亚境内，直到缪斯特西北部，横跨皇家空军轰炸机的主要前进路线。I./NJG 1 的 Bf 110 驻扎在博宁哈塔特 (Bönninghardt)，就在这条被法尔克称为"光带"的后面。(此时，第 3 大队仍在科隆－奥斯特海姆进行从 Bf 109D 到 Bf 110 的改装训练)。

沿岸的弗瑞娅 (Freya) 雷达站将进犯轰炸机的预警警报通过"雉"代码传递给 I./NJG 1，然后拉杜希的飞行员起飞，在一座无线电导航台和探照灯后方之间徘徊，有时他们得等待 3 个小时之久。一旦"光带"上晃动的光柱发现一架敌人的轰炸机，夜间战斗机就可以自由发动进攻，行动必须迅速——轰炸机会在 3 分钟内穿过"光带"，到达远方黑暗的安全地带。虽然为了避免错过目标进行了大量的训练，但多数截击仍以失败告终，主要原因在于探照灯漫无目的的搜索方式。

7 月 20 日凌晨，终于等来了成功。2 中队的施特莱伯中尉宣称在缪斯特上空击落了一架威灵顿 (施特莱伯击落的可以肯定是一架第 51 中队的惠特利，编号 P5007，在威斯特伐利亚州府东北偏北 35 公里处坠毁)。两天后，施特莱伯击落了第二架惠特利，第 78 中队的 N1487。法尔克的初期型"Helle Nac-htjagd" (亮夜战斗，飞机和探照灯协同搜索截击敌机) 模式已经初见成效。

和师长卡姆胡贝尔一样，法尔克的强项在于他的领导才能和组织能力，虽然在其两年的 NJG 1 指挥官任职期间执行过无数次的任务，但是法尔克仍在之前作为驱逐机飞行员取得的 7 次击坠记录上止步不前。他把荣誉和击坠数留给了他的下级，其中最优秀的是维尔纳·施特莱伯，辉煌的军旅生涯带给他 65 次夜间击坠记录，并在战争结束前 14 个月被提升为夜间战斗机总监。

当 7 月结束的时候，有另 3 位 1 大队的飞行员宣称取得了战绩，与此同时，该大队在作战中也损失了2架Bf 110。但是，皇家空军的轰炸机机组面对部署在德国边境上的那些分散的探照灯屏障开始变得聪明起来，"那里高炮从来不开火"，他们只需绕过它们即可。法尔克对此的回应多少有些孤注一掷，他将一个探照灯连匆忙部署到轰炸机前一晚经过的地区，此举遭受了可预见的彻底失败——过了整整1个月之后才等来了下一个击落记录，仍是令人敬畏的施特莱伯取得的——这也使

夜间战斗机飞行员成了整个德国空军的笑柄，其中一条不太露骨的评论把法尔克的飞行员比作"追逐昨天炸弹坑的巡夜人"。

唯一的解决方法是延长战线，事实上卡姆胡贝尔正准备这么做，"光带"不仅被延长，更重要的是，它已经演变成一条由相互交错的"盒子"组成的链条，每一个盒子都有自己的地面控制雷达系统。最终，形成了一条北至斯卡格拉克（Skagerak），南至巴黎以南的完整屏障——"卡姆胡贝尔防线"。

■ 瓦尔特·艾勒上尉，从1940年10月起到1943年11月担任NJG 1／II大队长，和他的无线电操作员威恩·艾勒军士长（身着皇家空军飞行服）。

■ 一些早期成功的夜间战斗机飞行员在受勋仪式上，前排从左到右是：卡姆胡贝尔少将、赫尔穆特上尉、保罗中尉、贝克尔上尉。

将战火带给敌人

正当法尔克手中 2/3 的战斗机留在本土待命防御之时，另外的 1/3 已经准备将战火烧到敌人的沿岸。

II./NJG1 的渊源可以追溯到 KG 30 的一个驱逐机大队 Z./KG 30，该大队曾在特隆赫姆和斯塔万格外海执行护航任务，挪威战役几近结束之时，中队指挥官中尉赫尔伯特·伯恩希（Herbert Bönsch）率领手下的 Ju 88 南下到鲁德维格斯鲁斯特（Ludwigslust）进行任务转换训练，他们的新任务是去敌人的基地摧毁轰炸机；破坏皇家空军的夜间飞行训练，并伺机投放一些小型炸弹。

在 1940 年初，伯恩希的中队改名为 4./NJG 1 并迁往杜塞尔多夫驻扎，此地还有新成立的 5./NJG 1，该中队装备 Do 17Z，其第一任队长舒茨尔（Sch-ütze）中尉在不久之后的 7 月 19 日即受重伤（之后指挥权移交给荣格（Jung）中尉）。由于杜塞尔多夫太靠近鲁尔的高炮区，所以 2 大队决定使用荷兰的斯希普霍尔（Schiphol）作为前进基地。他们在傍晚从杜塞尔多夫飞到斯希普霍尔，再从斯希普霍尔起飞执行任务，任务完成后回到斯希普霍尔，然后荷兰航空公司的司机用豪华轿车把他们送到阿姆斯特丹的 Krasnapolski 饭店（战后的 5 星级饭店）过夜，当穿着燕尾服的侍者引领机组人员穿过旋转门时，他们仍穿着全套的飞行装具！第二天中午他们再飞回杜塞尔多夫。这样的安排无疑很受欢迎。虽然机组对此欣喜若狂，但地勤和飞机却经不起这么折腾，而且战绩也不理想，法尔克和卡姆胡贝尔不得不前往杜塞尔多夫为4中队和5中队的机组打气，会面的地点是装修简朴的军官食堂：

"是的，先生们，我从你们的报告中得知你们历尽千辛万苦，但是请别忘了在暗室里拍苍蝇的典故，我们有一项特殊而重要的任务要去完成……不要跑来和我争论这些计划，你们注定要和能见度及定位的问题作斗争，我不想听到什么办不到之类的话，我想听已经办到了！你们大队被派去夜袭英格兰是为了解决一个根本问题：在敌人来到这里之前找到并摧毁他们。"

卡姆胡贝尔的训词看起来有了一些效果：7月23日夜，两名5./NJG 1的飞行员，菲尔德维贝尔斯·维泽（Feldwebels Wiese）和施拉姆（Sch-ramm）宣称在北海上空击落了一架威灵顿，地点是在荷兰特克塞尔岛（Texel）外海100公里，不过皇家空军没有相对应的记录以证实这次击落，之后的击落也是如此：一个月后，有飞行员宣称在英格兰东海岸上空击落了两架飓风，一架

■ Do17Z 型夜间战斗机。

■ 一架被德国夜间战斗机部队击落的惠特利轰炸机。

是 8 月 17 日 23 点在洛斯托夫特（Lowestoft），另一架是 10 天后在格林斯比（Grimsby）上空，9 月 8 日和 9 日，5./NJG 1 宣称各击落了一架布伦海姆（需要指出的是，在 9 月 8 日的跨海峡作战中确实损失了 3 架布伦海姆，但原因未知）。与以上这些水分战绩相对应的是，这两个中队已经有 3 架飞机（2 架 Ju 88C-2 和 1 架 Do 17Z-10）坠毁，他们也遭受了首次战斗伤亡：8 月 18 日凌晨，弗利兹·甄克尔（Fritz Ze-nkel）士官长的 Ju 88 被一架第 29 中队的布伦海姆夜间战斗机击落于绝弃岬（Spurn Head）外海，机上 3 人全部丧生。

9 月，随着卡尔·欢绍夫（Karl H-ülshoff）上尉的 6 中队的成立，II./NJG 1 终于拥有了完整的 3 个中队，大队的指挥权交给卡尔-海因利希·赫斯（Karl-Heinrich Heyse）少校，该大队也随之放弃了在杜塞尔多夫和斯希普霍尔之间的每日往返（以及 Krasnapolski 饭店的安乐窝），在荷兰的吉尔泽-里京（Gilze-Rijen）建立永久的基地。后来，II./NJG 1 被重新命名为 I./NJG 2，这是 NJG 2 这个计划中的夜间入侵机联队的第一个大队。

名称的改变也改变了未来，10 月 20 日，欢绍夫上尉宣称在迪什佛斯上空击落的汉普顿得到了战后损失清单的证实。4 天后，3 中队的哈恩（Hahn）军士在约克郡的林顿-上欧瑟（Linton-on-Ouse）基地上空击落了一架"威灵顿"，事实上这是一架刚起飞的第 102 中队的惠特利，这也是第一个被确认的入侵机击坠记录。就在 1 小时之前，I./NJG2 的库特·赫尔曼（Kurt Herrma-nn）中尉宣称在海姆斯威尔（Hemsw-ell）附近击落了两架布伦海姆，实际上他攻击的是一架布伦海姆和一架贝福特，这两架飞机只是被击伤，后来在道克丁（Docking）安全着陆。10 月 28 日，海茵茨·弗科特（Heinz Völket）少尉正确辨认了一架刚起飞的第 49 中队的汉普顿 X3027，并在斯坎普顿（Scamp-ton）附近将其击落于斯科格尼斯（Sk-egness）外海。

I./NJG 2 也开始为入侵英格兰而付出代价，至年底，共有 4 架飞机失踪，估计已经在北海坠毁，在 11 月 23/24 日夜的一次入侵行动中失踪的大队指挥官的"R4+BB"就是其中之一。卡尔·欢绍夫上尉很快取代了赫斯少校的位置，那天晚上的行动他也有参与，并宣称了第二架击落记录（未被确认）。一个月后的 12 月 21 日凌晨，欢绍夫的继任者，3./NJG 2 的中队指挥官乌尔里希·梅耶（UIrich Meyer）中尉在林肯郡被皇家空军飞行学院的高炮击落，他们攻击皇家空军的军校不知是出于无意还是鲁莽，无论如何麦耶尔及其机组是 I./NJG 2 由于敌人行动而导致的首次战损。

1941 年，该大队补充了一个 4 中队（由 I./ZG 2 本部构成），他们的活动范围很快扩展到英国所有东部郡县，目标也不仅是轰炸机

■ 1942年5月31日，一架迫降后毁坏的NJG1第2大队的Bf110F。

司令部的基地，还有皇家空军的夜间训练计划。想到在执行灯火管制的英格兰上空有无数各种型号的飞机，也就不难理解这些入侵机飞行员会错误识别敌机的型号。

战后的研究终于有可能将宣称的击坠和实际损失相对照来研究，更准确地说是剔除，因为I./NJG 2仍经常高估击坠数。比如在1941年1月16日凌晨，阿尔伯特·舒尔茨中尉宣称在风特教会（Church Fenton）附近击落两架"布伦海姆"，之间仅相隔15分钟，而事实是这两架OTU（作战训练单位）后来摔机着陆，乘员安然无恙。哈恩军士则"名副其实"一些，他在3月13日傍晚击落了一架刚从瓦丁顿（Waddington）起飞的第207中队的曼彻斯特，哈恩一定瞥见了这架飞机独特的双垂尾，因为他宣称击落的是一架洛克希德哈得逊。

1941年4月，I./NJG 2获得了至少10架被确认的战绩，这是该大队在英格兰上空最成功的一个月。其中4月8日的战绩，可能改变皇家空军的历史进程，哈恩军士宣称在当天凌晨返航的路上摧毁了一架威灵顿。但事实上和他交战的飞机是一架第29中队的P61，完成了在曼彻斯特上空的夜间巡逻后，安全降落在林肯郡的威灵托（Wellingt-ore），只是飞机偏出跑道撞到了树上。该机的飞行员在之后的战争中丧生，1946年他的回忆录在其

■ Bf110F型夜间战斗机上装备有6挺前射机枪，一对"斜乐曲"机枪，一对后座机枪。

死后出版：

"……我们正在盘旋（准备着陆），想着下去搞点熏肉、鸡蛋和咖啡。我问控制台附近有没有敌机。'不，附近没有敌机'，他们说。于是我打开导航灯开始进场，并按规程放下了起落架和襟翼。与此同时，查尔斯·威都斯（Charles Wi-ddows，中队指挥官）正在地面上负责对空观察，他看到一架可疑的飞机盘旋了一段时间，但他没有无线电，所以什么也做不了。他看见这架Ju 88进入我飞机的机尾位置，当离地面15米的时候，他向我开火，幸亏飞行员不是个好射手，我们的飞机穿过一些树木坠落在机场远处，不过无线电联络员的腿被航炮炮弹击伤了。"这个英俊的飞行员就是盖伊·吉布森（Guy Gibson）上尉，他后来驾驶轰炸机，成了具有传奇色彩的"水坝破坏者"的领袖。

而不知疲倦的汉斯·哈恩因为近期的战绩被提升为军士长，5月的4个入侵机击落数中他也有分（值得注意的是，1941年春，夜间闪击战正在接近其高潮，在英格兰夜空中飞行的德国飞机不仅仅只有I./NJG 2的容克）。5月4日凌晨，哈恩在诺维奇以南击落了一架单引擎战斗机，他相当有想像力，这

■ 威尔海姆·赫尔格特，一个前驱逐机飞行员，成功地成为了一个夜间战斗机飞行员，获得57个夜间战果。

架飞机被他识别为费尔利管鼻燕！但这架飞机只可能是第222中队损失的一架喷火，当时（几乎可以精确到同一分钟）他正在该城以北大约20公里处。

矛盾的击落记录

度过了平静的6月，夜间战斗在7月恢复了活力，其间有7架皇家空军的飞机被击落，几乎全部是入侵机在英国击落的——不过被击坠的目标极少能被正确辨认：7月5日，劳福斯（Laufs）士官长击落的"单引擎飞机"很可能是一架喷火，当时这架第452中队的飞机正准备在北高茨（North Goates）进场着陆；分别在5月28日和30日被宣称击落的一架布伦海姆和一架威灵顿很可能是两架奥克斯福德；7月中旬，第2EFTS（初级飞行训练学校）的一架毫无进攻性且很容易识别的虎蛾在剑桥郡被击落，可能也是错误识别造成的。

到了8月，皇家空军由于已知的敌人行动损失了5架威灵顿，9月损失的2架中也有1架威灵顿，另一架是OTU的汉普顿。10月3日，未来的骑士十字勋章获得者，3./NJG2的阿尔方斯·克斯特（Alfons Köster）军士击落了正准备从奥金顿（Oakington）起飞轰炸布勒斯特的第7中队的斯特林N6085（MG-H），这是该大队在英国击落的唯——架四引擎飞机，也是克斯特本人在半年内取得的第11次战果。10月12日傍晚，皇家空军的一架OTU布伦海姆在白金汉郡上空被击落。第二天晚上，I./NJG 2宣称在剑桥郡上空击落了一架"空中堡垒"，至此该中队对英国的入侵告一段落。

1941年1月到10月，I./NJG 2宣称击落了不少于123架敌机，而皇家空军的实际损失是这个数字的三分之一：23架作战飞机（轰炸机和战斗机）和18架非作战飞机（教练机和训练机）。为此，I./NJG 2自己倒是付出了22架飞机的损失，另有大量飞机受损或是报废。在这22架飞机中，有7架失踪，相信已

■ 本来设计成双座驱逐机的Bf110被改成三座（飞行员，无线电操作员，机枪手）夜间战斗机，最后又被装上几百公斤的雷达加上了4个乘员位置。

经坠入北海,有7架被皇家空军夜间战斗机击落(其中一架是盖伊·吉布森的指挥官查尔斯·威都斯击落的),另有3架留在了英格兰:一架由于发动机失效在诺福克(Norfolk)迫降(很快被弄到范堡罗进行测试),第二架撞上了约克郡的荒野高地,第三架坠落在艾塞克斯郡。

该大队最不寻常的损失是4./NJG 2的中队指挥官中尉保罗波恩(Paul Bohn)驾驶的Ju 88C-2(R4+GM),在6月26日午夜,北海上空的一次交火中,他被一架轰炸机(可能是威灵顿或是惠特利)的反击火力击中,波恩受了致命伤,随机工程师瓦尔特·林德纳(Walter Lindner)下士竭力把这架容克飞回法国北部,他在波恩的降落伞上系上强制开伞拉绳后将其尸体推出了飞机,然后他和无线电联络员也跳伞了。但这架无人驾驶的Ju 88继续飞越了整个法国和阿尔卑斯山脉,直到燃料用尽,才在意大利北部的米兰附近坠毁。

剩下的4架飞机中,两架被己方飞机击落,两架和皇家空军的飞机相撞。7月22日凌晨,在赫特福德郡的巴尔多克(Baldock)附近,3中队的海因兹·威克尔(Heinz Völker)少尉及其机组驾驶的"R4+BL"和满载8名乘员的第11OTU的威灵顿相撞后坠毁。10月11日傍晚,汉斯·哈恩(Hans Hahn)少尉驾驶的Ju 88C-4同一架第12FTS(飞行训练学校)的奥克斯福特在兰开夏郡上空相撞,在这两次撞击中,双方都无人生还。

就在7月9日,汉斯·哈恩作为首位得到10架击落记录的入侵机飞行员被授予了骑士十字勋章,他的死标志着I./NJG 2在英格兰的战斗正在走向终结(就在哈恩殉职的当天,该大队最高纪录——14个击坠数的持有者威

■ NJG1 第 3 大队的一架 Bf110C 型夜间战斗机。

廉·贝尔军士长为该大队得到了第二个骑士十字勋章）。此后不久，元首本人发出命令，要求立即中止对英格兰的夜间入侵。虽然卡姆胡贝尔将军再三强调其价值，并要求继续该行动，但希特勒十分强硬，该大队宣称的战绩不能不让他产生怀疑（超过了其他夜间战斗机大队的总和），证据在哪里？此外，普通德国民众对在境外击落了多少敌机也不感兴趣，他们想看的是确实的证据，最好是家门口附近一堆仍在冒烟的残骸，那些炸了他们房子的恶棍已经为此付出了代价，这就足够了。

■ 一架被德国夜间战斗机部队击落的英国皇家空军兰开斯特轰炸机。

与此同时，现由埃里·希荣格（Erich Jung）上尉指挥的 I./NJG 2 及其 Ju 88 被调到了西西里的卡塔尼亚(Cantania)，以执行对马耳他的攻击和地中海护航任务。

卡姆胡贝尔防线

虽然夜间战斗机部队被剥夺了跨海峡的攻击能力，但是卡姆胡贝尔防线和北海沿岸防线仍在迅速发展，出现了新的大队和更有效的地面控制系统。

1940年9月 II./NJG 1 重命名为 I./NJG 2，这意味着还要建立一个新的大队来填补空缺

（第三个大队在几个月之后建立）。多少有些凑巧，那些曾经不愿加入夜间战斗机部队的昼间驱逐机机组在英格兰上空饱受折磨，更为可笑的是，有时远程护航战斗机自己也需要一架战斗机护航！在不列颠战役的后期，德国空军发现手上的驱逐机有一多半已显得多余，Bf 110 离退役期还远，而法尔克的试验证明了其作为夜间战斗机的巨大潜能。所以在之后的几个月里，昼间驱逐机大队一个接一个地消失，他们的成员重新参加训练，以扩充日渐增长的夜间战斗机力量。

驻扎在挪威的 I./ZG 76 被选定成为新的

II./NJG 1，在不列颠战役中该大队跨越北海对英格兰北部发动的攻击以惨败而告终。9月初，指挥官格拉夫·冯·斯尔夫弗莱德（Graf von Stillfri-ed）上尉率领该大队从斯塔万格（Sta-vanger）转移到巴伐利亚的因戈尔施塔特（Ingolstadt）进行夜间战斗飞行训练。1940年10月2日，在安亨－帝伦（Arnhem-Deelen）正式成为NJG 1的2大队。为了给这个新组建的大队提供一个富有经验的核心，法尔克将该大队的4中队和瓦尔特·艾勒中尉的3./NJG 1对调。10月6日，斯尔夫弗莱德上尉在一次坠机中遇难，艾勒随即被任命为2大队的指挥官(他领导该大队直到1943年11月17日过世)。

1940年10月组建了另一个新的大队 I./

■ 一架迫降后受损的 Ju88C-4。

NJG 3，它同样是从驱逐机单位转换而来的，即第1教导联队的重型战斗机大队 V.(Z)/LG 1，这个大队在波兰和法国取得了巨大的成功，但是在不列颠战役受到重创。I./NJG 1的指挥官君特·拉杜希上尉被调来接管这个新的大队，但在大约一年的时间里，该大队的第1和第2中队一直在韦希塔（Vechta）、奥尔登堡（Oldenburg）等地进行飞行训练，而3中队则被派往地中海。

虽然有大量的Bf 110及其机组来组建新的作战单位，但是缺少有效的地面控制仍是一个难以解决的问题。最初，唯一可供卡姆胡贝尔使用的电子"眼睛"是沿岸的弗瑞娅（Freya）雷达站，它拥有160公里的探测距离，可以提供入侵轰炸机的早期预警，但却不适合用作近距离拦截控制，它缺少细节分辨力（在战斗机发现目标之前很久，代表目标轰炸机和攻击战斗机的两个雷达坐标点就已经重叠），而且无法指示高度。为了克服这些缺点，1940年9月7日，赫尔曼·蒂尔（Hermann Diehl）少尉在南海（Zuider-Zee，后来围海造田形成艾瑟尔湖）的纽恩斯皮特（Nunspeet）组建了一个专门的无线电单位，此处正好位于皇家空军轰炸机的一条主要前进航线上。蒂尔在当地的弗瑞娅雷达上加装一个高度测定附件，并使用Ju 52模拟进犯的轰炸机进行了一系列试验。1940年10月16日夜，4./NJG1经验丰富的鲁德维格·贝克（Lu-dwig Becker

少尉获得了德国空军第一个地面控制之下的夜间击落记录，他驾驶一架 Do 17Z-10 "Kauz" 夜间战斗机，在纽恩斯皮特控制台无线电的导引下接近一架进犯的轰炸机，开火时距离不到 50 米。

■ 一架 NJG1 第 4 中队的 Bf110F-4a 型夜间战斗机。

贝克回忆道："我处在一个理想位置上，高度3300米，通过一连串修正，已经径直朝向敌机。在月光下，我突然在左上方大约100米处发现一架飞机。接近后发现是一架威灵顿。我慢慢从后方接近，然后朝机身和翼根射击了五六秒，右侧的发动机立刻起火。英国人仍继续飞了一段时间，但是迅速失去高度。就在火势看起来快熄灭的时候，我看到它朝地面翻转，撞击后爆炸成了一团火焰。"

贝克的牺牲品无疑是第311（捷克）中队的 L7844，当时正在去基尔的路上。这架飞机坠毁在荷兰格尔兰德省阿本尔多恩（Apeldoorn）西北偏北大约30公里，虽然截击摧毁这架飞机是在有明亮月光的夜晚，有极好的能见度，但也足以使卡姆胡贝尔相信"黑暗"夜间战斗的可行性——也就是说，在没有探照灯的帮助下，仅靠地面控制指引夜间飞行。

卡姆胡贝尔随后在北海至英吉利海峡沿岸的雷达站大量使用蒂尔的这种试验性装置。到了1941年夏末，暗夜战斗行动已经宣称击落了大约50架英军轰炸机——而亮夜战斗行动击落的敌机是这个数目的一倍，入侵英国行动击落的敌机则几乎是这个数字的一半。最终，16个暗夜战斗区组成了德国空军夜间防御的第一线。虽然其重要性随着1942年初机载雷达的出现而减少，弗瑞娅仍是空战中值得依仗的仪器，一直到战争的最后几个月。

随着秋天的来临，卡姆胡贝尔开始担心坏天气会使他的整个亮夜战斗计划会变成灾难。厚云的遮盖会对这个系统唯一的依赖——目视瞄准，造成严重的破坏。在安亨附近，他尝试将一个探照灯和一个弗瑞娅雷达联结在一起（所谓的"寄生装置"）来减少探照灯连在黑暗的天空中探查目标所花的时间。10月1日凌晨，位于荷兰的祖特芬（Zutphen）东部的第二台"寄生装置"帮助 2./NJG 1 的格里赛（Griese）中尉在罗宁根（Lö-ningen）上空击落了第115中队的一架威灵顿。

■ 一架迫降在德军 NJG1 第 2 大队基地的威灵顿轰炸机。

维尔茨堡（Würzburg）-A雷达和天床

暗夜战斗防御带真正需要的是有大约60公里探测距离的特制精密雷达。这种仪器即将出现，德律风根公司已经为高炮团研制了一种小型炮瞄雷达——维尔茨堡-A，现在他们开始制造更大的型号，用对角长7.5米的格栅反射器取代维尔茨堡-A的3米直径碟形天线，其发射的窄频雷达波能提供更远有效探测距离。

作为过渡手段，卡姆胡贝尔弄来了一些初期型维尔茨堡-A来协助亮夜战斗行动。这些雷达在10月投入使用，但后来证明这不是一个明智的选择，维尔茨堡-A被安置探照灯之前，和声音定位器平行，而夜间战斗机仍部署在探照灯之后，绕着一个导航台盘旋，一旦维尔茨堡-A发现目标，导航台就引导夜间

战斗机前往截击。轰炸机和夜间战斗机经常同时出现在声音定位器前面，其操作员常被双方的"声音色拉"搞得大伤脑筋。维尔茨堡-A和声音定位器的报告经常互相矛盾，夜间战斗机被识别为轰炸机的几率高达50%，探照灯操作员也搞不清楚他们搜索的是哪架飞机，甚至有一架夜间战斗机飞行员，依照地面控制员的指示飞行，最终发现是在自己追自己！

毫无疑问这种做法没有得到支持，探照灯团的指挥官建议用维尔茨堡-A来控制探照灯（该系统后来被采用）。夜间战斗机飞行员显得更加不满，尽管卡姆胡贝尔要求严格执行新的战术，但拉杜希上尉的I./NJG 1还是重新执行原来法尔克的战术，在10月14/15日，该大队宣称击落5架敌机，虽然确实的数字可能是3架，但邻近地区艾勒中尉的II./NJG 1使用"被认可"的战术，却一架也没有击落。

不知道拉杜希后来离职去接管分拆的 I./NJG 3，算是上头对他的表现不满，还是承认他的办事能力！I./NJG 1后来由瓦尔纳·施特莱伯上尉接管。

随着可供使用的弗瑞娅雷达数目的增加，以及新的巨型维尔茨堡（Würz-burg-Riese）雷达的投入使用，卡姆胡贝尔将探照灯团分拆成连级单位，部署在彼此相距大约40公里的"盒子"里。每个"盒子"里有三台彼此独立的雷达：一台弗瑞娅雷达用作早期预警和全程监控，两台巨型维尔茨堡——一台用来跟踪目标轰炸机，一台用来监视截击战斗机。这个一对一的控制系统，德国空军的代号叫天床（Himmelbett），是卡姆胡贝

■NJG2从其荷兰基地起飞使用88C型飞机前往英国执行夜间入侵行动。

■1941 年中期，NJG4 的地勤正在维护一架 Bf110C—4。

尔防线的核心。随着越来越多的盒子被夹在这个链条上，直到 1942 年中，形成了一条从丹麦弯曲延伸到法国的完整防御带。但在刚开始的一年里，天床的使用效果并不理想，在漆黑的夜晚战绩很少，机组仍期待着满月期更好的能见度，击坠记录仍集中在少数人手中，到 1940 年末，夜间战斗机部队宣称击落了 42 架皇家空军飞机，而其高炮则击落了 30 架。

1941 年初，卡姆胡贝尔的夜间战斗机部队由于缺乏经验和大量的事故，已经步入低潮期，每个中队（一般有 12 架飞机）可供使用的作战机组已经不足 4 个。随着皇家空军继续扩展其攻击目标的范围，情况进一步恶化，比如在 1940 年秋，I./NJG 1 还在加尔德勒根（Gard-elegen）保护柏林，在皇家空军轰炸汉堡后，该大队立即转移到斯塔德（Stade），尔后皇家空军对鲁尔的轰炸又迫使其向多特蒙德、杜塞尔多夫和其他鲁尔的机场派遣分遣队。1941 年 3 月，I./NJG 1 最后转移到新扩建的文洛（Venlo），这里将成为他们的永久基地，直到 1944 年 9 月德国空军从荷兰撤离。

2 大队的两个装备 Bf 110 的中队，5./NJG 1 和 6./NJG 1，

■ Ju88C-2 夜间入侵行动中使用的飞机。

在1941年上半年也在不断迁移，在比利时执行了暗夜战斗任务之后，他们向北转移到社尔威格（Schelwig），之后到斯塔德帮助防御汉堡。4月9日午夜前，3大队的卡尔-海因兹·施尔菲林（Karl-Heinz Scher-fling）军士在林根（Lingen）上空击落一架第7中队的斯特林 N6011，至此揭开了夜间战斗机部队猎杀数百架皇家空军四发轰炸机的序幕。

同时，使用 Bf 110 和少量 Do 17Z 的 4./NJG 1——后来补充了更强大的 Do 217——被调往利瓦顿（Leeuwar-den）。这个基地还驻扎着一个从李奇林研究中心来的小队，他们将执行巨型维尔茨堡地面雷达的试验任务。

雷达的进一步发展

1940年末，卡姆胡贝尔急需为他的战斗机安装机载雷达，德律风根公司再次回应了他的需求，这种设备可以通过现有的光石-A无线电高度表改造得来，但其操作波长需要一个外置的天线阵。一个实验性的装置首先被安装在鲁德维格·贝克中尉的 Do 215B-5上，贝克十分乐意使用新的系统，经过一段时间的磨合，1941年8月9日凌晨，他在德荷边境击落了一架第301（波兰）中队的威灵顿 T2625，这是夜间战斗机部队首个空中截击击坠记录。在之后的几周里，他宣称摧毁了4架英国轰炸机：最后一架是在10月2日，他的雷达操作员在大约2800米距离上发现了目标。

但是光石雷达的未来仍不明朗，德国空军最高司令部最初以影响飞机性能为由禁止使用外置雷达天线，而是倾向于使用可将天线安装到机头里的短波雷达（类似英国人的做法），但是希特勒本人不愿意禁止新式装备的研制工作，最高司令部自然撤销了禁令，但这导致了光石的大规模使用延误了一年，其与众不同的机头天线阵将会是德国夜间战斗机的重要识别标志。

1941年夏末秋初，夜间战斗机部队获得了6枚骑士十字勋章。之前，法尔克和施特莱伯已经于1940年10月获颁骑士十字勋章，主要是为表彰他们对组立夜间战斗机部队所作的贡献。在新的获颁者中有卡姆胡贝尔将军，以表彰他为建设这个部队不知疲倦地工作。

另5名都是作战飞行员——两名I./NJG 2的入侵机飞行员，前面已经提到——另3名来自NJG 1：保罗·吉尔德纳尔（Paul Gildner）、莱因霍尔德（Reinhold）、艾卡德（Eckardt）和赫尔穆特·兰特（Helmut Lent）。有两名德国飞行员得到了100架以上的夜间击落数，兰特就是其中之一，II./NJG 1宣称的前100个击落记录中兰德中尉的第4中队就占了65个，几星期后，兰特成为了II./NJG2的指挥官。

1941年8月1日，卡姆胡贝尔的夜间战斗机航空师扩建为航空军，不过只拥有一个大队的NJG 2和NJG 3为了方便管理仍从属于法尔克的NJG 1。11月1日，NJG 2的本部在吉尔泽－里京成立，得到4./NJG1和6./NJG1的骨干分子补充的4./NJG 2在利瓦顿转制成了II./NJG2，而III./NJG 2直到1942年3月才成立。NJG 3则再次利用了垂死的驱逐机部队，除了联队本部是新成立的之外，II./NJG3和III./NJG3直接从II./ZG 2和III./ZG 76转换而来。III./ZG 76是著名的"鲨鱼嘴"大队，加入夜间战斗机部队之后的一段时间里

仍继续使用其华丽的机头标志。NJG 2负责卡姆胡贝尔防线的荷兰部分，NJG 3负责德国北部从斯塔德到石勒苏益格的弧形地带。

1942年初，在早期预警雷达方面有了进一步的发展，按照维尔茨堡雷达的成功范例，制造商提出了两个方案，都是通过增大反射器的尺寸来扩大探测距离。

16个弗瑞娅反射器组成了猛犸雷达的巨型"床架"，对角长30米，10米高（大约是一个网球场的尺寸），能探测在300公里外高空飞行的飞机，但像小型的弗瑞娅雷达一样，猛犸仍然无法测定高度。另一个缺陷是，猛犸的三柱支撑结构不能转动，为了追踪敌机的接近和返航路线，猛犸反射器得经常背对背成对安置。与此相对比，由8个（或更多）垂直排列的弗瑞娅反射器组成的船夫（Wass-ermann）雷达，安置在一个能转动的60米钢塔上，能提供300公里外飞机的所有准确细节——距离，方向和高度！船夫雷达被称为"二战期间最好的早期预警雷达"，其后期型号的探测距离达到380公里，足以从德国境内探测到海峡对面的飞机。

这时，第一批共4架装备了量产型光石

■ Do17Z-7夜间战斗机。

■ 德军防空连使用的主要雷达维尔兹堡—A型。

机载雷达的夜间战斗机到达了利瓦顿。除了一向热衷此道的贝克，许多过去的驱逐机飞行员已经习惯了独自操作飞机，很难适应按照雷达操作员口令来操纵飞机，而无线电操作员也感觉新的任务压力太大。一些指挥官（包括赫尔穆特·兰特，后来态度完全转变）对此也产生了怀疑；于是新接收的装备雷达的飞机被搁在一边，而那些没有"诱导阻力天线和后座魔术盒"的飞机则在空中猎杀皇家空军轰炸机。

随着德律风根公司开始以每月60台的速度生产光石雷达，希特勒决定将卡姆胡贝尔的探照灯部署到遭受皇家空军攻击的城市和工业中心附近，这就逐渐拆解了沿着卡姆胡贝尔防线设立的"明亮区域"，也使得夜间战斗机机组不得不采用新的技术，他们很快就会认识到这比亮夜战斗模式更加有效。

之后的1942年2月中旬，II./NJG 1的飞行员重温了一段过去驾驶驱逐机的美好时

■两架Bf110护卫下的战舰。

■从1942年起制造了1500台维尔茨堡－巨人型雷达。

光。1942年1月15日，艾勒上尉的大队转移到比利时的圣特伦德（St Trond）执行亮夜战斗任务，并等待装备光石雷达（直到8月才全部改装完），他们接到命令为海军的三艘大型军舰——沙恩霍斯特、格内森瑙和欧根亲王，提供清晨和傍晚的空中防卫，这三艘军舰正在法国的港口布勒斯特——准备进行历史性的"海峡突进"，回到本国水域。

这支小型舰队将从大西洋经过英吉利海峡回北海，II./NJG 1的30架Bf 110被配置在沿岸的机场。2月11日午夜前，这三艘军舰在7艘驱逐舰的护航下驶出布勒斯特港，第二天08：30在瑟堡外海遇到了该大队的第一批Bf 110。II./NJG 1的海上护送行动耗时整整两星期，在护送两艘战列巡洋舰回到德国北部的港口之后，他们又陪伴欧根亲王号向北行驶直到挪威的特隆赫姆，那里是他们熟识的地域。在这次行动中没有夜间战斗机被击落，该大队也没有击落任何敌机，唯一的事故来自第6中队的比尔肯斯托克（Birkenstock）少尉及其机组，在从不来梅－布鲁门到柳贝堡（Lübeburg）的转场飞行中，他们由于起飞后不久发生的发动机故障而受伤。

1942年3月初，卡尔欢绍夫少校将其麾下的一个机组训练与补充中队（Ergäzungsstaffel）改制为3大队本部，至此NJG 2形成了完整的建制，在之后的几周内，将会有新鲜血液流入，来组成III./NJG 2的三个中队。

其后登场的是NJG 4，其实早在1941年1月，该联队就在法国的梅兹（Metz）成立了，

■ Do217，少量装备夜间战斗机部队，由Do17J-2加装FuG202雷达而成。

■ 一架停在基地中的NJG1的Bf110C。

当时已经有联队本部、1大队和2大队（原来的ZG 26本部、1大队和2大队），但后来NJG 4本部和NJG 3本部互换了位置，1大队和2大队随后又变回了I./ZG 26和II./ZG 26。1941年11月，NJG 3和NJG 4的联队本部再次交换，1942年5月1日，全新的II./NJG 4成立，ZG 26再次提供了骨干力量，但大部分机组来自训练学校；III./NJG 4的3个中队则直接从NJG 1抽取（每个大队一个中队，NJG 1不得不重新组建3个新的中队）；而I./NJG 4则要等到10月份才成立。

当德国人继续扩张其力量之时，卡姆胡贝尔的对手已经准备好了一份见面礼。英国空军元帅"轰炸机"哈里斯接手了不断扩张但仍然相对盲目的皇家空军轰炸机司令部，由于每个轰炸机机组可以自由选择各自的近进和返航路线，他们有各自的领航员，计算出的避开高炮阵地的优先航线不尽相同，其必然的结果是几乎每次空袭都由随机出现的轰炸机完成，在时间和空间上都相对分散，他们将不得不单独或以小群的方式突破卡姆胡贝尔防线，这正是天床系统的设计基础。在1942年的头几个月里，由于更多夜间战斗机大队以及光石雷达的投入使用，轰炸机司令部的平均战损率接近50%。不过，英国科学家最近已经研制出新的无线电导航系统："G"，它依靠地面发射机发射的一系列脉冲信号，在超过600公里的范围内组成看不见的无线电坐标方格，可以横跨欧洲北部。轰炸机上的一个阴极射线管可以显示这些脉冲信号，通过测量两个信号之间的时间间隔，领航员能计算并标出飞机的位置，而且相当的精确（在接近发射机的距离上误差为0.8公里，在最大距离仍只有9.6公里）。

凭借实力的增长，以及"G"所提供的优势，哈里斯计划通过集中使用轰炸机来突破卡姆胡贝尔防线。在每个宽40公里的天床盒子里的两台巨型维尔茨堡，每次只能引导一架夜间战斗机攻击一架轰炸机，一次截击一般平均需耗时10分钟，那么其间其他飞越该盒子的轰炸机就能安然通过。虽然肯定会有轰炸机被截击，但是哈里斯已经做好牺牲小部分来保全大部分的准备。通过搜罗作战训练单位，哈里斯手上的轰炸机已经超过1000架，而目标，根据天气预报，将是科隆。1942年5月30日晚，将会出现历史上首次千机轰炸。

哈里斯的战略看来得到了回报，据信共有18架轰炸机在卡姆胡贝尔防线上被夜间战斗机击落，其中8架是由驻扎在圣托伦特的II./NJG1击落的，他们的防区横贯主要的近进路线。估计有近900架飞机飞抵并轰炸了科隆，总共41架轰炸机没能返回，这是皇家空军迄今为止在一夜之内的最高损失纪录。

欧洲战场的进程已近过去了一半，为掌握德国的夜空，两大巨头的力量和技能正在不断成长，战线也已经拉长，除了对科隆的攻击，之后的几个月里还会有其他更具破坏性的轰炸，代价也更为惨重。在轰炸科隆之后一个星期，数千张撒在德国境内的传单结尾这样写道："皇家空军新一轮的攻势开始了"，哈里斯的千机轰炸对夜间战斗机部队来说是战争"开始的结束"，对轰炸机司令部来说，科隆则是"结束的开始"。

成长的阵痛

盟军轰炸机司令部把对科隆的袭击当做"结束的开始"仍然有些草率。3年的艰难战役仍然继续着；正如一方有计策后另一方就会有对策，3年的痛苦斗争和起伏的命运在德国空军的夜间战斗机出现前就变坏了，这种令人不快的事实果然在不久后到来了。仅仅在盟军对科隆袭击48小时后，英国皇家空军发动了又一次"最大努力"的进攻。确切地说，盟军在6月1日对埃森的袭击不是一次千机大空袭；被派出的飞机的数量仅仅有44架。随之的结果就像人们预料的那样失望，在薄雾和低矮的云层笼罩下，本该落在目标地区的炸弹被分散在一个广大的区域。虽然轰炸机司令部证实在这次袭击中轰炸机的损失要比在科隆少10架，但是高达31架的损失换来的却是十分有限的效果（就像科隆战役，这次空袭中德军夜间战斗机的空军仅仅损失了一架Bf 110以及机上的成员，这名不幸的飞行员是7./NJG 1的赫尔穆特·沃尔特斯多夫中尉（Helmut Woltersdorf）。

1941年6月25日——这个月的第二个满月之夜，阿瑟·哈里斯决定对德国发动第三次千机轰炸。轰炸机司令部这一次也不能完全提供所需的飞机数量，从岸防航空队和陆军协同航空队抽调飞机，最后终于集结了1067架飞机。这次空袭的主要目标是不来梅。虽然空袭对目标造成了极大的损害，但英军也被击落了55架飞机，其中16架是被II./NJG 2装备光石雷达的Bf110击落的。德方损失了2架Bf110以及另外2架中弹返回的飞机的成员。"千机轰炸"成功后，哈里斯爵士的领导能力得到证明，他以一种不那么雄心勃勃的方式将对德国的空袭持续下去，以平均一周三到四次、每次百余架轰炸机规模的空袭慢慢消耗德国人的力量。

在北海的东边，皇家空军三次"千机轰炸"在舆论和宣传上的影响已经超越了其实际造成的伤害。德国夜间战斗机飞行员第一次开始表露出他们对地面控制的不满，当时

德国夜间战斗机地面指挥系统由多个单独的单元组成，每一个单元在某一时间里只能控制并引导一个中队，这些单元相互连锁成一道防线。飞行员们对这种作战方式提出了质疑，英国新型轰炸机的不断出现，使德国空军在防守上暴露出一个致命的缺陷：当某个单元里的战斗机对一架轰炸机进行集中攻击时，其他的轰炸机都可以乘隙而入，不受伤害地穿越经过该单元所覆盖的空域，不受阻碍地飞入轰炸区域。

为了协助一名夜间战斗机执行任务，地面上差不多有12名工作人员为其服务。轰炸产生的浓烟，以及对敌军轰炸机毫无阻碍地

■ 1943年初，7./NJG的Bf110G-2被迫投入到白天拦截美国陆军航空队轰炸机的行动中。

■被德军夜间战斗机击落的哈利法克斯轰炸机。

飞过头顶的担心始终围绕着他们。考虑到战斗机中队在作战中的混乱现象，各夜间战斗机部队开始钻研采取与昼间作战的"自由狩猎"战术类似的夜袭战术的可能性，飞行员如果在自己的格斗空域之外发现敌机，可以在空中自由徘徊以寻找战斗机会。

德国空军中与哈里斯职位相当的人是夜间战斗机司令卡姆胡贝尔中将，在与"盟军轰炸司令部像国际象棋棋局一样混乱的袭击"（卡姆胡贝尔在一次记者采访中这样说）进行对抗的战役中，开始只有少数的中队受他支配，现在增加到4个大队。为了形成防御线的核心，许多夜间战斗机联队都将其驻地和营房搬到了西北欧的基地里，直到1944年下半年德军从法国和低地国家撤退，这些联队一直以这里作为他们的永久基地。

卡姆胡贝尔不打算被盟军仅仅三波的进攻吓退，他相信英国人没有能力继续进行这种大规模的进攻，他计划增加防御线，将其沿纵深配置到德国境内，这样盟军的轰炸机将不是仅仅从一两个夜间战斗机防御"单元"上空飞过，而是要飞越所有的德国夜间战斗机机群防区。为了实现这个计划，他要求德国的兵工厂每月以双倍的效率生产30座大型的维尔茨堡雷达，以保证满足需求。他同时希望现有的夜间战斗机大队的数量增加8倍，并且增加150000人为夜间防空部队服务。可惜的是这些要求都是不可行的，而且毫无意义，即使执行了也会被敏感的盟军轰炸机司令部察觉。

帝国防卫组织（the Defence of the Reich Organization）并没有执行那个计划，戈林取消了卡姆胡贝尔的乌托邦式的雷达"采购计划"。德国空军最高指挥部提出迅速建立夜间战斗机部队是当前最重要的工作，并且组建和训练计划已经提上日程。有充分的证据证明这个假设是合理的，因为随着德国飞行员对新型光石雷达的熟练使用，他们已经开始在战场上显露佳绩。至今，只有那些以低地国家和最接近盟军轰炸机司令部主要通道的路线为基础的各个大队才会有适当的装备。在其他大队之中，包括NJG 3所在的德国北部地区，作战经验日趋丰富的夜间战斗机飞行员们正享受着光石雷达带来的好处。而在德国南部地区，当军事学校的建设每况愈下时，还不完善的第4夜间战斗机大队表现得更加不好（许多"经过训练的"二线人员在到达他们的岗位后，对于他们将要使用的仪器或工具毫无经验，以至无法正常使用）。

没有增援

卡姆胡贝尔要求增加部队及物资的请求被拒绝后，不得不自己想办法进行补充。人力的短缺通过由其他组织——纳粹党、劳工阵线和青年运动——吸引男女志愿者的方法

■最后一型的 Do 217 夜间战斗机——Do217N-2。

■ 苏格兰阿伯丁试验场上的 Ju88R-1。

得到了部分解决。这个措施导致大量德国空军妇女辅助人员组织的成员加入空军，因而德国空军里的非战斗人员越来越多。

希默尔贝特（Himmelbett）开发的"个人控制系统"的局限性，可以通过将所有可调动的夜间战斗机合并成三个相邻的单元而得到部分解决。每个单元与其相邻两个单元的防区重叠25%，这样就可以在一个区域同时控制三个作战部队，而其作战区域宽度只有标准单元的一半（当然也是有损失的，每个单元靠外的75%将完全暴露）。虽然只是一个暂时的措施，这种"扩大的"单元却有着很高的效率；大量的盟军飞机在1942年夏天的夜晚轰炸鲁尔区时深受其害。

德军飞行员使用光石雷达的专业技术和信心在持续增长，并导致盟军损失的清单也随之增长，光石雷达发现的一多半敌机都可以被击落了。在1942年8月，瓦尔特·埃勒上尉（Walter Ehle）II./NJG 1 的宣称其战果中有 25 架是由光石雷达发现并击落的。1942 年 8 月，德国空军还引进了代号为"海因里希"（Heinrich）的强有力的新型干扰发射器。这种发射器可以以很高的效率，将英国人发送的用来确定在敌人领土上的位置的导航信号屏蔽掉。同时，德军海岸上的弗瑞娅雷达站的早期预警链被提升了性能，以至当英国皇家空军的轰炸机还在英国上空时，就已经被德军雷达发现。此外还有一些增强德国夜间防御力量的调动。在 1942 年 8 月，I./NJG 2（该大队曾经在 1940 – 1941 年在英国执行过军事任务）从地中海及北非地区调回到西欧。在接下来的几个月中，该大队被安排在比利时的梅尔斯布鲁克（Melsbroek）基地，直到在 1943 年初才再一次向南调动。1942 年 9 月，在柏林地区建立了一个全新的夜间战斗机联队，即 NJG 5。该联队最初只包括队部和第 1 大队，队部在杜布尔尼茨（Doeberitz），指挥官为弗里茨·施弗少校（Fritz Schaffer），第 1 大队部署在斯坦达尔（Stendal），指挥官为西格弗里德·旺达上尉（Siegfried Wandam）。

夜间战斗机的第 1000 架战果

1942 年 9 月 10/11 日的夜晚，空袭杜塞尔多夫的 33 架英国轰炸机中的 1 架被击落，

■ Ju88G。

使德国夜间战斗机部队达到了第 1000 架战果。在 1942 年剩下的几个月中，德国空军费尽心思使每个部署在德国本土的夜间战斗机联队增加到 4 个大队的规模。第一个增员的部队是 IV./NJG 1，于当年 10 月 1 日在吕瓦登（Leeuwarden）组建，其指挥官是赫尔穆特·兰特上尉（Hauptmann Helmut Lent）。这支部队前身是 II./NJG2，其空缺位置很快就被 III./NJG 2 代替，该大队不久后就转场到了地中海地区。1942 年 10 月，I./NJG 4 组建完毕（第 2 大队和第 3 大队已经在这年春天组建完成），4 大队于 1943 年 1 月 1 日加入该联队，然而此时该联队的另外 3 个大队又被抽调至 NJG 3 和 NJG 5，其番号分别改为 IV./NJG 3、II./NJG 5 和 IV./NJG 5。

在 1942 年年底，已经有 15 个夜间战斗机大队被卡姆胡贝尔部署到德国的重点防守位置，其中包括 3 个四大队制联队（NJG1、NJG3、NJG4），以及 1 个三大队制联队（NJG5），III/NJG5 直到 1943 年 4 月才组建完

■ He219A-5/R1 型夜间战斗机

毕。在这些大队的飞行员中，新的名字和名人开始出现。并肩作战的法尔克、施特莱伯和兰特还有其他人的名字都时常在对公众公布战绩时出现，以表扬他们的功绩。在 1942 年授予夜间战斗机飞行员的 10 枚骑士十字勋章中，有 2 枚颁给了在国外出生的亲王。I./NJG 3 大队长埃格蒙特·利珀−威森菲尔德亲王上尉（Egmont Prinz zur Lippe-Weissenfeld）在奥地利开始了其飞行军旅生涯。在 1942 年 4 月 16 日，他以 21 架的战果得到骑士十字勋章，在 1944 年 2 月成为 NJG 5 联队长时，他

■ 美军俘获的一架 He219。

又增加了 30 架战果。他在这个职位上只待了 3 个星期：1944 年 3 月 12 日，他和两个同事乘坐的 Bf110G-4 飞机在执行一次非战斗飞行时在比利时阿登地区的圣于贝尔（St Hubert）附近高地坠毁，机上 3 人无一生还。

海因里希·赛因−威廷根施坦因亲王（Heinrich Prinz zu Sayn-Wittg-enstein）是一位拿破仑时期出名的俄国元帅的后代，出生于丹麦、在瑞士长大。他在 1942 年 4 月 16 日因为 21 架战果而得到骑士十字勋章，随后被委任为 IV./NJG 5 大队大队长。如果不是被击落，他将会成为比利珀−威森菲尔德亲王更成功的飞行员。在 1944 年 1 月 1 日被晋升为 NJG 2 指挥官前，威廷根施坦因亲王共击落了 47 架飞机，于 1943 年 8 月 3 日被授予橡叶骑士十字勋章。也许是造物弄人，他担任 NJG2 联队长的任期恰恰也是 3 个星期：威廷根施坦因亲王少校在 1944 年 1 月 21 日的晚上被击落，当时他击落的敌机总数高达 83 架，使他在夜间战斗机飞行员中击落敌机总数的排

名第三，排在前面的是施瑙弗和兰特。

1942 年对于北海两岸的两支空军来说，是巩固胜于革新的年代。在那一年里，德国夜间战斗机失败的种子被播种下来：英国皇家空军引进了两种新型飞机。兰开斯特式和蚊式，虽然还没有形成十分大的战斗规模，但最终它们将会超过德国飞机，成为夜间战斗机的胜利者。

1943 年 1 月 27 日，离盟军对德国发动全面的轰炸攻击的时间更近了一步。美国空军的 B-17 轰炸机第一次对德国的边境进行了进攻。德国空军认为他们的重型 Bf 110 战斗机可以对频率越来越多的昼间防守任务提供支援。于是在这种错误的估计下，德国空军最高指挥部下令当地的夜间战斗机按兵不动，只需要去支援下一次的进攻。

1943 年 2 月 4 日，60 架以上的 B-17 飞机轰炸德国北部的埃姆登 (Emd-en)。汉斯－约阿希姆·亚布斯上尉 (Hans-Joachim Jabs) 率领 IV./NJG 1 的 8 架 Bf 110 飞机，从吕瓦登起飞拦截。虽然夜间战斗机声称那天他们击落了 36 架美国飞机，但他们自己也承受了极大的损失：两架 Bf110 没有返回，还有 6 架损伤严重。且不管这些损失，接下来的行动更为严重：最高指挥部继续坚持夜间战斗机只负责与美军的昼间轰炸进行对抗。卡姆胡贝尔从上级那里取得的唯一让步就是不再指派有丰富经验的指挥官参与进攻——然而正是这些人（他们大部分出自昼间战斗部队的驱逐机飞行员）才有可能取得一些胜利。虽然如此，这些主要由没有昼间战斗经验的成员组成的"菜鸟"中队们还要继续承担与美

■ 穆勒的 Fw190A-3（上）和 Bf109G-14（下）。

军飞机在白天作战的任务。他们的损失因美军的数量不断增加而越来越大，这种任务在1944年初才结束。

对于夜间战斗机部队来说，1943年2月是很坏的一个月，他们失去了3名获得骑士十字勋章的军官。就在埃姆登战役的前夕，3./NJG 1的中队长克纳克上尉（Reinhald Knacke）在荷兰被击落。这名最早领导夜间战斗机的代表人物最终击落了44架飞机，其中5架是在同一天晚上击落的。2月24日，在一次没有结果的追击后，NJG 1的吉德纳中尉（Paul Gildner）因为天气马上就会变坏，被命令返回基地。在返回的路上，他飞机左边的发动机发生了爆炸，爆炸炸毁了这架飞机鼻尖的光石

雷达。吉得纳没有在意这个小故障，继续把飞机开到了Gilze-Rijen基地，并准备用降落伞降落。可事情并不总是向希望的那样发展，吉德纳尝试了一次紧急降落，但是他的Bf 110在距地面还有200米的时候突然翻滚起来，吉德纳中尉当场丧生。他因击落14架飞机而在1941年7月获得骑士十字勋章，此后又击落了30架飞机，使得他的击落总数达到44架。德军失去的第三个空战专家贝克上尉（Ludwig Becker）是在2月26日那天在一次和美国空军的遭遇战中被击落的。贝克于1942年7月1日与克纳克同一天获得骑士十字勋章，他的橡叶勋章是在他被击落的那天因46架战果的功绩颁给他的。

盟军轰炸司令部引进新型武器——H2S

1943年初，哈里斯的一线战斗力由900架轰炸机组成，将近2/3的轰炸机是四发动机的，还有30架是蚊式战斗轰炸机。更重要的是，"奇异"导航系统（now-defunct Gee）、新的高空盲目轰炸（airborne blind-bombing）还有目标搜寻系统（target-finding equipment）都已经被引进了。英国的欧波系统（Oboe）和H2S系统虽然都刚装备不久、故障频生，但却在对德国夜间空战中的科技进步有着重大意

■ 1943年7月24/25日，皇家空军大举夜袭汉堡，反击的德军高炮宣称击落3架轰炸机。

■ 参加野猪行动的 FW190。

针对德国工业的战争。德国夜间战斗机部队发现自己已经是四面楚歌了：首先是维尔茨堡早期海岸预警雷达站被信号干扰；夜间战斗机的地面控制站也遭到同样的命运；在空中，盟军拥有科技上的优势。现在，蚊式战斗轰炸机的袭击目标也已经开始转为德国夜间战斗机的基地了。

义。对英国来说十分不幸的是，后者的秘密很快就泄露出去了。一架装备了 H2S 系统的轰炸机在2月2/3日晚上对科隆的袭击中被德国守军击落，这仅仅是第二次使用这种装备。虽然装备受损了，可是它上边的雷达却被送到了德律风根公司进行研究，德国人此后不久就研发出了一套对抗系统——Naxos，它可以将正在使用 H2S 系统的轰炸机的位置显示给德军的夜间战斗机。除了欧波系统（Oboe）和 H2S 系统外，英国皇家空军的飞机还很快接纳了许多新的装置："酒店"（Boozer）和"莫妮卡"（Monica）可以发现敌军地面和空中雷达的行动；"刺"（Mandrel）和"金银丝带"（Tinsel）可以进行信号干扰。

1943 年3月5/6日晚，哈里斯在使用这些新武器对埃森进行了沉重打击后，随即开始了一场对鲁尔区的轰炸，以及长达5个月的

在鲁尔对盟军进行猛烈还击的是 NJG 1 联队。就在3月12日的夜晚，II./NJG 1 在圣特隆德（St Trond）的基地被12架蚊式战斗轰炸机扫射。德军战斗机试图起飞拦截，可是收效甚微。然而不久德国人就获得了一次偶然的成功，IV./NJG 1 大队长兰特以及他的中队长——12./NJG 1 的林克中尉（Lothar Linke），两人都在4月的晚上各自击落了一架蚊式战斗轰炸机。这段时期里，西欧夜间防空的压力迫使 NJG 1 中一些经验最丰富的飞行员远离家乡，从其原来所在部队调到情势最危急的荷兰和比利时（德国在低地国家击落的22架飞机中，有13架是由 II./NJG 1 在6月击落的，这使得这些临时抽调的应召者载誉而归）。

卡姆胡贝尔的野心

面对盟国空军在1943年的猛攻，卡姆胡贝尔也没有办法，只能继续像他以前做的那样，急需增强军队的实力。这次他的要求更具野心。他设想了一个"战斗机群"（Jagdflotte）计划，并将它安排到英国皇家空军的攻击路线上。这个计划的规模将不少于18个战斗机大队——有大约2000架飞机，数量是卡姆胡贝尔手中现有部队的4倍。

当卡姆胡贝尔得到戈林明确而及时的援助时，盟军对德国的攻击很明显地开始受到了影响。同时，希特勒也在1943年5月25日召见了戈林和卡姆胡贝尔。当时卡姆胡贝尔甚至都没有被允许完成他的计划大纲。希特勒声称，卡姆胡贝尔计划企图获得盟军新型飞机的研究资料的计划是完全错误的，德国的防御已经得到了良好加强，一定会让入侵者血债血还。于是那个"战斗机群"提议就被草率地否决了。

戈林没有为卡姆胡贝尔撑腰，在这次会见中始终保持沉默。当希特勒演说结束后，戈林开始愤怒地责问卡姆胡贝尔，为何事先没有向他禀报这一重大的计划。根据作家阿德勒斯（Aders）关于德国夜间战斗机历史（Geschichte der Deutschen Nachtjagd 1917－1945，Stuttgart 1978）的记载，当时戈林变得几乎发疯，最后对卡姆胡贝尔高声喊道："你简直是疯了！你想得到全部的德国空军！你可以现在就坐到我的办公桌前替代我！"戈林不是那种可以被轻视的人。这次的事件标志着卡姆胡贝尔不再被重用。德国空军最高指挥部知道——即使希特勒不否决——对于天床系统的依赖也不会产生所希望的结果，让这一个系统工作就能给敌人造成"局部"损失的状况。他们也没有准备同意卡姆胡贝尔的重大的增兵计划。那些提倡使单引擎飞机拥有一种夜间"自由狩猎"能力的人开始重视这些问题敲响的警钟。

在此期间，盟军轰炸机司令部正按部

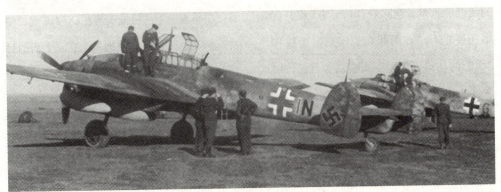

■ 5./NJG 200 的两架 Bf110。

就班地继续轰炸鲁尔，最有威胁的一次进攻是在1943年5月29/30日对伍珀塔尔（Wuppertal）的进攻：出动了超过700架轰炸机，估计其中有150架从II./NJG 1的防区上空飞过。II./NJG 1大队长厄尔少校派出13架Bf 110执行拦截任务。在那天晚上德国人击落的33架轰炸机中，他的大队击落了11架，其中3架是由一个人击落的——年仅21岁的施瑞弗少尉。除了那13架Bf 110以外，II./NJG 1还拼凑了一个由3架Do 217组成的编队（损失了2架）。在漫长的等待后，德国空军得到了Do217这种补充Bf 110和Ju 88的"新"夜间战斗机。然而使用Do 217只是一个临时的措施。这些道尼尔飞机在设计中取消了鼻尖的设计，并且在前炸弹仓加装了一个外挂油箱。另外，战斗用的Do 217J-1保留了标准型的Do 217E-2轰炸机的所有装备，包括背部及腹部的机枪，炸弹释放杆，阻力板和橡胶救生艇。所有这些不必要的装备的重量，再加上加在鼻尖部分的武器的重量，意味着Do 217J-1比其轰炸型还要重1吨，因此在德国空军中被称作"疲劳的乌鸦"。德国空军尝试着自己改装这种飞机，卸掉所有不必要的装备，以适应实战。这些改动被反馈回道尼尔公司那里，以让其进行同样的改装。

Do 217N-1是另一种被临时改造的飞机，它唯一与E-2不同的地方就是其动力装置（戴姆勒DB603A型发动机替换了BMW 801发动机），精致的空气动力学设计使Do 217N-1成为夜间战斗机的得力武器。Do 217N-1被广泛应用到前线的各部队中（它差不多服役于12个大队，并且分配给那些初级的和没有经验的飞行人员使用），其稀少的数量意味着它始终是一种"珍禽"。由于道尼尔的这种飞机的外观很罕见，导致它在德国上空被友军击落的概率要远远高于其他种类的飞机。与其他德国设计的飞机相比，使它成为瓶颈的另一个缺点是它的动力装置的制造问题，它也没有充足的零件储存。在1943年7月，14架II./NJG 3的Do 217N终于因为动力装置的缺点而退役，该大队只能继续用仅存的7架Bf 110进行战斗。

宣内特——Do 217的拥护者

然而，Do 217还是有一位拥护者的。1941年，NJG 1的宣内特（Rudolf Schönert）建议将一门垂直向上的机枪安装在Do 217上，使得这种飞机可以更方便地攻击在它上面的目标。虽然卡姆胡贝尔在最开始否定了他的这个建议，可宣内特在第二年又进行一次尝试。这次，凭借其响当当的21架战果和他的骑士十字勋章（1942年7月25日授予），他的建议被采用了。

结果，3架Do 217被装备给宣内特，还

■ 5./NJG 200 的 Bf110，机鼻上两门30毫米MK108机炮，机腹下两门20毫米MG151机炮。

有用于改装的向上射击的 MG 151 加农炮也于1943年初运送过去（在实验中证实，在65－70度仰角之间，这种武器的效果要比完全垂直高很多）。这次，宣内特被提升为Ⅱ./NJG 5的指挥官，当时他还带着他的"特殊"设计。虽然宣内特强调这是他的发明，但对于这一点仍然有争议，因为有人说这个发明在第一次世界大战时候就有了。

在帕希姆基地（Parchim），Ⅱ./NJG 5的一个军械官马尔军士对宣内特"特殊"的Do 217进行了近距离的观察，此后第2大队迅速将Bf 110上的上射机枪由MG FF型换成了MG 151。马尔提议多安装一对MG FF，以提高 Bf 110 对上方的火力。在马尔军士对Bf 110进行修改后，宣内特驾驶这种飞机于1943年5月在柏林上空首次用上射机枪击落了1架敌机。官方的批准文件很快就下来了。在不到一个月的时间里，德国空军便开始生产特殊的经改装的工具箱，以便改装Do 217和Ju 88的上射机炮。奇怪的是，最初竟没有为Bf 110制造这种工具箱，以至装备梅塞施米特战斗机的大队只得自己动手研制改装工具。上射武器的好处很快就

■改进型弗瑞娅雷达（FuMG401A 或 Freya-LZ），产量为300部。

被夜间战斗机飞行员发现了，无论他们驾驶的是什么飞机。德国空军称这个发明为"斜乐曲"，它在没有被英国人发现的情况下很好地使用了6个月，在那段时间里，只有被击落的飞行员知道那是什么玩意。

当卡姆胡贝尔意识到他的飞行员们不是很喜欢Do 217后，他把他全部的希望都放在了另一种飞机上。He 219是一种没有被改装的轰炸机，但其最初的设计就是作为夜间战斗机使用。卡姆胡贝尔很努力地敦促改进这种飞机，最终很成功地在文洛（Venlo）将包括He219在内的许多不同配置的飞机交给了Ⅰ./

NJG 1，以供实战评估。

1943年6月11/12日的晚上，已经在工厂的试飞中很熟悉 He 219 的斯特雷布少校（Werner Streib）驾驶 He 219 进行了第一次实战飞行。在战斗中，他击落了不少于5架的英国轰炸机，不过在他在文洛降落后否定了这种飞机的可操纵性——因为飞机的副翼不起作用，使斯特雷布在降落时几乎滑完了整个跑道而仍然保持在一个很高的速度。这种飞机似乎已经被确定为没有前途了，可是当其他He 219又很快地击落了20架敌机（其中有6架是蚊式战斗轰炸机）后，这种设计被认为在拦截任务中无懈可击。除了这种困扰了几乎每一种新式德国飞机设计的动力装置问题外，He 219还不得不与在德国空军阶层的生存问题竞争：人与人之间的憎恨和嫉妒。对于米尔希空军元帅对 He 219 的敌对态度，官方的解释是：这种飞机的设计是一种太过专一的设计，不能满足其他任务的需要，但是米尔契与亨克尔和卡姆胡贝尔不和是尽人皆知的。其他的飞机制造商也参与其中。容克公司就是其中之一，该公司没有失去任何一个可以诋毁 He 219 的机会，渴望着空军使用容克公司的产品。

He 219 交付使用

1943年7月1日，斯特雷布接任了 NJG 1 的司令官职务，这是在最初一批 He 219 服役将近6个月后的事了。这种飞机的作战质量得到了肯定。许多德军飞行员在单独作战中获得了胜利，比如该联队第3中队的莫洛克军士就驾驶这种飞机击落了6架敌机。另一方面也必须承认，I./NJG 1后来四任队长中的3人是在驾驶 He 219 时丧命的，其中2架是因撞击而坠毁的，第三架是坠毁于一次着陆。

也许是因为拥护 He 219 的关系，无论怎样，卡姆胡贝尔的声望继续下滑。在1943年6月27日，一位经验丰富的 Ju 88 轰炸机飞行员赫尔曼少校开始研究一种新战术：单引擎飞机独立于天床或其他形式的夜间战斗机地面控制的作战，这些飞机在目标地区上空巡逻时，飞行员只需目视，就可以通过探照灯或地面火焰映衬下的飞机轮廓辨认并攻击轰炸机。赫尔曼已经在春天提出了这样一个计

■ IV./NJG—1指挥官海因兹·沃尔夫冈·舒纳弗尔和他的 Bf110 们。

划，但遭到了拒绝。这次他更具说服力，他争论说没有增加飞机的必要，每一个新的部队都可以与拥有夜间作战能力的昼间作战大队组成攻击小组。飞行员们也没有发现任何问题。许多夜间战斗机教练官，与轰炸机和运输机飞行员一样，都接受过只通过仪表飞行的训练。由于预算充足，以及被击落数十架轰炸机的战绩所迷惑，戈林给赫尔曼的设想开了绿灯。他命令赫尔曼将其在波恩的小型实验部队为核心，组建一支全新的联队——JG300。联队队部和第1大队驻扎在波恩，第2大队驻扎在莱茵河，第3大队驻扎在奥尔登堡。

对"野猪"的实验

很快赫尔曼的理论就开始接受测试，7月3日晚上，在他的一次"集中"攻击中，波恩的单座战斗机中队在科隆上空加入了对超过650架英国轰炸机的攻击。在17次遭遇战中，12架敌军飞机被击落。赫尔曼的第一次表现转变了卡姆胡贝尔的想法，现在卡姆胡贝尔支持组织建立他的大队，并且进一步完善他的"新"夜间战斗机理论，不久后这种技术被官方命名为"野猪"（Wilde Sau）。卡姆胡贝尔坚持其立即加强德国夜间战斗机防守力量的建议，但他不知道的是，他的天床链——防御体系最核心的东西——将要被摧

毁了。

1943年7月24日晚上，德国经历了盟军在港口城市汉堡的4次主要空袭。在第二次空袭中，轰炸十分集中且持续了72个小时，制造了一系列可怕的火焰风暴和成千上万市民的伤亡。盟军对汉堡的袭击对于夜间战斗机部队是一次沉痛的打击。英国皇家空军在雷达战中动用了他们的终极秘密武器：一种长31厘米，宽15毫米的铝箔带。英国和德国的科学家都曾经对这种用来对抗敌军雷达的金属或电镀金属的带子进行研究，并且都得到了相同的结果：如果将足够数量的金属带撒在空中，就可以逃过雷达的追踪。双方都将这个发现当作一个绝对机密。德国方面很害怕他们的整个防御系统有可能因为这种金属条而作废的现实。而英国方面，在他们觉得

■ Ta154A-0，8架预生产型中最后一架。

■ 做昼间战斗准备的Bf110。

时机成熟前，不想让这种铝箔合金条的秘密被敌人发现。

秘密揭开的这一天于7月24 – 25日夜晚到来。英国皇家空军超过700架轰炸机将46000个包裹撒向了汉堡，其中每个包裹里约有2000个金属条，总共约9200万条，造成的结果十分混乱。德国的地面和空中雷达被缓慢飘下的金属条云所淹没；防空火炮和夜间战斗机都变得像瞎子一样。英国皇家空军仅仅损失了12架轰炸机，而德国夜间战斗机只是偶然发现了其中的9架，防空火炮几乎打出了50000发炮弹，却仅仅击落3架轰炸机。

科隆战役仅仅是一个转折点，汉堡战役才是真正的结束的开始。

当卡姆胡贝尔艰难地集结了德国的夜间防御部队时，一种完全不同的夜间空战在苏联境内开始了。如同前文提到的地中海地区一样，夜间战斗机在西线并不是防御德国的最佳措施（除了在战争的最后，少量部署在意大利北部的Bf 110掩护残余部队返回到德国时）。在对苏空战时遇到的独一无二的自然状况，和众多种类的飞机的加入，都使这场战役成为战争中的佳话。

英国与苏联在夜间轰炸的方针上最为明显的不同便是：后者没有派出大量的战略轰炸机去袭击德国东部的工业地区。红军更注重战术上的部署，使用中型轰炸机对前线的周边进行轰炸。还有一些别的行动：在夜间为游击队进行供给的飞机频繁出现在德军后方。这些令人烦恼的战术几乎与对巴巴罗萨行动同时开始。德国对苏联的攻击开始时，德国空军夜间战斗机对东线的作战也开始了。这些夜间战斗机部队当时都是由昼间作战人员组成。

对苏联作战的胜利

在1942年的夏天，JG 54 的 Bf 109 在沃尔科夫（Volkhov）的夜间作战中击落了56架敌机；雷考夫少尉（Erwin Leykauf）在6月23/24日晚独自击落了6架飞机。在南部的斯大林格勒，KG 55 的 He 111 轰炸机驾驶员多林（Doering）击落了3架 TB-3 轰炸运输机。击落数最高的应该是科克（Josef

Kociok），ZG1的一名驱逐机飞行员，他在东线的33个战果中，有21个是在黑夜中击落的。在这些战绩出现不久后，在东部扩大夜间空中力量的命令被传到所有军官那里，要求他们从现有的资源中抽调出一部分，以建立夜间战斗机小队（Schwaerme，由4架飞机组成的编队）。其结果是一种单引擎和双引擎机型的混合机群，零星散布在2000公里长的前线上（"零星"也是高度美化后的说法，据报道在1943年2月，在东线总共只有7架负责支援的夜间战斗机）。

直到以德国为基地的夜间战斗机部队东迁，局势才开始有所好转。部署在苏联的作战部队，海因里希·赛因－威廷根施坦因亲王上尉的IV./NJG 5大队曾在波罗的海沿岸短暂服役。1943年6月底，IV./NJG 5的队伍抵达了东线的中央地带，他们未在那里久

驻，其原因非常罕见——该大队被"机械化"了——拆分为三个独立的中队，每个中队又被细分为三个独立的小队，由此而得的9个小队被分别分配给9列完全自给自足的列车在战线上四处机动。列车上包括指挥、住宿、储藏、维修、通讯等车厢以及所有必须的设备，从而使它们能够完全独立自主的运转。9个分队中的5个甚至还有附加的好处——为铁路装配的维尔茨堡雷达，以提供区域性的地面控制。这样"机械化"的效果立竿见影，他们在东线行动的第一个月里，仅在支援库尔斯克战役的攻势里，该大队就打了49次胜仗。1943年8月间，IV./NJG 5被重新编为I./NJG 100。4天之后，威廷根施坦因亲王回到德国，成为II./NJG 3大队长，同时他在I./NJG 100的指挥官位置也被移交给了宣内特上尉。

■ 驻扎在挪威的夜间战斗机部队。主要装备Ju88G－6。

库尔斯克会战失败后，德军开始了向德国撤退的漫长过程，这一过程直到苏军攻入柏林时才停止。尽管如此，在库尔斯克战役后的3个月里，I./NJG 100 的各个小队仍持续从苏联境内的空军基地起飞，保护横跨前线中部及南部的铁路。这期间他们的获胜率开始有所下降。尽管飞行员仍不停地取得新的战果，该大队在东线的最高得分手是弗兰齐中尉（Gustav Francsi），他在战争结束时的总成绩是56架敌机，然而总的局势开始变得每况愈下。地面的雷达系统，不论是固定的还是机动的，不再像在西部时那样显示出明显的优势了。苏军那些低空飞行的小型双翼飞机不容易被探测到，即使在交战时被定位，它们被击落的可能性也有所降低。Ju 88 和 Bf 110 速度过高，无法像速度缓慢的苏联飞机那样随意玩"猫鼠游戏"。飞行员们习惯降低标尺和机头来防止射过头（Do 217 的飞行员被禁止这样做，因为这种飞机很容易失速）。

在使己方和英国皇家空军的空军相遇时水平更加均等的努力中，大量其他类型的飞机开始被编入夜间战斗机的阵营中。宣内特上尉设法搞到了一架 Ju 87 斯图卡俯冲轰炸机，他希望在此机的基础上装设一种向上发射的机炮装置（并无确切的记录表明他是否真正做到了这一点）。一些侦察用的 FW189 飞机安装了附加地机炮和其他夜战设备后，

成了夜间战斗机大队的成员，并且工作良好，战后的一篇采访中有人这样说："我们拿来德国空军最快的侦察机，并设法将其改造为最慢的夜间战斗机。"在改成夜间战斗机的其他飞机中，最成功的无疑是双引擎的 Fw 58 Weihe 式轻型运输机。它确实有一个严重的缺点，其独特的机翼设计和苏联曾大量使用的美制 C-47 和里－2运输机非常相似，而此类运输机经常遭到德国空军的攻击。当装备了俯视雷达系统和"斜乐曲"后，Fw 58 被证明在防御苏军的夜间空中侵扰方面非常有效且经济，这些 Fw58 在 I./NJG 100 中服役直到战争结束。在战争最后的几星期里，当 I./NJG 100 的最后一任指挥官菲舍尔上尉（August Fischer）乘坐一架白色伪装的 Fw58，带着一些物资（主要是女性用品）在一个后方空军基地着陆时，据说一个年轻无邪的女士问他说："这是元首允诺我们的又一件新的奇迹武器（Wunderwaffen）吗？"

I./NJG 100 傍铁路而生的游牧生涯在 1944 年春天走到了尽头，因为各个独立小队所使用的列车被收回去执行运输任务。尽管 NJG 100 在 1944 年 6 月组建了第2大队，但胜利已经变得十分罕有了。在那年夏天，已经成为夜间战斗机总监的斯特雷布访问 NJG 100 时，曾半开玩笑地说："你们到底是怎么了？你们在东部前线的夜间战斗机在挖反坦克壕方面兴许会比你们更有用些呢。"

NJG 100 的妥协

在两个大队的部队不断走下坡路，慢慢退回到德国境内的时候，飞行员们依然在竭尽全力战斗。到战争结束时，I./NJG 100的残余部队在德国的北部边境地区向英军投降，另外一些分散的残余部队人员横越了捷克斯洛伐克和奥地利，被苏军及美军捕获。除了 NJG 100 之外，还有另一个联队——NJG 200 在东线战斗，然而相比 NJG 100 而言，NJG 200 充其量不过是一个大队的规模，NJG 100 至少可以以拥有两个大队而自夸。NJG 200 只是由 3 个独立的中队组成。在1943年，NJG 200 的第1中队只有3架可操作

■ 1944年诺曼底登陆后，夜间战斗机部队开始执行夜间对地攻击任务。

的 Bf 110 战斗机，另外两个中队——第4、第5中队（只有6架 Bf 110 和 Ju 88）被配属给南方的第4航空队（Luftflotte 4）。

东线的两个联队之间的主要差别在于：NJG 100 在操作上有地面雷达帮助，而 NJG 200 只能完全依靠视觉，因而只能执行目视攻击任务。不过，在克里米亚及黑海地区，第4中队和第5中队仍取得了一些胜利。在1943年冬季，建立3个新中队的尝试夭折了，接下来

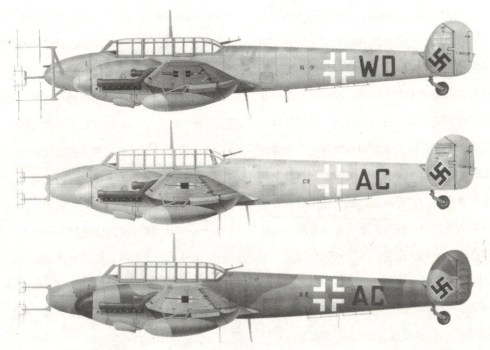

■ 从上到下：Martin Drews 的 Bf 110G-4，Leopold Fellerer 的 Bf 110G-4，Rolf Leuchs 的 Bf 110F。

■由于缺乏燃料，战争后期大量德国战斗机趴窝。

的1944年夏天，NJG 200被解散了，其成员被用来组建NJG 100的第2大队。

与此同时，在德国，卡姆胡贝尔以及几乎所有夜间战斗机的指挥层官员们还在滔滔不绝地讨论1943年7月空袭汉堡时英国轰炸机倾倒的40吨铝箔的后果。随之启动了一次疯狂的研究行动，目的是找到一种对付这种使全部天床系统失效的箔片的方法。更多的及时的帮助已经到手了。实际上，赫尔曼从未打算将他的"野猪"计划视作比对卡姆胡贝尔的现有防御的补充更重要的东西，但是现在角色颠倒过来了。尽管JG300因为"比旧时的目视格斗强不了多少"的原因被卡姆胡贝尔解散，但赫尔曼基于JG 300所设计的"可视夜间打击火力"战术提供了在夜间对付英国皇家空军方面最好的，同时也是唯一可

行的方法。

在前轰炸机飞行员冯·罗斯贝格上校（Viktor von Lossberg）关于双引擎夜间战斗机大队也可以作为"野猪"的改进型机种来使用的建议下，卡姆胡贝尔的地位受到了进一步的威胁。冯·罗斯贝格的提议是凭借德国空军的"Y系统"（一种起源于导航学的方法）使卡姆胡贝尔的夜间战斗机直接朝向铝箔片干扰最为密集的方向飞去（当知道攻击者的确切位置时，会预测它们大致的行动路线）。一旦到达轰炸机附近，夜间战斗机就可以自由地开始视觉搜寻。尽管卡姆胡贝尔声称这种战术会引起可怕的混乱，冯·罗斯贝格提出的天床系统改进方案仍然受到了热烈的欢迎。

为了帮助单座夜间战斗机的飞行员在德

德国空军夜间战斗机部队最大的威胁之一：皇家空军的蚊式战斗机。

国及周边地区飞行时找到他们的路线，同时也为了给更容易受损的双引擎空中部队提供附加的援助，在大都市及其卫星城之间布置了大量探照灯阵地。这种阵地被称为"沙漏"，由3个或更多的探照灯组成，探照灯光束角度在固定的高度相交叉。各个大城市有不同的探照灯组合，它们受到大都市里高射炮塔发射的、预先安排好特定颜色和组合的照明弹支援。尽管还未达到汉堡空袭之前的水平，夜间战斗机的战果此后又开始有所攀升。在8月击落的250架敌机里，202架是在"野猪"或"驯猪"等战术下被击落的，只有48架是归功于天床战术。此后不久，英国轰炸机群开始安装了"牵制装置"，这些干扰设备通常是安装在蚊式战斗轰炸机上，专门用来迷惑德国空军的超高频雷达信号。这样的一个主要案例发生在1943年8月17/18日的一个夜晚：雷达发现航线上有越来越多的敌机飞向首都，确信敌机空袭的目标是柏林。天空中传来越

来越强的噪音，地面的高射炮开火了，这些炮火更使得那些沿着雷达信号导引轨道飞行的德军飞行员们确信敌军轰炸机在附近的什么地方。实际上，英国飞机正以150km/s的速度向北飞去，攻击佩内明德的V-2火箭试验场。6天之后，当空袭目标真的是柏林的时候，夜间战斗机使对方在一夜之内遭受了有史以来最大的损失，从而扭转了局势。有6个夜间战斗机大队发现了敌军的轰炸机群，并在它们抵达柏林之前的这段时间里击落了34架四引擎轰炸机。这天晚上英国皇家空军的总计损失为56架，战果最多的德国空军飞行员是JG 300队部的穆勒中尉（Friedrich-Karl Muller），据称打下了其中的3架。

这段时间内，卡姆胡贝尔得以奋力储蓄起分散的防御力量。具有讽刺意味的是，在外界看来1943年夏末是他势力的迅速增长期。到7月底，NJG 2的两个大队从地中海区域归来，并加入了新成立的第3大队。8月间，

■ 1944年4月, 5./NJG 5 的 Bf110G—4b/R3。

NJG 5 的 3 个大队被召回德国本土, 以填补 IV./NJG 5 转调东线而留下的空隙。全新的 NJG 6 也在 1943 年 8 月组建完成。

雷达问题

雷达的形势看起来并不那么乐观, 德军试验的用以对抗箔片的不少反干扰装置被证明是不成功的。一种改进的光石雷达, 即 SN-2 系统, 部分不受箔片的影响, 但在数月中大量装备部队是不切实际的。甚至有人建议重新在夜间战斗机上安装螺丝钳型的红外线设备, 就如在最初的夜间战斗中所应用的那样。1943 年 9 月 15 日, 卡姆胡贝尔被调任, 其职位由施密特少将 (Josef "Beppo" Schmid) 接替。但在他离开德国前往斯堪的纳维亚半岛担任新职务之前, 卡姆胡贝尔仍继续做了几个星期的夜间战斗机部队司令。

夜间战斗机部队的继任者施密特处在一个危险的境地。损失从8月起就一直在迅速增多, 而且没有显示出任何下降的迹象。JG 300 处在一种特有的糟糕状态上。"孪生" (twinning) 计划也不见效果。昼间战斗机飞行员们关心着自己战机的损失率, 其中的很多战机遭受了战斗留下的损伤, 或是在深夜着陆时报废了。更多的飞机损失是在夜间长时间空中周旋后, 由于燃料不足而不得不在远离基地的地方着陆而造成的, 这些事故严重损害了夜间战斗机部队的行动。在没有其他选择的情况下, 戈林在 1943 年 12 月 26 日又组建了两个单座夜间战斗机部队, JG 301 和 JG 302, 他确信, 这两个联队如同 JG 300

一样，虽然是夜间战斗机司令的下属，也应该不会像其他夜间战斗机部队一样令他失去所有信心。就在此时，因为引进了两种被动的引导装置，夜间战斗机部队再次看到了微弱的希望。弗莱森堡（Flesburg）装置可以在100－200米距离内收集到轰炸机尾部雷达所发射出的信息。具有更加深远意义的"Naxos"装置可以探测到50公里以外正在使用H2S系统的导航轰炸机（通常是蚊式）。然而这些并没有阻止10月初英国皇家空军的两次毁灭性的空袭：3/4日夜间对卡塞尔的袭击和5夜之后对不来梅的袭击。这两场空袭完全打乱了防御者们的阵脚。这两种新"系统"仍因为夜间战斗机的糟糕表现而受到了责备。这也导致了夜间战斗机指挥部的重组。第12军被解散，取而代之的是第1战斗军（I. Jagdkorps），其下辖部队又从5个师削减到了3个。

柏林之战

在1943年11月18/19日的夜间，英国轰炸机群开始了对德国首都一系列袭击的第一波攻击，整个过程一直持续到新年。这段时间对夜间战斗机部队是个考验。尽管英国方面遭受了很大的损失，但在数量上它们却占压倒性的优势。这些数字一方面允许轰炸机群承受平均5%的损失，同时使他们能做出牵

制性的佯攻，分散敌方注意力的行动。德国空军对后者的回应是新增了7个空军侦察中队来跟踪和报告轰炸机群的信息。

英国皇家空军正在各方面逐渐占统治地位。"英俊战士"式夜间战斗机能够在雷达上识别德军的夜间战斗机，在欧洲的西北部一直是种威胁；7./NJG 1的盖格上尉（August Geiger）是一位有着53架战果的飞行员，在9月29/30夜间成了这种新式雷达的牺牲品。蚊式战斗轰炸机随后也安装了这种雷达。

比起危险来说，科洛纳（Corona）——即来自英国的关于夜间战斗机控制频率的不断传播的假消息，更加令人困扰。它的意图在于通过给夜间战斗机队员们发出错误的指示，在他们中间制造混乱。一些念德语的英国"引导员"和真正的德国广播员纷纷宣称自己才是真的，飞行员们往往被劝服去相信某个"真实的"声音才是应该遵守的命令，由此导致了许多激烈的交流。在接下来的几个星期里，当德国人采用女性来传播指令后，英国皇家空军换了熟悉两种语言的女性播告员。不过最后这种游戏终于被抛弃了，改用更多正统的干扰程序来防止命令被窃听到及破译，这回德国空军改为尝试播放有主题的音乐。海边小屋中的观测员通过耳机中发出的嘟嘟声来发送导引信号：敌机向汉堡飞去，就播放热辣音乐，而轰炸柏林和科隆的话则发送

舞曲和狂欢音乐,如果去轰炸慕尼黑,则播放啤酒馆进行曲!

1943年11月17日,德国夜间战斗机老飞行员中的老字辈——从1940年12月起一直是II./NJG 1大队长的埃勒少校,从曼海姆的夜间行动中归来。当他正准备在圣特隆德着陆的时候,空军基地的灯光突然令人费解地熄灭了,飞机失去判断而坠毁,厄尔及机组人员全部丧生。

这一年在比以往更为乐观的音符中结束了。由于借助了"弗莱森堡"和"Naxos"系统,机载的SN-2雷达变得越来越广泛可用。英国皇家空军对柏林的轰炸不再没有损失了,例如12月16/17日夜间,近500架兰开斯特去轰炸柏林。尽管有大规模的电台干扰及各种诱骗行动,28架夜间战斗机还是在不来梅和奥斯纳布鲁克之间冲进了轰炸机群,而另外30架(主要是NJG 5的)采取"野猪"战术的BF 110在目标区域上空等候着英国飞机。德国飞行员击落了当晚25架战果中的18架,其中12./NJG 1的中队长施瑙弗中尉宣称击下了4架,其中还有一架导引轰炸机。

新的一年——1944年并未给夜间战斗机部队的复兴

带来任何希望。德国科学家们在电子战败下阵来,同时随着战争的进展,航空燃料短缺的影响正持续增加。尽管如此,飞行员们的表现依然可圈可点,在那年被授予了46枚骑士十字勋章(比1943年多27枚)。更多的图表数据统计显示出他们有理由得到这样的荣誉:德国夜间战斗机1944年在交战中的总损失是前一年的一半。这些损失并不限于无经验的新飞行员,更多的有经验的飞行员被强制调入了夜间战斗机部队,目的是保证击落敌机的数目,但这本身却是一种恶性循环。越多好飞行员加入夜间战斗机部队,有经验的、不可替代的军官构成的伤亡率也就越大。在1月21/22日夜间对空袭马格德堡的英国机群

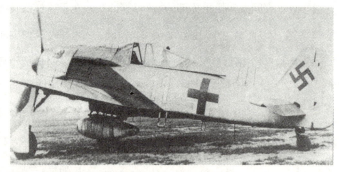

■ 在单座战斗机上测试雷达。

■ 1944年秋,东普鲁士隶属于I./NJG 100的一架Ju88G-6。

的拦截中，夜间战斗机部队遭受到了双倍的损失。NJG 2指挥官威廷根施坦因亲王在击落了5架英国战机后，成为英国夜间战斗机手下的牺牲品。同时，I./NJG 1指挥官缪尔上尉（Manfred Meurer，另一个有50架战果的王牌飞行员），在他的He 219式战机与兰开斯特轰炸机的战斗中丧生。

新式战机——Ju 88G 和 Ta 154

另一方面，1944年德军放弃了夜间战斗机损失严重的昼间行动，在替代的第一批新战机中，有改进了的Ju 88以及新组建的NJG 10，后者由宣内特领导，是一个试验型部队，它的3个中队的战斗机都装配了还处于检验期的新式轮胎和设备，3. /NJGr 10甚至被称为"德国空军对英国皇家空军的蚊式战机挑逗的回应"。然而由于设计和制造方面的原因，该中队装备的全木制Ta 154型飞机机身很容易在半空中断裂。相对来说更有前途的是第1中队对新式Neptum机载雷达的试验，这成为了关键性的设备，尽管已接近战争晚期而没有大量广泛装备。与此同时，柏林之战也已接近尾声，最后一波空袭（实际上也是对德国首都的最后一轮主要轰炸）被提前到1944年3月24/25日夜间。起飞拦截的战斗机宣称击落了81架敌机，比实际击落数目多出9架。但对于6天之后对纽伦堡的空袭来说，这并不算什么。轰炸纽伦堡的英国机群有大约800架轰炸机，利用德国境内两个无线电导航塔（亚琛南部的"Ida"和法兰克福东部的"Otto"）的指引，按路线向纽伦堡前进，此时德国空军已经在那里集结了兵力等待着他们。被风吹散的乌云本可以警告这些攻击者，但气象学家们错误地分析了天气情况。一小时后，在明亮的月光下，轰炸机群在阴森森地靠近目标的时候被德国空军发现了。夜间战斗机们创造了他们最辉煌的战果，其细节可从这份记录不详的1960年的德国飞行员联合杂志Jadgbaltt中略见一斑：

"突然间，我们就在他们的中间了，垂直方位120度到150度之间。随着高射炮的轰击，一架敌机落下了，紧接着是又一架，然后越来越多，不一会儿我们前面就只剩一架了。我不适应那强光，因而错过了第一次开火的时机。第二次的开火尝试显示出迟钝的撞击。停火！我迅速拉起，并重新校正了机炮。再度试图开火，这时发现我的加农炮里有两门已经哑掉了。"

"轰炸机群像雨点一样围在我们周围，队形完全混乱。我从未经历过那样的夜晚。00：45时，在5700米的高度。注意！在左边，300米，200米……巨大的轰炸机机身隐隐呈现，并和我们擦身而过。我几乎和他相撞！我轻松地飞到他下面100米处，降低速度。我不理他，他试图规避我的火力，来回徘徊。他的飞机机身和内部右舷立即开了花。我拉起转向右边，短暂地瞥了一眼那架飞机上的编号。N和MP？我只看到了这些，然后这架飞机就向左边翻滚着坠落下去了。00：49时，他在北边的山区撞上了地面。"这架轰炸机（大概是皇家空军第158中队的哈利法克斯LW 724型轰炸机）只是这次轰炸任务中被击落的众多架英国飞机之一。在这架哈利法克斯坠毁之前60秒，4./NJG 5的中队长舒尔特中尉（Helmut Schulte）已经击落了一架兰开斯特，机身中喷发出爆炸的火光。舒尔特后来又击落3架轰炸机。

在英国飞机返航时，德国夜间战斗机的攻击有所减弱，但总数95架的损失仍使得这次轰炸纽伦堡的任务成为英国皇家空军在整个战争期间单次行动中最大的损失之一，这同时也是夜间战斗机部队的最后一次大捷。纽伦堡一役后，对德国中部的空袭有所减少，但其原因并不是德国夜间战斗机带来的空中

灾难，而是为了给即将到来的诺曼底登陆做准备，将空中力量转向西部目标的战略，德国空军对此的回应是向法国调遣了大量的夜间战斗机大队（包括NJG 1的第2大队和第3大队，以及I./NJG 5）。到诺曼底登陆时为止，对德国夜间战斗机基地的轰炸主要由美军的重型轰炸机来执行。比如，4月8日对奎肯布鲁克（Quakenbruck）的空袭使II./NJG 2基地遭受重创，炸毁了大量停放在地面上的Ju 88R，并造成许多队员的伤亡。美军道格拉斯A-20型战斗轰炸机对德国空军的剧烈的打击，使得德国空军开始分散成小型部队，分散在法国各地，而任何离群的飞机都处于危险之中。诺曼底登陆的到来为德国夜间战斗机部队衰落的悲惨局势提供了一个生动的例子。在1944年6月6日的黎明前的黑暗中，在盟军如潮水般的各式战机的攻势下，德国空军只能派出可怜的59架夜间战斗机。登陆进攻开始前以及登陆战役中空袭诺曼底滩头

■ 1944年7月13日抵达皇家空军德布里奇基地的Ju88G—1。

和法国内地的1200架轰炸机只损失了8架,而据报道只有一架是被夜间战斗机击落的。

不合时宜的行动

诺曼底战役记录了夜间战斗机历史中最后一次重要的里程碑,与保卫德国的代价昂贵的昼间战斗相比,那些年轻的没经验的飞行员在另一波行动中找到了自己的位置,也就是夜间的对地攻击,扫射地面人员、车辆和装备。第一次这样的行动是由 II./NJG 4 和 III./NJG 5 执行的,在行动中它们试图阻止盟军从诺曼底的滩头阵地突破。此后,当德军

开始为了他们的大撤退而绞尽脑汁地设置了层层对盟军追击的阻碍时,这类行动的频率就越来越多了。这种对地攻击逐渐成为1944年下半年德国夜间战斗机的活动模式。伴随着盟军对德国重新开始的彻底的夜间空袭,德国夜间战斗机在前线上高效地忙碌着。应付轰炸机的又一轮猛烈空袭,同时还要发动盟军地面部队的新的攻势,这是不可能完成的任务。所有夜间战斗都没有获得什么占压倒性优势的胜利,充其量只不过是一些区域性的、战术性的小型战役。其中的一些还的确很壮观,但这对盟军攻势的进程几乎没有起到任何阻碍。到年底,夜间战斗机击落的敌机比率还不到敌军总损失的1%。

夜间战斗机对SN-2雷达系统的不断增长的依赖在诺曼底战役中受到了重创,1944年7月13日,一架 7./NJG 2 的 Ju 88 在英国萨福克郡的伍德布里奇降落。这架新来者不是因为开小差,而是航空设备失效的牺牲品(他们还以为自己降落在了荷兰的文洛)。很不幸地,他们的 Ju 88G-1 飞机(编号为4R+UR)完全配备了 SN-2 系统、"弗莱森堡"

■ Ju 388J 夜间战斗机原型机——Ju 388V2,使用 BMW 801 发动机。

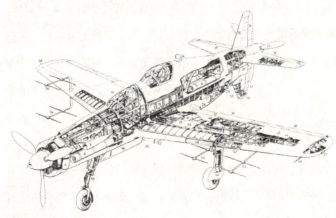

■ Do 335。

■ 交付给 10./NJG 11 的 Me 262B-1a/U1。

和 Naxos。这是英国皇家空军的意外收获，在对德国飞机上的设备进行了仔细研究后，英国人发明了有效的应对措施。

对于日益增加的损失，德国空军尽其所能地做出了应对措施。为了补偿3个最初采取"野猪"战术的联队（JG300到JG302）的损失，像重召昼间战斗机一样，在NJG 11计划下，组建了三支半独立的验性单座战斗机大队，他们的任务是继续NJGr 10的新设备试验，同时设法找到一种对付无所不在的蚊式飞机的对策。另外，作战部队被强制采用较简单的天床作战模式。就像"Gebietsnachtjagd"（区域夜间战斗），这种方法据说英国皇家空军曾用过，不受雷达操控，而是通过超高频无线电信息引导飞行员。

夜间地面突袭

因为盟军进入了低地国家，许多夜间战斗机的空军基地不得不被放弃。1944年9月，NJG1对盟军在荷兰安亨地区的空降部队进行

了攻击。这次地面袭击的行动一直持续到了年底，达到了他们对盟军反击的高潮，整个夜间战斗机部队共进行了约400次出击。

整个12月期间，德军组建了一支Me 262喷气式夜间战斗机分队，还击落了一些蚊式战斗轰炸机。在Me 262的帮助下，德国空军在对英国皇家空军"木制奇迹"（即蚊式飞机）的长期对抗中终于找到了最终的解决方案。在喷气式夜间战斗机分队的短暂的存在过程中，有约160次战斗任务，这种新式战机击落了50架敌机，其中大多数是蚊式战机。然而这样的数量对于战争的进程为时已晚。

对于一些夜间战斗机队员来说，1945年的第一次行动是领航：带领大量年轻，无经验的昼间战斗机飞行员，编队飞至德国空军最后孤注一掷而选择好的目标：在新年的第一天攻击盟军在低地国家的空军基地。另外也摸黑运输一些物资。由于缺少燃料，在为对付盟军战机的煞费苦心的伪装中，大部分战机被抛弃了。只有那些最富于经验的队员才完成了整个行动。1945年1月，完成了1000

■ 1945年5月9日，在丹麦的Ju88已经被拆去了螺旋桨，等待最后的审判。

次战斗任务，击落了117架敌机。这个数据听起来给人以深刻印象，然而对于正蜂拥而至的盟军的攻击来说，这点损失只不过是搔痒痒一般。

2月13/14日夜间皇家空军对德累斯顿的空袭几乎没有遇到空中力量的拦截：在高空中，少数夜间战斗机没有与轰炸机群正面冲突。在接下来的几星期里，在其他行动中，某些个别战斗机部队的战果记录有戏剧性的上升。在2月21日早晨，担任NJG 4联队长的施瑙弗少校击落了2架兰开斯特。同一天晚上，他又在17分钟内连续击落了7架。在2月21/22日的夜间，I./NJG 6的巴尔军士（Gunter Bahr）击落了7架四引擎轰炸机，II./NJG 1的哈格（Johannes Hager）和I./NJG 2的罗克上尉（Heinz Rokker）分别击落6架。接下来的一个月里，1945年3月14/15日夜间，在一次对默尔斯堡的人造石油提炼厂的空袭中，IV./NJG 6的指挥官贝克上尉在被德国夜间战斗机击落的18架兰开斯特中

■ 停在地面的Bf 110G-4，机场已被美军第三集团军占领。

打下了9架，剩下9架中的3架被他的尾炮手约翰森中尉（Kar-Ludwig Johannsen）击落。

然而，事实上这些胜利只不过是德国夜间战斗机部队的苟延残喘。在最终投降前的几星期前，又回到了1940－1941年底英国的入侵行动的情形：有大约150架Ju 88s横越北海去袭击对方的空军指挥部。有20架英国皇家空军的战机被击落。这是一个大胆的举动，但是其效果不大。

投降

1945年2月，德国空军解散了第一支夜间战斗机大队。残余部分——许多只有一个中队的规模——在各式各样的方式下走到了尽头。在执行完最后一次任务（在下莱茵地区对盟军第21集团军桥头堡阵地的地面进攻）后，NJG 1在石勒苏益格－荷尔斯泰因向英军投降。在南方，II./NJG 2的飞行员靠打下一个美军运输机队而重新赢得了几分钟的光荣。1945年4月28日，Me 262小型战机的指挥者瓦尔特（Welter）将10./NJG 11重新定名，利用汉堡至吕贝克的高速公路为起飞机场，发动了德国投降前的最后几次行动。NJG 5在最后几周里夜以继日地对柏林地区的苏军阵地进行进攻。从巴伐利亚的NJG 6到丹麦的NJG 102都向美军投降，战斗机部队的地勤部队和其他工作人员也作为地面战斗部队结束了战斗，向盟军投降。

德国空军夜间战斗机部队发布的最后一条命令，是施瑙弗对他的大队所讲的话："我的第4大队的队员们，当你们在一个非常时期，即德国面对最艰苦的时期时，你们每一个人都有着最坚定的信念，竭尽你们所能来为德国赢得这场战争。"这可以当做整个德国夜间战斗机部队恰当的墓志铭。

■ 英军在汉诺威附近缴获的Ju88G。